尊「道」而行「德」
——探索《老子》的哲学思想

孟庆军 著

国文出版社
·北京·

图书在版编目（CIP）数据

尊"道"而行"德"：探索《老子》的哲学思想 / 孟庆军著. -- 北京：国文出版社有限责任公司，2024.
ISBN 978-7-5125-1646-5
Ⅰ.B223.15
中国国家版本馆 CIP 数据核字第 2024QF9382 号

尊"道"而行"德"——探索《老子》的哲学思想

作　　者	孟庆军
责任编辑	侯娟雅
责任校对	于慧晶
出版发行	国文出版社
经　　销	全国新华书店
印　　刷	文畅阁印刷有限公司
开　　本	710 毫米×1000 毫米　　16 开
	22.75 印张　　　　　　　368 千字
版　　次	2024 年 7 月第 1 版
	2024 年 7 月第 1 次印刷
书　　号	ISBN 978-7-5125-1646-5
定　　价	78.00 元

国文出版社
北京市朝阳区东土城路乙 9 号　　邮编：100013
总编室：（010）64270995　　传真：（010）64270995
销售热线：（010）64271187
传真：（010）64271187-800
E-mail：icpc@95777.sina.net

目 录

前言 …………………………………………… 1

壹　什么是道

1. 第二十五章　道乃万物之本源 …………… 002
2. 第四十二章　道以自身造万物 …………… 010
3. 第四章　　　道主宰万物生息 …………… 016
4. 第十四章　　道隐秘伴随万物 …………… 020
5. 第三十四章　道恒为而无欲求 …………… 024
6. 第四十章　　道以反弱推万物 …………… 028
7. 第四十一章　道无名唯助事成 …………… 031
8. 第六十七章　道赐三宝护人间 …………… 035

贰　什么是德

1. 第二十一章　人之德唯道是从 …………… 040
2. 第二十三章　行德者则天道助 …………… 044
3. 第三十八章　美德不离天之道 …………… 047
4. 第五十一章　生命不息随从道 …………… 057
5. 第五十四章　以德修炼辨天下 …………… 061
6. 第五十五章　修天地和谐者久 …………… 066
7. 第七十章　　行德者被褐怀玉 …………… 071
8. 第七十七章　德者以利奉天下 …………… 075

1

9. 第七十九章	德者依契约守信	……………	079

叁　天地之道

1. 第五章	天地不仁人自守	……………	084
2. 第六章	生灵神奇有玄牝	……………	088
3. 第七章	置身局外可长久	……………	091
4. 第四十三章	至柔以无入无间	……………	094
5. 第十一章	有以利而无以用	……………	097
6. 第十六章	归根复命行天道	……………	101
7. 第三十二章	知止不殆天地合	……………	105
8. 第三十七章	道常无为无不为	……………	109
9. 第三十九章	万物尊道天下宁	……………	114

肆　做人之道

1. 第九章	功遂身退乃天道	……………	120
2. 第十章	顺天行道为玄德	……………	123
3. 第十五章	为道之士成大事	……………	128
4. 第二十章	道者愚表思如涛	……………	133
5. 第二十二章	抱一为式心无自	……………	137
6. 第二十四章	万物憎恶自是者	……………	141
7. 第三十三章	人生在世显格局	……………	144
8. 第四十四章	知足不愧可长久	……………	149
9. 第五十章	善摄生者无死地	……………	153
10. 第五十二章	见小守柔无祸殃	……………	157
11. 第五十六章	亲疏贵贱不可移	……………	161
12. 第七十一章	有道病病者不病	……………	165
13. 第七十六章	柔弱生刚硬早亡	……………	168

伍　人间之道

1. 第二章	事无绝对宜欣然	……………	172

2. 第八章	上善若水者无忧	……………	177
3. 第十二章	圣人为腹不为目	……………	182
4. 第十八章	大难之乱见英豪	……………	185
5. 第二十七章	尊师任劳组团队	……………	188
6. 第三十五章	执大象处安平太	……………	193
7. 第四十五章	大成若缺天下正	……………	197
8. 第四十六章	知足之足则常足	……………	200
9. 第五十三章	大道坦荡远邪径	……………	205
10. 第六十四章	人生超然而谨慎	……………	209

陆　军事之道

1. 第三十章	以道谋胜非兵强	……………	216
2. 第三十一章	以器取胜不得已	……………	220
3. 第三十六章	先虚后实柔胜刚	……………	225
4. 第六十八章	以德用兵者善胜	……………	229
5. 第六十九章	大祸轻敌哀者胜	……………	232
6. 第七十三章	勇谋相合织天网	……………	236

柒　王者之道

1. 第十三章	以身为民可寄托	……………	242
2. 第二十六章	王者以身轻天下	……………	246
3. 第二十八章	弃欲守德终为器	……………	249
4. 第四十九章	宽容百姓德天下	……………	253
5. 第六十三章	成大事从细节起	……………	256
6. 第六十六章	欲上民者必下之	……………	260
7. 第七十二章	王者自爱不自贵	……………	263
8. 第七十八章	为国受难可为王	……………	266

捌　治国之道

1. 第三章	虚心强骨邪不染	……………	270

2. 第十七章	取信于民民自然	……………	276
3. 第十九章	民少私寡欲无忧	……………	279
4. 第二十九章	民乃神圣不可执	……………	284
5. 第五十七章	以无事取天下安	……………	288
6. 第五十八章	祸福相依避极端	……………	292
7. 第五十九章	治人早服贵积德	……………	297
8. 第六十章	道莅天下德交归	……………	301
9. 第六十一章	下流交往则国安	……………	305
10. 第六十二章	强国之治莫若道	……………	309
11. 第六十五章	以智治国者国贼	……………	313
12. 第七十四章	司杀者渎职害国	……………	318
13. 第七十五章	无以生为贵于生	……………	321
14. 第八十章	小国寡民宜收敛	……………	325

玖　认知之道

1. 第四十七章	尊师爱读知天道	……………	330
2. 第四十八章	尊道修身取天下	……………	334
3. 第一章	从无到有入玄门	……………	338

拾　人生之道

1. 第八十一章	人之道为而不争	……………	348

前　言

　　我最初接触《老子》(又叫《道德经》)源自少年时期的一段经历。大概从小学三年级开始，每周都有毛笔字的课程，我当时写得还不错，曾经在书店买了一本赵孟頫的《道德经》小楷帖，偶尔模仿着写一写。小孩子哪有常性，反复写的总是最前面一页的十多个字："道可道，非常道；名可名，非常名。"于是，这些字也就被牢牢印在脑子里，可它们究竟是什么意思，我当时并不知道。直至2008年，一次乘机外出考察，登机前我在机场候机楼的书店里浏览，发现一本由海潮出版社出版的有注释、译文和通过历史故事讲解《道德经》的书，引起我源自童年的好奇，就买了下来。在随意翻阅的过程中，看到那些脍炙人口的词句，或智慧，或哲理，或警示，使自己对许多人生世事的认知有了茅塞顿开的感觉。于是，我对古人老子产生了由衷的敬意。但同时，我又对许多让人费解的原文（比如开篇的第一章）及解读感到困惑，不由得想知道老子文章原义究竟是什么，开始进行深入的探讨和研究，并将思考结果记录下来。日积月累，我又产生了与他人共同分享这些心得的想法，于是，就有了这部一个现代的普通人，试图与古人老子进行思想交流的文字。经过数年的积累，我终于对《道德经》的思想方法和写作方式有了自己独特的理解，发现老子的文章中，以通俗易懂和神秘难解的字句与段落交替出现，都是为了表达他的哲学理念，读者只要接受通俗易懂部分所要表达的意义，再以此深入探究神秘难解的部分，就能看到可以被大众理解和应用的思想哲理。

　　关于老子的生平，凡是对国学有兴趣或浏览过有关书籍的读者，应该都有所了解。古人留下的记载虽然较少，后人又加入不少传说，但他的生平经历比较简单，所以，对于此部分内容本文不再引用。但是，有关老子思想的形成，与他所处的时代和经历有关，这里有必要说明

尊"道"而行"德"
探索《老子》的哲学思想

一下。老子是东周时期"国家史料馆"的官员，他有条件阅读过去留下的大量文字资料，为此，对古老的中华文化知识应该非常了解；同时，他应该是一个非常善于观察各种事物，并能够将前人留下的知识与自己认知结合后，在头脑中进行加工的人，于是逐步形成了自己认识世界的思想体系，他留下的著作就是这个思想体系的表达。《老子》一书，文字精练，比喻通俗，许多道理用人所共知的例证引出，很容易被后世的读者接受，其中的许多思想和道理，逐渐演变成为警句或至理名言，许多耳熟能详、脍炙人口的词句，至今仍旧在中华大地上被广为应用。可见，他的语言、文字具有极高的水平，这也是他的著作读起来那么引人入胜的原因。

几千年来，人们虽然对老子唯一留下的著作推崇备至，从他著作的这些文字中获取了许多深刻的哲理和智慧，但是，文言文毕竟不像现代语言那样清晰和精准，因此，在他的著作中，那些含义比较深奥的语句或文字，就不如那些直白的部分容易理解。对于那些不易理解的字句，老子究竟要表达什么，人们虽然也都试图去读懂它，但是多有自己不一样的理解。因此，每个解读老子著作的人所得出的结果，都会有很大的差别，有些解读相互之间甚至南辕北辙。我想，当我们在对那些易懂文字所表达的思想拍案惊叹的同时，更应该反思那些我们难以理解的文章和字句，不要因为我们不能理解而将其玄虚化。即使是历代深谙古汉语的文人大家的点评，我们也不必完全接受其所做出的讲解，而是应该从老子的整体思想来独立分析，并逐渐辨识出他的本意，挖掘、积累为大众所能理解和接受的思想真谛。

文言文中的字是从更早的甲骨文传承并逐步演化而来的象形文字，中华古人用单个图形来表达事物，有形的事物相对容易表达，而如何表达无形的抽象概念确实是个难题。但是，聪明的祖先做到了，每一个字的意义虽然不像今天的双字或多字词词义那样明了准确，但是通过前后文字的表述，我们还是能够找到这个字在该处应该具有的含义。为此，解读文言文的时候，不要用同样相邻字的现代词含义直接套用文中相邻的字，以避免造成对原义的曲解；另外，不要拘泥于现代版本中的标点符号，应该在不断分析理解的基础上再对如何断句做出决定；另外，有些版本的原文可能由历代文人按照自己的理解口述，而他人记载过程中使语句结构发生了变化，所以也应该参照多个版本来分析解读。在研究和解读古文的过程中，笔者发现采取逐字、逐句、逐段研究，文章前后反复对照思考的方式进行，甚至前后各章相互借鉴对照，才能获得比较满意的效果。

在上述心得、体会的影响下，笔者对《老子》一书打破原有章节的顺序，对各章的解读自然形成如本书中的排序方式。首先要说明的是，编写依据的资料如下：原文采用的是海潮出版社2006年12月出版的《道德经全集》，个别的字义不易解读时参考了《赵孟頫小楷道德经》，调整的文字在字义选注中做出标示；本书全部内容没有引用任何其他有关书籍的文章和字句；"字义选注"是查阅引用华语教学出版社的《古汉语常用字字典》中给出的字意和用法形成的。原文的标点符号根据本书的解读做了适当调整。每章的编写步骤均按如下顺序完成：

第一，原文：抄录自引用版本。

第二，文字选注：首先对原文中的每个字有一个大致的理解，然后从字典中选择该字的某几条可选的释义并简写列出。这个过程通常要在解读时多次反复调整，直至得出基本满意的结果为止，然后标示在本部分抄录的原文相应字的后面。其中经常出现的字用在不同位置时，还要再次查阅字典，重新选择适当的释义。最后，对某些不常见字，按照字典上的读音标注出来，以便于阅读的连贯。

第三，解读：将个人对原文的文本理解进行讨论。自从开始有编写这个书稿的想法之后，我每次到书店都会翻阅国学书架上的《道德经》，发现令我感到难解的部分，或者是我有独特见解的内容，与我自己的看法有一定的出入，于是我就完全放弃了参考其他书籍的念头，走上一条按照自己的思路来解读此书的道路。

第四，译文：在模仿原文精练语句的情况下，按照解读结果尽量发挥自己文字能力写成的短文，并编一个名称放在译文的前面。

第五，随想：以解读为基础，总结本章想要表达的哲学思想要点，抒发个人的读后感悟，或者是将这些结果联系到各种现实社会和生活之中，以进一步证明这些结果对个人和可能对人类社会产生的作用与影响。

第六，每节最后的【 】里，是现代汉语词汇与原文有一定文化传承和关联的文字，显示出老子对中华文化发展的影响。

　　面对给予中华文化极为深刻影响和巨大贡献的著作，我以对祖先老子极其崇敬的心情来拜读它，以一个有一定专业知识的普通技术工作者、一个仅有简单哲学知识的人的角度，从正面来看待理解他，与他交流，然后按照自己所认为的合理的结果，来解读这位伟大先贤留下的文章，同时将这些内容记录下来。这些解读基本是自己查阅字典后，对每个字可能的含义进行解读，从而得出自己的俗解。其中的许多观点，可算作个人对老子思想的猜解，不乏存在与现代哲学概念相比较和相联结的情况。对于这些内容，读者可权当是一个国学爱好者对《老子》一书的俗解。比如，许多书籍都持有一种说法，即前三十七章为"道"经，从三十八章开始往后是"德"经，据我看来，"道"和"德"是穿插在所有简章中的，有些字句是用人所共知的事例引出"道"的哲学理念，有些字句是告诫世人应该按照人间尊"道"而建立"德"的规范去行动，无明确的"道"和"德"章节分界。于是，我选择了一个对各个章节重新依照内容大致分类编排的版本，试图更有利于读者的阅读理解。由于老子在讲解"道"和"德"的过程中，同样的观点常常出现在不同的章节中，以不同的例证和形式出现，所以，每章后面的随想部分中，难免有重复的议论出现，读者跳跃翻阅时或许有用。这些议论是在该章之后要分享给读者的，以引起大家的共鸣，也算是抛砖引玉。

　　因本人学识水平有限，本书在编写过程中难免有错漏之处，书中的分析与研究也仅代表个人观点，敬请专家和读者批评指正！

孟庆军
2023 年 11 月

壹

什么是道

1. 第二十五章　道乃万物之本源

〖原文〗

有物混（hùn）成，先天地生。寂兮寥兮，独立而不改，周行而不殆，可以为天地母。吾不知其名，字之曰道，强为之名曰大，大曰逝，逝曰远，远曰反。

故，道大，天大，地大，人亦大。域中有四大，而人居其一焉。人法地，地法天，天法道，道法自然。

〖文字选注〗

有物（客观存在、道）混（同"浑"，天然、淳朴，不清亮）成（成为、成长），先（先于）天（星空）地（大地）生（产生、在）。寂（孤单）兮（啊）寥（空旷、静、少）兮，独（独自）立（建树、成就）而不改（变更），周（循环）行（实施）而不殆（困乏），可（能够）以（动作的目的）为（做）天地（宇宙中的一切）母（本源）。吾不知其（指物）名（名称），字（表字）之（它、指物）曰（称为）道，强（勉强）为（给予）之（它）名（名号）曰（称为）大，大（其大）曰（助词、含、引申）逝（往、去、跑、亡、伸展不见），逝曰远（无边无际），远曰反（回环、归，又在身边）。

故（因而），道大（伟大），天大，地大，人亦（也）大。域（宇宙、地域）中有四大，而人居（占有）其一焉。人法（制度、仿效、遵循）地，地法天，天法道，道法自（自己），然（断定、确定、对、当然）。

〖解读〗

面对浩瀚又神秘的宇宙，大部分人往往将拟人的神作为天地万物的创造者，并相信它主宰一切生灵的命运。不过，没有见到也不相信神灵存在的人和善于通过实践观察、独立思考探索事物的人,一定会发现万物的存在与消亡和生死轮回都是真实的"物"的行为,而且,此"物"的后面还有看不清,但是更微小的"物",在像手一样有规律地推动着"物"在运转变化。通常,产生大"变"的周期相当漫长;而按一定规律频繁轮回的事物,微小的"变"也在不断产生。在千姿百态的事物背后,人们即使无法看到那只手,可是它起着导引作用,使事物的运转趋向某种结局。正因为古人和老子认定这无法看到的"物"确实存在,并且是一切事物的"本源",所以老子才会写出"有物混成,先天地生"的断言。也就是说,在宇宙中的一切形成之前,"本源"之物是首先到来的。由此,就有了后面的此"物"所处环境和其独有的特征"寂兮寥兮,独立而不改,周行而不殆,可以为天地母",也就是唯有这个"物"孤独存在,毫无阻拦,驰骋宇宙,那么它就随意而行,并创造演化宇宙中的一切,包括星空、大地、海洋、生命,直至现今的所有事物。"道"的概念也许起源于更早的中华古文明时期,那么,老子在本章中用第一人称"吾",来代表古人和他自己在为后人讲解"道"。"吾不知其名,字之曰道,强为之名曰大"一句是说,最初的思想者们不知道这种最早的"物"叫什么,就用一个"字"——道——来表示它;又无法找到合适的文字来形容它,就用了一个最简单、最常见,然而又可以是没有确定边界的、没有终极结果的字——"大"来描写它,并用"大"字来为它命"名"。于是,后来就有了"大道"这个将"名"和"字"并列的双字词出现在中华文化的词语中。其后的"大曰逝,逝曰远,远曰反"一句,又用"逝"来描述"大道"那难以辨识的微小及在隐蔽中掌握一切的深邃;又用"远"来进一步描述"逝"的无边无际;而"反"就是因为其"远"到无所不包,也就必然是从我们身旁开始,甚至还包括我们自己的身体,以及我们头脑中的记忆和它们产生的思维。以上的"大""逝""远""反"都说明"大道"包罗万象,构成宇宙中一切的结论。

因一切都是"道",所以,不仅"道"是"大",同样还有"天大""地大""人亦大""域中有四大,人居其一焉",即宇宙中的一切都是伟大的"道"的体现,其中,特别强调人类是其中之一。人们常说"生命是伟大的",那就是因为生命是伟大的"道"用自身物质创造而成,并不断演化,直到今天形成人这样一种结晶,这一结晶具有了能够解读"道"本身的能力。所以，我们任何人都没有权力藐视自然界中任何一个由"道"安排存在的生命，包括我们每个人对自己生命也不应该持有消极的态度。生命是伟大的，因而是重要的，可以说，一个人体就是一个独立的，由"道"构建并由它所指挥的小宇宙。根据每个物体所处的空间，可以推断出，人源自大地上的"道"，大地源自星空中的"道"，星空源自本源的"道"，宇宙中的一切都属于最原始的"道"。

可以看出，老子以"物"的存在作为一切思想出发的起点。他通过继承中华古人的思想，通过对事物的观察后推断出这样的结论：现今自然的一切是由一些最原始的本源物质演化而成的，而且它们持续地、不可抗拒地安排着一切事物的运作过程。老子完全否定了那些无法正确解释世界，而以神灵创造和左右世界的说教，他吸收了古代中华文化中那些对自然认知推断的合理思想，坚持以自己能够感受、认识推广和验证实际存在的事物运动规律，解释无限微观和宏观的世界……这一切都是极为了不起的成就。而有些后来人将他本人神话，或将他的文字玄虚化，应该都不是他看待世界的本意。

由于一切都是伟大"道"所创造并逐步筛选而成的，"道"就具有左右一切的能力。按照创造的顺序，"道"创造了"天"，在"天"中创造了"地"，在"地"中通过生命演化创造了"人"；反过来叙述他们的依存关系，就必然有后面的伟大结论："人法地，地法天，天法道，道法自。"老子总结出的这段文字，应是人类应当永远牢记并依据的宇宙范围内的真理。此句实际指出宇宙中的人、地、天、道四种"物"由低到高的排序，他们之间的相互关系用"法"这样一个字来连接。"法"在这里的含义应该包含三个方面：来源的关系、控制的关系、遵循的关系。因为一切都是"道"创造的，并最终都在"道"的控制之下，所以此句的含义就是，我们人类的生命来自大地，大地同时也就布设了控制人类生存的法则，而人类就应该遵循大地的法则来行事；大地是宇宙创造的天体，是星空中的一员，必然要接受宇宙星空对大地的存在安排和运行的规则；宇宙星空中所有天体都是"道"创造的，当然所有天体也要遵循基本物质"道"的规则，并接受它的控制；而"道"要服从谁的安排呢？因为"道"创造了宇宙中的一切，在宇宙之中再也没有地位高于"道"的物质了，因此，"道"只能随它自己的意愿来安排自己的行动，也就是"道法自然"。于是，"道法自"就应该这样解读:"道"没有前者,当然要按照自己的意愿来行动。最后的一个"然"字,就是肯定上述说法得出的所有结论,即"上面这些说法当然都是正确的"。

在老子的表述中,"自"与"然"的含义与现代语言所表述的"自然"一词的含义是不同的。断句后"道法自,然"中的"道法自",显示出唯有"道"才配得上自己说了算的霸气地位,在它的面前,一切都是渺小的、微不足道的,只能是服从的,而不能是违背的,那就是包罗宇宙中一切、创造一切、主宰一切的概念。总之,没有"道"还要去服从的"自然"。现今我们常用的"自然"一词,有时也用于表述人的自我放松与真实状态,这倒是与老子此处用来描述"道"以自我感觉为准的"自然"有些相似。对"自"与"然"两字的解读有着非常重要的意义,在语言文字发展与文明共同进步的过程中,后人从老子的"道法自,然"的句子中,提炼出了"自然"这个名词和概念,但是,相比"道"的概念就缺少了宇宙本源和宗主所拥有的绝对霸气。

〖译文〗

道乃万物之本源

有"物"在宇宙混沌之初出现,早于星空大地存在。它孤独寂寞,完全按自己的意愿行动,周而复始永不消亡,并用自己创造了星空大地中的一切。我不知它的名字,表字它为"道",勉强用"大"来称呼它。它大到看不见边缘,边缘又遥远没有尽头,返回来又在我们身边,也包括我们自己在内。

所以,"道"是伟大的,天空是伟大的,大地是伟大的,人类也是伟大的。宇宙中的四种伟大,人类是其中之一。人来自大地,应遵从大地;大地来自星空,应遵从星空;星空来自"道",应遵从"道";"道"没有前者,只遵从自己的意愿。必然如此。

〖随想〗

在两千多年前的春秋时期,老子继承了古人的一些思想成果,又通过分析总结得出这样一个结论,即宇宙中一切事物都是由"道"这种最为原始的物质构成的,并且,"道"持续主宰着宇宙中一切事物的运转。这种观点的开创与表述，在中华文明发展过程中，打下了一个非常重要的思想基础。

人们若想要解释世界上的事物，首先就要对世界有一个认识的基础，要有一个可以依托的世界观。老子在本章用令人信服的文字，说清了"道"这个让多数人困惑的东西究竟是什么、从何而来、做了什么、起什么作用。老子的伟大，就在于他找到并为众人提供了这个思想基础，即在宇宙开端时，一定存在着创造一切的最基本的、最原始的本源物质；由于有这种物质的创造和运动，世间的一切物和事，都按照它建立的法则而存在并运行。这是与任何神灵都无关的唯"物"世界观，与那些把世界描绘成由各种鬼神偶像掌控的幻想场景完全不同。所以，将《道德经》中的字句解读为玄虚的说教，与老子一切以"物"存在为根基的思想是背离的。

两千多年后的今天，人类认识自然的知识有了飞速的进展，对微观和宏观世界物质的本质与规律有了更加深入的揭示。现当代许多科学家认为，宇宙是在一次大爆炸后形成的，伴随爆炸释放出大量的极其微小的粒子，这些粒子开始在宇宙中四散蔓延，他们又聚拢收缩形成炙热的粒子云团……经过漫长的过程，他们之间不断组合变化，构建了宇宙中各种形态的天体。有些天体的物质在当下保持相对稳定状态，有些则处于释放能量的爆发状态，有些还处于我们无法证明其存在的状态，而还有无数粒子独自游离在宇宙中。粒子（或许还有其他一些尚未被人类认识的物质）则是参与一切物质的构建者，并且是物质运动行为后面的推手，所有物质形态，都按照宇宙本源的粒子通过创新后又反复不断地重复建立的规则显现。虽然上述描述尚未完全被证实，但我们所处的物质世界是由最原始粒子不断演化而成的结论是不容置疑的，其结果也证明，老子对世界基本构成的哲学解释是正确的，未来也将有更多科学成就不断证明这些解释。

老子指出的"道"，就是基本物质。虽然它和它的运动，以及运动结果是可以逐渐被认识的，但是，按照人类的能力，是永远不可能将其全部认识和解释清楚的。在微观世界中，量子力学科学家们发现的最小物质是基本粒子，也就是"量子"，它们小得让人不可思议。比如，伴随着我们身边的光子，它就是一种基本粒子，它是如此之轻、之多，在某种力的作用下以波的方式传播其运动，传播的速度达到每秒三十万千米；人类利用光子运动的信息技术，以一条小小直径的光纤，可以通过光子和光波为我们承载和传递不可思议的信息数量。量子单体是如此之小，它所构成的物质形态，基本是由量子之间的空洞组成。一个比喻说，如果将量子构成的原子体积比喻为一个宏大的建筑，那么，由中子和质子等量子组成的原子核，就好比是这栋建筑中心的一粒尘埃；如果将全世界所有人身体中的所有基本粒子，以无缝隙的方式聚合在一起，总大小不过如同现在一个人手中可以握住的一块小石头；又如宇宙中的脉冲星，如果把基本粒子以几乎无间隙的方式聚集在一起，每立方厘米将有惊人的数亿吨！在人类眼中的宏观世界，宇宙星空又是如此之大，天文学家不得不用每秒三十万千米的光波传播速度，与地球围绕太阳一周三千一百五十三万六千秒的时间相乘的结果作为计量长度的单位——光年——来标示天体之间的距离。现在，科学家已经看到了与地球相距一百几十亿光年距离的星系，但并未发现有宇宙的边缘，因为不断扩大的宇宙，使正在远离地球的宇宙边缘发出的光，尚未照射到地球而不能被我们观测到。也许，宇宙根本没有边缘，人类可能永远无法看到宇宙边缘，地球究竟处在宇宙中的什么位置也永远无法定论。所有这些都说明了什么？说明物质世界是可以逐渐被人类所认识的，同时，人类无法认识所有的物质世界。不过，无论是两千多年前的老子，还是今天的科学家，科学的哲学思想和论断往往会殊途同归。

　　对待一切生命，自然有自己的法则，我们人类已经逐渐认识和总结出一些。比如：生命是不断进化的，优胜劣汰，适者生存；变化的周期通常是缓慢的，有些变化是逐步积累的，有些变化是瞬间形成的；等等。老子在本章中也说出了人类在自然界的地位，即人是"道"创造的，产生在同样是"道"创造的"天"的下面和"地"的上面；人依附于大地，大地依附于星空。而且，人本身就是"道"的一部分，是"道"存在的一种形式；在"道"所制定的法则控制下，人通过自身的活动来接受法则的检验，并获得改进。所以，人类已知的自然法则是人必须懂得和遵循的，否则，就会受到惩罚，任何人和人类组织都不能长期违反自然法则。如果我们相信"道"的存在，那么首先就应该正确对待自己的身体，而没有权利随意处理这个"道"所创造的极其复杂而又精妙的小宇宙。同时，人类也应共同善待来到这个星球的每一个生灵。我们应该用心体验"道"用各种方式传递给我们的信息，并运用这些感觉到的信息来调整或改变我们的生存方式，以回报"道"的创造。比如，我们忙完一些事情后坐下或躺下时，就会感觉到随着放松而来的疲倦在身体中蔓延，这常常是我们在劳作时因精神集中而忽略的感觉，疲倦其实是"道"在提示我们身体的状况。面对自然环境下的人类活动和面对人类社会下的自身活动，都会有"道"的信息在反馈给我们，而人类正确的对待方式应该是，安静下来，关注这些信息，从中寻找我们是否遵循或违反了"道"的法则，以便调整自身的思想和行为。

自然创造了生命，生命进化到有思想的人类阶段，人类在自然中的作用是什么呢？显然，人类绝不应混同于其他生命在自然中的作用，仅仅作为进化中的某一环节。我们已经看到，人除了具有其他生命在自然中的属性之外，人类的文化发展到了逐步认识自然本身的阶段。自然本身虽然是不断变化的，人类对于自然的解读也将永远不能完结，但是，在认识自然的历史长河中，不断积累的正确认识本身，对人类和自然终归是有益的。就像老子所说的，人本身也是"道"的一部分。为此，也可以说自然一直在通过人，对"自然"本身进行解读。不过，人类在对自然进行认识同时，创造出许多利于自身的技术，以获取好处。但在此过程中，是否能够把握正确的方向和程度，懂得适可而止，那就看人类自身了。比如，某些技术的无限利用，可能导致文明的倒退，甚至人类的毁灭，人类就不应该走到那一步。即使真有那么一天出现，凭借地球独有的特殊自然环境伟力，也许可以通过改造和适应，使人类在浩劫之后的环境中生存下来，汲取教训，改变行为；或者在未来又创造了新的高级智慧生命和他们的文明，那些保留或再造的生命通过考古，汲取了人类的教训而走上正确的道路，完成自然赋予的使命。

今天，无论对老子著作的这种解读是否正确，我们都从中读出并懂得了那些许许多多自己心中从来没有过的如何看待人生和世界的道理，解开了心中许多难以释怀的纠结和无助。如果能在年轻的时候就知道老子这些文章，学习并理解这些道理，建立对世界的认识，并通过不断运用其中的思想来帮助解答人生与社会、人类与自然的种种问题，我们的生活将会更加清晰、更加从容、更有办法，就可能有完全不一样的人生经历。不过，即使在人生的后期看到这些，我们也会在顿悟之后，心中充满对中华文化的自信，以平和理智的心态看待世界。

〚**关联文字**〛

　　【先天】【寂寥】【独立】【不殆】【大道】【自然】上述词语，唯有"道"最有资格使用。宇宙中还有什么能够像"道"一样，寂寞，独行，自我，主宰一切？人类不可违反自然规律，就是不可违背"道"。【道】由许多不同的字组成词，通常都与"道"的深刻文化含义有关。【不知】【名字】【其一】

2. 第四十二章　道以自身造万物

〖原文〗

道生一，一生二，二生三，三生万物。万物负阴而抱阳，冲气以为和。

人之所恶，唯孤、寡、不穀，而王公以自称。故物或损之而益，或益之而损。

人之所教，我亦教之。强梁者不得其死，吾将以为教父（fǔ）。

〖文字选注〗

道生（产生、创造、结合）一（第一种形态），一（第一种、又）生二，二生三，三（由此不断）生万物。万物负（背负）阴（事物隐蔽的一面）而抱（抱持、胸怀）阳（与阴相反的另外显现的一面），冲（冲击、撞、闪）气（万物内部最基本的物质动力、生存的要素）以（用来）为（达成）和（调和）。

人（世人）之（的）所（助词）恶（憎恶），唯（独、最为）孤（无亲）、寡（丧偶）、不穀（无子嗣），而王公以自称。故（说明）物或（如果、或许）损（减）之（直到）而（转为）益（增），或益之而损。

人（师长）之所教（传授知识），我亦（也）教之（他们）。强梁（强横、强暴）者（人）不得（能够、完成）其死（正常生命），吾将以（用）为（做）教父（开始）。

〖解读〗

本章的第一段内容，可以说是第二十五章之后，继续揭示"道"创造与主宰万物的方式，在中华文明中具有奠基作用的哲学思想之一。通过前面章节的讲解已经使我们懂得，"道"是宇宙中一切存在的物质中，最原始的、最基本的形态。从本源"道"创造的"一"开始，运动与组合不断再创造，经过无数次的"二"，直到今天的万物"三"，这几个字简洁概括了从本源开始，道在运动中创造了一切的道理。

接着，"万物负阴而抱阳"一句，含有重要的中华文化哲学思想观念。"万物"，应是指宇宙中的一切事物，不仅包括有形的无生命实体物质，也包括在"道"的推动下产生的生命物质，其中包括人类这种高级生命，甚至包括人类由于实践推动进化而产生的高级思想活动，以及由于思想动机而产生的行为，继而还有由行为而产生事情的过程。为什么说天马行空的思想也是"道"创造的"物"呢？因为思想在大脑这个"物"中产生，并以神经元细胞的形式存在。仔细分析可知，思想产生和运行的过程和结果，无不源自"物"的作用，带着各种"物"运行的痕迹。"阴阳"，是中华文明中最古老的哲学思想观念之一，涉及一切事物的方方面面，本处仅以笔者自己的理解来分析其含义。"阴阳"是指以某一独特性质而命名的事物，其特性都具有相反的两面，"阳"可以通过其外在表现显现这种特性，也可以是有利的方面；"阴"可以因其内部潜藏的特性，与外在显现的特性对立，也可以是指不利的方面。又因两者是对立的，就会在事物中"抱"和"负"的不同对待形式。"阴阳"的概念告诉我们，一切事物的某种特性必然存在两面性，不可能是绝对的，一种表现或结果的后面，都会潜伏着与表现相背离的另外的一面，比如绝对的好或者坏。事物为什么会这样？其根本原因就是，"道"在创造万物的过程中，产生了绝对不变特性的事物就无法继续演化，而具有两面性的事物，相互矛盾的特性在运行过程中产生比较，这就为"道"对事物的筛选提供了条件。阴阳的产生本身，也应该是"道"在创造万物过程中，通过筛选和验证而必须创造的一种运行法则，避免绝对化而浪费演化的时间和过程。"道"用利与弊的矛盾推动万物个体或群体内部因斗争而发生变化，事物的"阴阳"特性产生转化，使过程与结果有多种可能，再通过运动的表现或结果来验证、改进、选择。"阴阳"作用在有生命的物质中时，将使生命不断顺应自然环境而改进，其中必然包括人类社会的进步、停滞，甚至是倒退重新开始。

"道"为了实现含有"阴阳"矛盾的双方在事物中成长，创造了推动矛盾发生冲突和调整的能量"气"，其中也包含事物在运转过程和适当时期后，导致事物终结之"气"的总量。"冲气以为和"，就是"道"创造并用"气"来"冲"，也就是推动生命的过程，推动"阴阳"矛盾的冲突与解决，为冲突寻找最为适当的结局，并为再次的"阴阳"矛盾打下基础。而什么才是适当的结局呢？在中华文明中，"阴阳"矛盾既然必然存在，那么，为了事物能继续存在发展，只要不是不可解的、必须终止的矛盾，取得某种解决后的平衡就是有利的状况，也就是"和"往往是冲突某一阶段的最佳结果。矛盾中的一方经过验证后，即便应该被淘汰，另外一方也不会成为永恒的、无法被替代的一方，因为"阴阳"的存在又使新的矛盾产生，或其他矛盾发展成为事物中的主要矛盾。根据这个道理，人类群体之间是不可能将矛盾导致争斗的另外一方消灭的。所以，中华大地上的人们，认识到了"阴阳"矛盾是人类群体之间必然存在的事情，避免你死我活，维持矛盾关系合理的平衡状态才更有利的道理。为此，就形成了"和"的文明。在大多数的时间里，"阴阳"矛盾只有达到某种"和"与"谐"的形式和结果，才会有"平"与"安"的稳定环境。

　　因为"道"设定事物的生命之"气"的总量有限，所以，生命的长短与"气"消耗速度有关，而在"阴阳"矛盾对立斗争的过程中，过度行为就会造成"气"的加速消耗。同时，激烈争斗也促成矛盾双方主导地位改变的出现，即"物或损之而益，或益之而损"，也就是发生了特性，即"阴阳"相互转换带来的影响。对于一个人来说，"气"的数量是通过自己的人生过程而被消耗净尽的，当"气"耗尽时生命就会完结。为了减少"气"的过度消耗，延长自身的寿命，许多人都设法用某种方式，达到此目的。比如，给婴儿取一个自贬的小名"狗剩"，甚至王公贵胄们用不吉祥或贬义的字自称，如"孤""寡人""不谷"等，都是人间极不吉利的称谓，为了自己获得或保存更多、更持久的"气"，以贬低自己地位来获得平安，以便能够长寿。这其实也是为实现自我利益时，对中华文化思想的一种歪曲应用。企图用称谓来获得"气"是虚假的表面行为，是背离"道"的邪路，只有懂得道理而采取尊"道"行"德"的行动才是正确的，才能真正获得减"损"并增"益"的好结果。比如，做有益于自然环境的积"德"行动，才能真正使未来生活更美好。

　　由于生命之"气"有这些规律，所以本章的最后，老子也引用前人的训导来警告世人，即"人之所教，我亦教之。强梁者不得其死"，这一句指出，那些以自身地位或实力居高的所谓"强梁者"，用欺压和霸道恶行对待人，以及为应付由此产生的弱者或仇人的反抗，都要付出极大的精力，使自己的"气"加速消耗在不当的行为过程中。无论是对于自己的身体健康还是人生命运,这种人总会遭到短命或坎坷的"报应"。"吾将以为教父",就是要求所有人都应从小就接受这个最基本的教育,懂得这个道理。

〖译文〗

道以自身造万物

宇宙的本源"道",相互结合生成物"一",再结合生成物"二",继而又结合生成物"三",此后不断组合生成万物。万物运转都有主导或显露的一面——阳,又有阻碍或隐蔽的一面——阴,而推动万物运转的物质——气,使阴阳相互制约调整,逐步趋向稳定的状态——和。

人间忌惮孤独、鳏寡、无后,而王公自称孤、寡人、不穀,是因万物皆由弱小转向强盛,再由盛极转向衰败。

前人的教诲,我也用其告诫他人:强横逞凶的人没有善终,我将以此作为施教的开端。

〖随想〗

老子在第二十五章告诉人们,"道"是宇宙中最原始的物质。以经典物理学之后量子力学理论的说法,这种比原子更微小的物质就是量子,或称"基本粒子",它们是在宇宙诞生大爆炸时最先出现的。经过百多亿年的漫长岁月,基本粒子运动组合创造了当今宇宙中的一切,并继续主导着宇宙的未来。可以说,基本粒子就是宇宙中一切物质的本源。一切符合当下基本粒子创造的运动规律,并在有限期间内运转的事物就是合理的,不管它是物体本身,还是人的思想活动。事情的发展趋势,就是相对真理,也就是"道"的法则。每个人的身体都是"道"通过亿万年,由简单到复杂,由低级到高级,由单一到多样,甚至由接近灭亡到重新兴起,这些漫长的过程所创造的。人体是"道"的一部分,是通过岁月不断改造的结果。人体就是一个由无数基本粒子构成的相对独立的小宇宙,因此也是神秘而伟大的。因最初的源头不同,所以,任何事物都要遵循创造自己的源头所建立的法则行事,也就是在第二十五章结尾所说的"人法地,地法天,天法道,道法自"。

"阴阳",是中华古人在观察自然和生命过程中,依据事物的状态和变化而发现的存在于物质内的一对矛盾，两者都有更为难以解释的神秘色彩，因此常被某些别有用心的人用于构成邪说蛊惑民众。根据对"道"的信仰与研究，古人必然会引出这两个伴随"道"而存在的物质特性，它们是"道"用来推动万物随内外环境因素，遵循由自己所建立的运行法则而必须具有的特性，古人发现它们的作用是真实存在的。"阴阳"，是说事物都有两面的特征，其实也是"道"在创造物质和生命过程中演化而必然形成的一种相互矛盾和冲突的模式。而且，有矛盾才会有斗争，才会有不同的结果，才会有筛选与进化，只有进化才有更加完善、更有特质的新生命、新事物的出现。人体有阴阳，事情同样有利弊，一切都要根据情况与发展分析而辩证地去看，通过两面对比，才不会走向某个极端而犯片面性的错误。

"气"，也是中国古人思辨发现的，它是"道"在创造生命过程中形成的一种物质动力，同时也是造成继续筛选的条件和手段。常言所说的"精气神""人活一口气""气数已尽"等都是对"气"这一物质的表达。"气"是一种生命在产生的那一刻，就被设定为有限数量的物质，比如衰老和死亡的必然发生；同时，由于疾病或者不当行为导致"气"过快消耗，也会使人提早衰亡。但是，"气"也需要保持一定的消耗水平，也就是要保持身体和生命在"气"推动下的适度活力，否则，"气"的总量也会因衰弱而减少，同样会使人提早衰亡。"气"不仅存在于身体，同样存在于生命的行为过程中，张扬的行为也是精神之"气"的过量消耗，会导致"阴阳"转换的报应发生，使人提早衰亡。早些懂得这个道理，对于每个人来说都非常必要，为此主动调整自己的性情使其更为平和理性，改变不合理的行事方式，不仅适合当下的生存环境，还有利于延长自己的寿命。中国古代的医学和养生就基于这种思想，而且是在研究与实践中不断发展建立起来的，主要通过吐纳、气功、按摩、针灸、汤药等各种调理的方法，促使人体内各种功能的运行实现"阴阳"平衡的状态，这样就可以使身体中的"气"保持充足的数量及合理的消耗水平，抵御各种自然环境的和自身不正常状态的挑战。

阴阳平衡的"和"，是中华文化中的重要概念及行为方式。除了在自己身体中的平衡，还有人与自然之间的平衡。同样，"和"的理念也体现在社会人群关系中。生命为己的本性与后天竞争的实践，造成人际关系的紧张，积累到一定程度就会导致社会动乱。为此，在"道"的思想引领下，解决这类问题，就是有志于此的人试图实现的社会管理目标。人们逐渐认识到，在不可预测的自然中，在充斥自私行为的群体中，很难将"德"的品质推广为自觉的行动。在各种人际关系中，只有骨肉亲情天性是与自私天性对立的矛盾的另外一方，主张和推动亲情的"和"睦，是最容易实现的"德"。于是，家庭和睦是经过长期坚守形成中华文化最不易攻破和放弃的核心价值观念，成为社会基本稳定的基石。几千年来，春节将至，游子一路奔波回家团圆守岁；中秋佳节，遥远的亲人共同面对月亮举杯互祝安康；清明时节，在故去的父母宗亲坟前扫墓，追忆他们给予的慈爱与养育——这一切都是人们健在时，用"和"的文化形式和思想行动建立的纽带，打下的民族坚定团结的根基。在此基础上，族群就建立起规模更大的"和"的集群；在一片乡土通过某种信仰，形成"和"的更广大地域；一个国家的领袖在"和"的理念下，能使各个民族广泛团结在一个核心之下，完成整个国家要做到的事情，攻克各种内外袭来的挑战。

"阴阳""气""和"存在于一切事情的发展过程中，一切都要随着时代的变化而产生新的、适合的形式，但没有永恒的形式，所有这一切都是"道"的作用。能够引领家庭、族群、组织、集团、国家，乃至世界的领袖，他们能够识别出最广大民众合理的理想与愿望之"道"，聚敛符合"道"的"气"，助推社会适时变革、和谐运行，成为引领社会前进的伟人。所以，持续用强权解决问题不是中华文明所主张的思想和行为。

〖 **关联文字** 〗

【阴阳】【和气】【王公】【自称】【损益】【强梁】【教父】

3. 第四章　道主宰万物生息

〖原文〗

道冲，而用之或不盈，渊兮似万物之宗。

挫其锐，解其纷，和其光，同其尘。湛（chén）兮似或存。

吾不知谁之子，象帝之先。

〖文字选注〗

道冲（空虚），而（然而）用（用途）之（助词，主谓之间偏正结构）或（又）不盈（充满、多余），渊（深潭，深）兮（语气：呀）似（好像）万物之宗（本、主旨）。

挫（折断）其（助词，形容词词头）锐（尖），解（调解）其纷（纷乱），和（平和）其光（明亮、风采），同（相同、统一）其尘（踪迹、业绩）。湛（隐晦）兮似（好像）或（或许、又）存（存在）。

吾不知谁之子，象（形象、模拟、描绘）帝（天神）之先（先于、前）。

〖解读〗

为了向世人描述既抽象无形，又无所不在的"道"，以便让人们能够理解它、接受它，《老子》一书全篇不得不反复地从不同角度，将有关的讲解穿插在众多章节之中。本章是直接描述"道"形象和特性中的一篇。

"道"从"一"开始创造万物，同时通过不断验证建立了万物运行的规则，这些规则潜伏在物质之中，发挥着控制作用。"道"给人最直接感受的一种特征是"冲"，也就是说，它隐藏得很深，表现得又很虚，不经意间擦肩而过，无法被人们的感官明确辨别，因此也就难以被人们理解和接受。可是它却又"用之或不盈"；当人们通过实践、思考总结而领悟到它的运行规律后，遵循这些规律行事就能获得成就，而且可以反复应用，

016

也就是它的存在丝毫不显得多余。"渊兮似万物之宗"，就是描写它像无底的深渊一样，淹没、裹挟、指引着宇宙中的一切，是所有事物的"宗主"。我们虽然无法直接见到神秘的"道"，但它无处不在，主宰一切。

"挫其锐，解其纷，和其光，同其尘"一句，是描述"道"为万物设定的归宿。"道"将世间任何事物，包括人们身边所发生或感受的那些极致事件统统归于平凡：它将人们所敬畏的强大锋芒磨蚀掉，将世间各种纷争与冲突消解掉，将一切伟大形象的光芒泯灭掉。总之，一切事物创造的丰功伟绩，最终在"道"所主宰的历史长河中化为渺小的尘埃。人们可以看到，无论是宏大宇宙空间的星系、天体不可思议的爆发与坍塌，还是人类社会发生过的许多轰轰烈烈、震惊天下的事件，或早或晚，都会化为轻描淡写的评判，有些被湮灭，有些变为历史长河中的一抹痕迹。"湛兮似或存"，应该是呼应上段最后的"渊"一般，不仅是"万物之宗"，而且使人们无法窥见它为万物付出的功绩，也荡涤万物一切踪迹归于清澈透明。

"吾不知谁之子，象帝之先"，最后这一句是解惑"道"在人间的至尊地位不容置疑的原因。意思是说，我不知道"道"究竟是谁造就的，但无论如何，在伟大的"象帝"之前，"道"就已经存在了。不知在春秋时期或以前的中华大地，"象帝"是个什么样的偶像，在人类生存过程中，"象"应该是人们在自然环境中见到的最大动物，有无敌的力量和温和的性情，是人间吉祥的象征；也许，早期人类就是用"象"来代表所崇拜的，创造并统治一切生灵的偶像——帝——的位置。三星堆出土了大量的象牙，也许就表示当时对"象帝"的崇拜。此句再次告诉世人，"道"不管如何难以辨识，但它是一切事物的本源，是最原始的物质，是世间信仰的一切偶像之前的造物者。

〖译文〗

道主宰万物生息

"道"无形，其作用却无处不在，像深渊一样淹没并主宰万物。它磨去事物的锋芒，调和事物的纷乱，遮掩事物的光耀，使一切归于平凡的尘埃。而它自己隐晦不明，似有似无。

我不知它是谁的孩子，在创造生灵的"象帝"之前，它已经存在。

〖随想〗

本章以形象的比喻告诉人们"道"的特征与行为：它既是神秘莫测的，又是无处不在的；既从事宏伟浩大的宇宙事业，又控制所有事物归于平凡的尘埃。

从现代量子力学角度看，老子所说的"道"应该是基本粒子。基本粒子早在一切天体形成之前就充斥整个宇宙，并用它自身和运动，创造并控制着一切。如今，科学研究成果显示，当最后一个基本粒子——希格斯玻色子，或称为"上帝粒子"的存在被验证，人类在当下的科技水平能够证明的是，宇宙中已知的物质是由七十二种基本粒子构成的。弥漫在宇宙中的基本粒子，以自己的方式运动，当某些粒子根据特性和规则组合结成一体时，比如原子，就会坚固得难以分割；许多原子又通过相互之间共用粒子组成分子，成为相对稳定的形态；分子又继续运动组合，构成更为复杂的物质。有的物质在巨大的内外因作用下，发生了原本稳定形态的原子结构被破坏，或分裂或聚合而形成新的物质形态，同时释放出巨大的能量，就像为我们地球和生命提供能源的太阳一样。其中由碳氢原子构成的分子团不断运动变化结合成更大的分子团，当某些分子团的破解与生成经过无数次重复后，产生了属于自己分子团中特殊的一部分，它们能够指挥分子团实现自我结构的复制，产生更多完全相同的分子团，而这种具有指挥复制的部分就是生命的指令——基因；复制一旦按照基因的指令进行，无论指令是多么的简单，也就有了生命。

构成生命的复杂分子团，通过不断演变进化，导致百万年前的某种灵长类哺乳动物发展到更高级的阶段，由后肢担任行走任务，从而解放了前肢，经过生活实践使大脑与前肢配合，使其进化产生了使用工具劳动的能力。当代生理学的分析表明，手在大脑中占有的位置，相当于人体所有器官在大脑中占比例比较大的一部分，由此可见，手和大脑在人类进化中的地位。既然产生了人类，有了思维、语言、精神、文化、文明，便能够更深入地探知事物的奥秘。可以说，在生命的整个进化过程中，潜藏在生物体中的各种本能，都是从祖先继承而来的某种物质表现，知识与经验都是后天学习与实践的产物，本质上都是生命物质的更高级运动结果，一切思想的产生和变化都脱离不开粒子运动的夹持。显然，今天构成我们身体中的一切，包括肉体、思想，都是"道"这种物质在创造生命进程中用某种物质形式带来，并深深植入身体的结果。其中，当然也包括多变的思想，因为它是建立在已经根植于大脑中的思想物质加工后所建立的。所以，对物质，对自然，对"道"，要真正地去理解，继而尊重，并且遵循它赋予生命的各种规则。为此，我们面对一切事物时都不要主观臆断，而应该去追踪事物的本质，研究并顺应事物的规律来行动。其中，也应该包括对我们自己，以及人类的未来和方向。

〖**关联文字**〗

【万物】【受挫】【锐气】【化解】【纠纷】【调和】【光耀】【同化】【尘埃】

4. 第十四章　道隐秘伴随万物

〖原文〗

视之不见名曰夷，听之不闻名曰希，搏之不得名曰微。此三者不可致诘（jié），故混而为一。

[一者]其上不皦（jiǎo），其下不昧（mèi），绳绳不可名，复归于无物。是谓无状之状，无物之象，是谓惚恍，迎之不见其首，随之不见其后。

执古之道，以御今之有，以知古始。是谓道纪。

〖文字选注〗

视（眼瞧）之（它、某物）不（不能、无法）见（看到）名（命名）曰（称为）夷（灭、无影），听（耳听）之不闻（声音）名曰希（稀少、消失），搏（抓取）之不得（获取）名曰微（微小、散去）。此三者（上述：不见、不闻、不得）不可致（求得）诘（追究、究竟），故（因而）混（混同、合）而为（称谓）一（本源，指道）。

其（一）上（俯视、上部）不皦（清晰、分明），其下（仰视、下部）不昧（昏暗、影子），绳绳（绳字的重复，表示反复琢磨）不可名（命名），复（返、只好）归（归依）于无（没有）物（实物）。是（故）谓（称为、表述）无状（形状）之状，无物（物体）之象（相貌），是谓惚（隐约）恍（模糊不清），迎（面对）之不见其首（脸面），随（跟随）之不见其后（后背）。

执（持有、掌握）古（先人）之道，以御（控制）今（现今）之有（存在、发生），以（为了）知（探究）古（过去）始（来历）。是谓道纪（法则）。

〖解读〗

"视之不见名曰夷"一句是说，认为用眼睛应该能看见，但却没有见到其真实相貌的东西,被人们称为"夷";"听之不闻名曰希"一句是说,认为耳朵应该能听到的声音,但却没有丝毫的响动,被人们称为"希";"搏之不得名曰微"一句是说,认为用手应该能触摸到,但却没有感觉到实在的东西,被人们称为"微"。"此三者不可致诘",是说用"视、听、搏"这三种用感官来判断事物存在的方法都无法追究出结果,为此将它们"混而为一"——既然人的感官无法感受到,所以将其归为宇宙中的本源物质"一",也就是"道"构成的最初物质形态。

再进一步对"一"做如下探讨:"其上",即在光的照耀下观察,得到的结果是"不皦",就是没有明确可见的相貌;"其下",即在其背光一面向它看,得到的结果是"不昧",就是光并没有被它遮挡,也找不到它的影子;"绳绳不可名",即那些无法理解它的常人,不断反复地琢磨,无法解释这个东西,也无法赋予它一个名称,于是就"复归于无物",即认定它并不存在。但是,这个"一"确实存在,它是"无状之状",就是以无大小边界形状的存在;是"无物之象",就是一种无法感知实体状态的存在。于是,又称它为"惚恍",即似有似无的东西。在人们生活中的它,"迎之不见其首,随之不见其后",是说它迎面而来时,人们却看不到它的面目——首,尾随其后却也看不到它的肩背——后。在人们身旁的它,虚幻缥缈,真是有种难以述说的神秘。

老子明确告诉人们:在中华古代数千年的文明进程中,先人通过对世界的观察和分析,通过反复思考推断,得出确实有"道"存在的结论。今天的人们,从幼年的无知到成长后有了对世界的一定认识,通常会接受"眼见为实"的事物,对于传承和信仰的"道",基本难以理解和接受,甚至都不如被刻画出有相貌的鬼神。不过,即便初期难以接受,人们也不应对"道"的存在产生怀疑,也不应该用虚幻的方式去架空它的真实性。于是,"执古之道,以御今之有"一句,是说大家应该在继承先人思想结论的基础上,通过观察和实践来学会遵循"道"显现的这些法则和规律,用其来指导今天的各种事情,来解决当下各种实际问题。而"以知古始",就是通过这些领悟和修炼的过程,逐步理解"道"是什么,是怎么来的,如何创造宇宙、天地、生灵和人间的一切事情,甚至包括创造我们每个人的身体。当懂得了古人为什么要告诉后人"道"的存在,发现了"道"起作用的事实,人们就可以主动传承和遵循"道"建立的法则——道纪,来指导人世间一切事情的正常运转。

〖译文〗

道隐秘伴随万物

明知有形却看不到，称其为熄灭；明知有声却听不到，称其为消失；明知有物却摸不到，称其为飞散。这三种物象都无法深究，所以共同归于一种特殊的物——一。

此"一"，从阳面观察无相貌，从阴面寻找无影子，思来想去无法描述，只好说它不存在。而它的确是没有形状的形状，是没有实体的相貌，以令人恍惚的方式存在，迎面看不到脸庞，跟随又看不到肩背。

信守先人传下的"道"，用来驾驭今天的"事"，就会懂得世间的来龙去脉。这就是在遵循"道"的法则。

〖随想〗

老子不断选择各种角度，采用各种方法来揭示"道"这个使人们难以理解和接受的概念。在他和古人的思想认识中，"道"绝不仅是一种抽象的东西，也不是一种因为无法解释而只能将其玄虚神话的偶像。人们虽然在当时无法看到真实的它，但"道"的确是一种宇宙中实实在在"有"的特殊之"物"，于是又有了物质本源最初具有物形的名称——一。本章罗列了各种大家对"道"是否存在的疑惑：当人们试图用感官接触"道"，其实那是不可能的。这些怀疑虽然是可以理解的，但是，这不等于就可以放弃对"道"的信仰与遵循，因为，这是自古数千年以来，在中华大地生存的人们，通过无数实践和反复思考，得出的最重要的结论和信仰。在没有完全理解老子的思想教诲时，世人可能会带着各种各样的猜测，解读和引用《道德经》中的文字，并试图用来证明自己一些离奇的想法。但是，看待老子的思想，无论如何应该持谨慎的态度，避免将其置之于远离人间烟火的神坛之上。

在《道德经》中，我们可以看到，老子除了给予"道"至高的地位外，通篇没有推出拟人化的偶像来让人们崇拜，或者将难以解释的现象玄虚化。更重要的是，在老子所有的文章中都能看到，一切能够被大众理解或者当时不能理解的现实事例，都必然是由真实"有"的"物"来推动或制约的。

老子在第四十二章中就清晰地表明，"道"不是神，"道"是构成宇宙最初的"物"———一。按照今天科学的解答，就是我们发现的基本粒子，首先通过组合构建了最初的物质形态，然后不断运动组合和筛选，逐步发展成为更加复杂的，让我们能够认定今天存在的万物"三"。"物"不断地演变和进化，使得每一种"物"都通过运动过程的"事"来展现自己，其中包括我们人类的各种行为，来经受这个"物"的筛选，也就是经受"道"的法则的考验。人既是"道"所创造的，又是"道"本身的一部分，因而是伟大的；同时，人也与自然界的万物一样普通，从"物"的角度来看，也不可能具有特殊的地位。中国古代文化中的"天人合一"，就是说人要从主观认识上融于自然，要有摆正自身在自然中合理位置的正确观念，遵从自然的规律，遵从已经被历史反复验证过的经验，就是遵从并融于"道纪"，也就是融于"道"的法则规律之中。中华文明中许多拜祭祖先遗训教诲的方式，也是这种遵从自然思想的传承方式，这是中华古文明有别于其他文明的重要特征，只不过没有《道德经》这样系统明确的阐述罢了。

自从人类进化成为有复杂思想和能力的高级动物之后，"道"赋予人类的使命就产生了其他生物使命所没有的内容，即人类除了需要完成自身生存能力的进步之外，又增加了新的使命。人类从基本的生存本能与自我保护的阶段，过渡到科学地认识和解读物质世界的高级文明阶段，同时也包括科学管理人类社会和自身行为的高级文明阶段。

〖关联文字〗
【视之不见，听之不闻】【不闻不见】【不可】【恍惚】【复归】【归于】【是谓】【博得】【迎面】【随后】

5. 第三十四章　道恒为而无欲求

〖原文〗

　　大道汜（sì）兮，其可左右。物恃之而生而不辞，功成不名有，衣养万物而不为主。

　　常无欲，可名于［为］小。万物归焉而不为主，可名为大。以其终不自为大，故能成其大。

〖文字选注〗

　　大道（"道"的名和字）汜（分流后又汇入主流）兮，其可（可以）左右（伴随、随意摆动）。物（生命）恃（依赖、凭借）之（指"道"）而生（生存）而（可是"道"却）不辞（告诉），功（成就）成（完成）不名（说出）有（发生），衣（外罩、护）养（养育）万物而不为主（掌管、主持）。

　　常（永远、保持）无欲（愿望、贪欲），可名（命名）于（趋向）小（低微）。万物归（归附）焉（代词，指道）而不为（充当）主（主人），可名为（做）大（尊贵的）。以其终（终归）不自（自己）为（当作）大，故能成（实现）其大。

〖解读〗

　　本章以"道"与万物的关系来描述"道"，并赞颂它的无私与伟大。

　　"大道汜兮，其可左右"一句是说，"道"就像浩荡向前的河流，冲开山峦的阻挡，在原野上摇摆、蜿蜒、泛滥、肆意选择位置，形成众多支岔，但是这些分开的河流仍旧会相互伴随，汇集在一起，它们裹挟着沿途收纳的一切，共同朝向未来的目标前行。"物恃之而生而不辞"是说，"道"具有伟大的胸怀，用它的力量、它的不可抗拒，使任何生命都在它的怀抱和抚育中成长、走过，最终离去。生灵万物虽然都依赖"道"提供的各种资源生存，可它从不表述自己做了这些。"功成不名有"是说，虽然扶助万物完成了该做的事情，可是它也从不占有这些功劳。"衣养万物而不为主"是说，"道"虽然创造并养育了万物，可是它从不将自己作为万物的主人自居，也不占有万物创造的成果。

就因为"道"有如上的行为，所以，它在人间不同人的心中有不同的理解和对待。"常无欲，可名于小"是说，"道"永远不会在推动万物的行动中，显示出其中有自己的名利或欲望诉求，所以也就不会在世俗者心目中留下应有的地位，反而被世俗者看得低微，甚至无视它的存在。"万物归焉而不为主"一句告诉人们，虽然一切生命物质都依附它生存，但是，它却并不视自己是跟随者们的主人，不直接干预生命自己独立的思考，而是让它们按照自己的判断选择前行的路径，以此检验它们是否遵从规则。遵从的道就协助它们成为同行者，背离的道就惩罚甚至淘汰他们。所以，"道"又成为这些信仰者心目中的至尊，即"可名为大"。人类社会的"圣人"处世其实也是这样，那些懂得并遵从"道"的方式行动的人，那些能够为众人考虑并提供帮助的人，那些越是不将个人地位放在他人之上的人，就越能得到众人的尊敬、拥护和跟随，即"以其终不自为大，故能成其大"。所以，"道"对世间事物所做的一切，都必定是令人信服的伟大。

〖 译文 〗

道恒为而无欲求

"大道"有如奔流的江河，肆意摆动裹挟一切向前。万物仰仗它生息，但它从不表白自己施予了恩泽；它促成万物的成就，但从不居功为己有；它用自己作为资源供养生命，但从不做生命的主人。

"道"甘愿没有地位，可以说它最低微；万物属于它，它却放手让万物自主行动，又可以说它胸怀最大。因为从不以自我为尊大，所以它才会有最尊大的地位。

〖 随想 〗

本章用原野中的河流比喻"道"，它创造并养育了万物，却放任万物前行，像不断开辟的新水道，经历蜿蜒曲折，终归能够接受检验，最终回归江海。在中华文化中，从"道"字所衍生出来的众多词语可以证明，"道"具有极为尊贵的地位。古人懂得了"道"的"理"，将其通过语言传递给后人延续下去，所以，中华文明能够传承几千年，且能与时俱进，维系着中华大地民众的统一，还能不断被更多的民族所认同和接受，从而形成更大规模的群体。

但在历史上，中华民族的统治者和政客并未继续对"道"的法则有更深入的解读，对人类在自然中的使命没有更加深入的思考和认识，部分原因是他们无法从自私本性的窠臼中跳出来，没有真正接受老子关于"道"的核心学说。对于人类在自然中的地位和使命，如果仅仅停留在维系安定平和的生活，则社会只能在一个难有重大进步的情境之中循环往复，通常从新建顺应民意的政权开始，由社稷安定，致使经济发展繁荣，到逐步放任本性对私利的追逐，致使贫富差距加大，伴随腐败泛滥使社会矛盾逐步加剧，民不聊生，终于引发社会动乱，旧的统治者被推翻，一个新朝代由此诞生。本质未改变的新政权上台后，又开始下一次循环。

人类有别于其他动物，就是有了逐步认识自然的能力，也就是有了"科学"。在中华大地，古代先民用自己的智慧与实践，在对自然有了深刻的认识后，建立了"道"的思想观念，有了指引社会文明进步的大方向。但是，对物质本质和运动细节的探索却进展缓慢，对"道"的理解和社会发展也近乎处于停滞状态。而近代在西方，探索自然奥秘蔚然成风，不断发现并解读了自然的某些规律，于是建立了各种专业理论，可以说在对自然科学分类的"道路"上迅速前进，并将这些理论应用到技术发明和生产实践中去，伴随工业革命产生了重大的经济效益，使国家迅速强大。中华大地不是没有科学和技术成就，但是，这些成就不被当时社会主流文人和权贵重视，甚至被斥之为雕虫小技，科举考试持续选择重视人文的管理官员，社会环境被不思进取的守旧者控制，广大民众在统治者宣扬的文化环境中安于农耕生活，有天赋的技术人才不是为统治需要服务，就是陷于个体技能的小作坊劳动中，科学发现与技术发明失去了社会推动力。这种状况旷日持久，直至西方列强为经济利益用战争打开国门，才使中华民族惊醒，通过流血牺牲，推翻旧的观念和制度，开始重视现代教育，学习先进科学理论，引进技术发展工业，走上了复兴之路。

科学和技术已经被当今许多国家和地区提高到非常重要的地位，人们普遍认识到科技是第一生产力，因为这是使国家和民族强大起来不受凌辱的重要保证之一。科学是技术的基础，技术是国家强大的手段。虽然，从自然和生命本身的存在意义来说，技术不应该用于生产战争所需要的武器，但是，在人类尚未懂得如何解决和控制本性的欲望膨胀时，在有人还要通过运用更强大的武器试图控制和征服其他人民时，反征服的人民采取对应的战争技术是不可避免的。在未来的某一天，当认识到如何集体回归自然的属性，认识到它不仅能够控制自身的欲望不再无限膨胀，还能够发挥每个人的长处，把劳动作为融入自然的一种生活享受，使自身付出的劳动与报酬更加符合自然法则的合理水平，人类就能放下武器，不必通过战争走上和平安定的道路。当今和未来的国家领袖和政治家，承担着人类未来的重大使命，认识所有与"道"相类似的符合自然法则的观念并采取行动，将有非常重要的意义。

〖**关联文字**〗

【成功】【功成名就】【左右】【衣养万物】【无欲无求】【自大】

6. 第四十章　道以反弱推万物

〖原文〗
反者，道之动。弱者，道之用。天下万物生于有，有生于无。

〖文字选注〗
反（反复、逆向）者（事物、方式），道之动（运动、行动）。弱（纤柔、缓慢）者，道之用（使用、方式）。天下（大地范围的）万物（一切）生于有（生命重复或已经存在的所有事物），有生于无（在有之前的孕育阶段形态）。

〖解读〗
"反者，道之动"一句是说，重复或倒退是事物按"道"的法则"运动"的特征，也就是"道"为检验事物产生微小变化而设定的轮回，甚至包括返回到变化前的原点重新检验。并且，反复检验也是为了形成新的法则所需要的过程。同样，"弱者，道之用"一句是说：柔和与缓慢是事物按"道"的法则"常用"的强度与速度。在事物演化过程中，"道"并不急于求成，缓慢柔和地改进，是充分验证的需要；即使出现了"突变"，也往往是"道"在自我创新的过程中，组合出现的偶然新形态被证明有发展而被保留下来，作为检验验证的新事物。新生事物的产生与轮回，经受反复验证和考验，继续孕育新的事物出现。地球从出现生命形式开始，经历了几十亿年，方达到今天的面貌，可见其发展过程是多么繁复。

接下来的"天下万物生于有"是说，当今事物出现之前就以原有某事物作为基础的"有"，并不断从旧的"有"中复制轮回，产生微小的变化，经过验证生成新的"有"。而"有生于无"，难道是说万物能"无中生有"吗？其实，这不是说事物会凭空产生，而是说变化之前旧事物所包含的一些旧特质，在变化之后被新特质替换，或增加了一些新物质，减少了一些旧物质。变化之后拥有新特质的事物，就是与旧事物不同的新事物，因此也必然有了新的名称。于是，新事物就是从本来没有它的"无"中产生的。一旦"有"了新事物之后，就再次进入轮回，保持已有特质的稳定阶段并开始孕育更新的变化。事物通过"反"和"弱"的运动方式，不断轮转、演化、缓慢改进，进入"万物生于有，有生于无"的新阶段。如此不断从无到有轮转，就是所谓"道生一，一生二，二生三，三生万物"的过程。

现代生命科学发展及社会进步的历史过程，都可以说是对老子这一哲学观点的证明。

〖译文〗

道以弱反推万物

"反"是事物的倒退和轮回，是"道"为试错检验万物变化而设置的运"动"方式；"弱"是"道"为控制变化强度和进度而采"用"的运行手段。世间一切事物的反复与轮回都是"有"来传承的，本质变化的新"有"是从旧事物的"无"中孕育蜕变而来的。

〖随想〗

这是老子又一篇解释"道"的文章，和其他单独说明"道"的文章一起组成了关于"道"的核心思想。第一章已经告诉人们，世间万物都是客观存在的，也就是"有"；而在"有"之前，这种事物是不存在的，也就是"无"。"无"通过运动向"有"孕育，并在"玄"这一刻转化。而这种孕育转化的过程是"道"通过重复，甚至倒退，以便验证事物孕育的改变是否符合存在下去的条件，并在重复过程中逐步改变，此过程的速度是缓慢的，变化的强度是柔和的。这补充了"玄"一刻出现之前事物孕育的特点。

"道"推动事物的转变原因是，一种事物在"有"的过程中，由于各种因素的影响或作用，矛盾的产生和积累，缓慢发展孕育变化，最终发生本质的改变，或者在某种环境压力下产生质的突变，而出现了一种与原来的旧事物有本质不同的新事物。它虽然产生于前身，而对于这个新"有"的前身，相对来说就是"无"的阶段。这与现代哲学中"量"的积累导致

"质"的转变、新生事物不断否定旧有的事物应该是相同的哲学思想。现今,"反动"已经成为贬义词了,它是指阻碍自然和社会进步的行为。但是,"反动"也是有其原因的:旧的事物不愿意轻易让出自己的位置,而新的事物也需要阻力来检验其正确与否。可见,"反动"也是"道"设置的检验方式之一。两千多年前,中华古人对"道"的认识中就已经认定"道"主导的世界一切都在运动的过程中,当今的量子力学说明,量子就是运动的推手,它不停地运动,分裂组合改变世界的宏观和微观的面貌。人类社会也不例外,包括思想的各种运动带来社会的改变,发展进步或倒退不可避免伴随着当代民众的生存,寻找更正确的出路必将持续下去,偶尔的"反动"也不可避免发生,甚至是重复。我们要客观辨别其在时代中的出现与作用。

　　明了"道",遵从自然,不强加个人的意志,不轻易破坏和谐,做应该做的事情,完成一个人被自然创造来到世间应尽的使命,就会活得坦然、充实。同样,一种社会方式也应通过逐步发展,不断探讨问题,追溯其产生的根源,研究解决的办法和时机,经过助推孕育,适时发生变革,形成更加先进的社会方式,使社会的"道",即能让多数民众共同享有和平安定的生活,并在发展和进步的又一个过程,再次孕育迎接下一次改变。

〖 **关联文字** 〗

【动用】【反动】现今,"反动"的政治意义已经成为贬义,它是自然和社会进步的阻碍。所谓"反动",是旧的事物不愿意轻易让出自己的位置,而新的事物也需要阻力来检验新生事物的正确与否。可见,反动也是"道"设置的检验方式之一。

7. 第四十一章　道无名唯助事成

〖原文〗

上士闻道，而勤行之；中士闻道，若存若亡；下士闻道，大笑之。不笑，不足以为道。

故《建言》有之："明道若昧，进道若退，夷道若纇（lèi）。上德若谷，大白若辱，广德若不足，建德若偷，质真若渝。大方无隅（yú），大器晚成，大音希声，大象无形。道隐无名，夫唯道善贷且善成。"

〖文字选注〗

上（高水平）士（有知识者、读书人、从事某种活动的男人）闻（领会）道，而勤行（做、实施）之；中（中等）士闻（见识）道，若（好像）存（存在）若亡（失去、不在）；下（下等）士闻（听说）道，大笑（嘲笑）之。不笑，不足（足够）以（能）为（配得上）道。

故《建言》有之："明（明亮、明显）道若（好像）昧（昏暗、隐藏），进（前行）道若退，夷（平坦、平和）道若纇（缺点、毛病）。上（高大、真正的）德若谷（低矮、沟谷），大（极）白（纯洁、明亮）若辱（玷污、不光彩），广（宏大、宽阔、满）德若不足（够），建（树立）德若偷（苟且、浅薄），质（本质）真（确实）若渝（改变）。大（尊崇、敬辞、无边）方（方圆、面积）无隅（角落），大器（人才、重器）晚成（成熟、实现），大（重大）音（声音、言表）希（稀少）声（发声），大（宏大）象（景象）无形（形象、表现）。道隐（隐蔽、精微深奥）无名，夫唯道善（好好地）贷（施、给予）且善成（成全）。"

〖解读〗

通过前面的章节，老子已经明确告诉我们："道"是构成并创造宇宙中一切事物的基本物质，并掌握一切事物的最终结局；人类通过实践和思考总结而获取了道理、知识和做事的本领，而所有这些也是"道"的本质、规律、法则的组成部分。古代的读书人或多或少都会接受一些关于"道"的知识，读书人因有书本知识，又被尊称为"士"。老子将他们对"道"的认知水平不同，分成上、中、下三等，即"懂得，似懂非懂，完全不接受"，并用他们的表现来描述：懂而遵循其行动，即"勤行之"；似懂非懂而犹豫不决，即"若存若亡"；完全不懂而嘲笑，即"大笑之"。显然，那些嘲笑"道"存在的人，都是以自私的本性来生活的俗人，直觉判断"道"不近人情。"道"确实也是难以被世俗者接受，否则"道"就太容易理解了，即"不笑，不足以为道"。

老子引用前人留下的《建言》一文中的字句，从另外一些角度来描述"道"难以理解和行事的似不完美的一些特征。"明道若昧，进道若退，夷道若颣（lèi）"一句是对"道"的行为的直接描述：明明事实显示了自己的作用，却隐蔽在暗中让人无法认定；明明推动了事物前进，却让人感觉是在拖后；明明行进在宽敞的大道，却让人感觉走在曲折的小径上。"上德若谷，大白若辱，广德若不足，建德若偷，质真若渝"一句是用行"德"者的表现来描述"道"：真正高尚的行"德"者，表现得却像群峰之间的峡谷一样平凡低矮；极为纯洁朴实的行"德"者，却让人觉得他们的行为有污点；本已各个方面表现不错的行"德"者，却被人评说有许多不足；为大众树立良好榜样的行"德"者，却被有些人指责为剽窃；内在修养和外在表现优秀的行"德"者，却被有些人指责为浅薄且不稳定。"大方无隅，大器晚成，大音希声，大象无形"，这四句，是对尊"道"行"德"者的褒奖。"大"，表明他们的成就都来之不易：宏大无比的成就不必纠结角落里的缺憾；精美无价的器物需要不计时间和精力来打造；震惊天下的言论很少在人间被耳闻；伟岸的事物无法看到它的全貌。

正因为"道"是隐蔽无形的，又从不表露自己，所以"道"的理念在人们心中难以形成，理解难，建立难，按照"道"行动则更难。但是"道"永远伴随在人们身边，只有记住关于"道"的基本概念和法则，在对一切事物的观察和实践中运用"道"的理念，才能逐步将"道"融于思想之中，修炼成为"德"的行动。此时，"道"就会为人们正确的行为提供帮助，成全他们的目标，即"道隐无名，夫唯道善贷且善成"。

〖译文〗

道无名唯助事成

真懂"道"的文人,勤于尊其行动;似懂非懂的文人,对其半信半疑;完全不懂的文人,嘲笑"道"的存在。不被这种人嘲笑,就不足以称其为"道"。

因而《建言》书中描述:光明的"道"似乎暗昧,前进的"道"似在后退,平坦的"道"似乎崎岖;高尚的"德"似感低俗,圣洁的"德"似染污渍,宽宏的"德"似显狭隘,新树的"德"似乎浅薄,纯真的"德"似在变动;广阔的地域没有角落,精品重器须长久打磨,振聋发聩言论鲜有发声,恢宏的形象难觅全貌。"大道"幽隐无名,而它无私施舍并善于促成。

〖随想〗

老子时代以前的古代思想家,通过对自然现象和生活实践的观察与思考,领悟出了"道"的存在,并逐渐对"道"有了更深刻的认知,然后将这些思想成果向后人传播,得到接受"道"教育的人的认同。人们发现,有些被尊称为"士"的读书人,在思想和行动方面会有不凡的表现,常常能够取得高于其他人的成就。尽管如此,"道"还是仅能在少数人中有系统和较深刻的理解,因其概念太过虚幻而使其真实性被怀疑,用现实的事例证明又看似过于平凡,反而其具有尊贵的地位受到质疑;另外,"道"本身具有质朴无私的本性,也不直接干涉生灵自我行动的自由,于是人们将本性的欲望导致的争夺看作正常的行为。为此,按照所谓人之"常理",即便是"士","道"也未必说得通。另外,有些人未必需要先懂得"道",他们的许多内涵已经通过实践融入人间的日常活动中,那些善于理解做事和处世的一般规律的人,也会自信地认为,生活不需要再去信仰"道"。

远古文明中,除了神鬼巫术外,基本没有占统治地位的信仰,祭拜天地和祖先是最方便的选择,引领民众驰骋天下带来安定生活的王者,也可能成为大众的信仰对象,比如炎帝和黄帝。老子只留下五千言的核心思想文章,却由于理解和宣传的难度,难以深入广大民众,但是在上流社会和文人中被推崇和传播,对中华文化的形成也产生了重大的影响,从今天的语言中就可以看出。后来出现的道教,又偏重健体强身、遁世修炼成仙,成为以老子为始祖的宗教。后来,孔子、孟子这样的大儒,总结出符合中华社会民众需要的"道德"观念,并通过游说著书参政来宣讲传播。因为儒家通过春秋战国等时代的历练，思想更加成熟，著作多且论述简单明了，容易被大众理解，特别是被多数历史时期的统治者助推。后来孔孟被称为圣人，成为中华文明的主流信仰。又有唐代高僧玄奘从印度取经，使佛教传入中国，在皇朝的助推下成为另外一大主流宗教，形成"儒、释、道"三足鼎立，又相互借鉴的局面。再后来，各个朝代在对外交往中引入伊斯兰教、基督教等宗教，使信仰更加多样，形成百花齐放、包容共存的局面。

在人们实践的过程中，"道"并没有给出结果的明确信息，而是需要用结果能否存在来证明。老子之所以引用《建言》中描述"道"的一段文字，表述按照"道"的规则做事的结果并不完美，其实是想说，"道"使事物发展结果常常处于"中庸"的状态，即事物在发展过程中既发生了进步，又留有继续发展的空间。这也反映出人类社会中认识水平存在巨大差距的客观现实，对未来看得长远的人们往往要接受这个现实，避免急于求成，使社会进步保持适当的速度。事物结果的这些不完美的特征，讲明了"道"被人们怀疑的原因，其实也是表明了事物本身就存在的辩证关系，凡事都有两面性，人们看到的表面只是事物的一面，而不被人们看到的或者经过发展后的另外一面，却可能是事物的真实或本质，是最终会被证明是正确的结果。比如，人们对事物的认识产生了不同的意见时，并非只有通过冲突分出胜负的一种解决方法，等待或者后退一步，寻找新的思路来找出双方共同接受的解决方案，可能是更好的选择。

能够真正懂得"道"的人非常少，原因首先还是哲学概念抽象不易理解，就像《老子》书中的某些篇章一样，至今还没有获得相对一致的解读，每个读者心中都可能有自己的理解。总之，种种原因就更增加了"道"被接受和传播的难度。中华民族通常所信奉祭拜的天地和祖先，实际也间接是敬仰自然和信奉先人留下的教诲和经验，可以说也是一种对"道"和"德"的信仰与传承。不过，自然的伟大力量，不会被自然创造的任何物质生命形式阻挡或改变，高级生命——人类——的思想终将接受并遵循科学自然法则的指引，否则，必将自我毁灭或被自然淘汰。只要天地环境在，生命还可以创造演化，总有一天，人类会认识并找到自身与自然和谐相处的方法。

〖关联文字〗

【存亡】【进退】【大器晚成】【大象无形】【大方】【无名】

8. 第六十七章　道赐三宝护人间

〖原文〗

天下皆谓我道大，似不肖（xiào）。夫唯大，故似不肖；若肖，久矣（yǐ）其细也夫（fú）。

我有三宝，持而保之：一曰慈，二曰俭，三曰不敢为天下先。慈故能勇；俭故能广；不敢为天下先，故能成器长（zhǎng）。今舍慈且勇，舍俭且广，舍后且先，死矣。夫（fú）慈以战则胜，以守则固。天将救之，以慈卫之。

〖文字选注〗

天下（人间）皆（全）谓（称）我道大（无限、极致、至尊），似（似乎、好像）不（不能、无法）肖（类似、描述）。夫（语气词，发端）唯（独、就因）大，故似不肖；若（如果、试图）肖，久（时间之长）矣（感叹）其细（浩瀚、详细、繁复）也（肯定）夫（感叹）。

我（我道）有三宝，持（掌握）而保（保持）之（这个）：一曰慈（仁慈），二曰俭（行为约束检点、节俭），三曰不敢为（获取、成为）天下（人间百姓）先（在……前）。慈故（所以）能勇（勇气、敢于）；俭故能广（宽阔、广泛）；不敢为天下先，故能成器（有能力的人）长（首领）。今舍慈且（与前者相承的）勇，舍俭且广，舍后且先，死（失去生命、无路）矣。夫慈以（被用来）战则胜，以守则固。天（天道）将救之，以慈卫之。

〖解读〗

本章第一人称的"我"，是老子用来解释"道"难以理解的"大"，以及他心中对人间的期待。在第二十五章中用"大"来形容并为"道"命名，本章给予更明确的解答。开头一句"天下皆谓我道大"是说，自古以来，人间所有讲解"道"的人们都会告诉听众，天地中"道"最伟大。但是，这些人在描述"道"的"大"时却"似不肖"，即往往让人们感到困惑，不能理解究竟"大"到什么样子，难以在头脑中形成形象的概念。于是就有了"夫唯大，故似不肖"一句，就因为它大得极为特殊，所以无法描述清楚。接下来"若肖，久矣其细也夫"一句是进一步的解释：人们在懂得一些"道"后，可以发现并试想，"道"的"大"，包括人类面对的浩瀚星空，面对天地之间的万物，面对无法分解的微观物质，面对生命的奇妙和生死繁衍轮回，面对难以改变的本性和变化多端的思想，等等，这一切都是"道"的表象。其规模如此之宏大、浩瀚，细微与变化之不定，根本无法用普通的语言、文字、图形等方法来表达，更何况其中绝大多数物质的本质和规律，人们也难以真正了解和解释。如果有人试图描述"大"时就会发现，这项工作划分必定是无限之细，这项工作耗费的时间也无疑是无限之久。正因为这样，所以，"道之大"是谁都无法完整描述的，人们对"大"难以理解也就不足为奇了。此段即是"大道"告诉人们："我"包罗宇宙中的一切。

"道"面对它创造的人间，告诉人们自己拥有"三宝"，并应"持而保之"，就是要求人们也应该持有和保护好这三个"法宝"。"一曰慈，二曰俭，三曰不敢为天下先"，其实这三宝也是为人处世的基本原则。下面是对为何这三宝如此重要的解答。"慈"，就是对他人要有慈悲、仁爱之心，凡事不依赖自己的主观好恶确定，而是站在客观公正的角度观察。先为他人利益着想，必然就会心有"道义"，遇到不平之事就能够用"道"去判别，甚至能挺身而出，显示出正义和勇气。这样的人无私无畏，也必定受到民众的尊重，即"慈故能勇"。"俭"，就是自己的生活要养成勤俭不挥霍的习惯，这样就不会对奢侈与享受产生羡慕和追求心理。弱化了个人的欲望，就有更加宽广的胸怀，以至于拥有好的口碑和众人的追随，即"俭故能广"。"不敢为天下先"，就是无论在什么情况下，在名利面前都不要抢在他人之前获取，将个人名利放在他人之后，就不会被人由羡慕而生嫉妒，还会被众人拥戴。将人生重点放在不断努力做事上，最终成为有专长的师长，成为群体的管理者，甚至成为民众的领袖，而承担完成国家大事，即"故能成器长"。

前面的"三宝"既可以是对广大民众，也可以是对君王的告诫，还可以是对如何培养未来国家栋梁的忠告。反之，"今舍慈且勇，舍俭且广，舍后且先，死矣。"也就是说，人们如果不能按照三宝的告诫行事，即对他人放弃仁慈而采取狠毒，对己放弃节俭而聚敛财宝，对名利放弃回避而争先获取，那么，就会不断树敌，长此以往就有"死矣"的结局。"死"不仅是个人身体的完结，也是个人名誉和人们心目中形象的灭亡，还会因地位而给社会带来更大的灾难而被民众唾弃。

最后，文章指出"三宝"的核心品质是"慈"，有了这个品质，"以战则胜，以守则固"，那些以"慈"品质对待百姓的领袖，引领正义之师征战时，官兵团结一心，人人奋勇，必将取得胜利；带领百姓支持的军队守卫国土也会坚固不破。其实，作为领袖，最重要的品质就是能团结民众形成坚强的合力，"天将救之，以慈卫之"，这就是"天道"通过民众发挥了"慈"的作用，是良好品行打下的战无不胜的基础。

【译文】

道赐三宝护人间

人间都说我"道"太大，难以描绘。确实因"我"无所不包，因此不能描绘。若有人试图描绘，发现用时之久，划分之细，将无穷无尽。

"我"有三宝，人间应坚守：第一是仁慈，第二是节俭，第三是不敢先于他人获取名利。心怀慈爱，则勇于挺身而出；惯于节俭，则放弃欲望而有胸怀；获名利在后，则成民众跟随的领袖。如舍仁慈选奸诈，舍节俭选挥霍，舍谦让选争夺名利，必然走向绝路。以慈爱正义领军，战则能克，守则能固。民众行"天道"来救助，以"慈悲"来保佑。

【随想】

本章主要是告诉民众和统治者，成为什么样的人，才能有所成就，治理和保卫国家。文中指出，"道"与渺小的人类相比既无比宏大无疆，又在人的身边，并贴近每个人的内心。人心中的"道"其实是单纯又实际的，那就是心中有柔软的一角，仁慈，爱护自然和资源，避免人间的争夺并保卫和平。符合人心美好一面的人，就会使民众聚拢在身边成为领袖，民众就会跟随他们投身为家、为国的和平事业，共同成为人类历史中的洪流。所以，任何收买、伪装、谎言、威胁等阴谋手段都不会永久左右民众的选择，不会长期阻碍历史的进程。

尊"道"而行"德"
探索《老子》的哲学思想

人类在进化过程中获得了思想文化和对自然本质和规律的认识，并利用这些发明了许多高于其他生命的生存技术手段，因而，许多人错误地认为自己是地球上最了不起的生命和主宰。但是，经过生存的经历和思考，终于有人认识到，面对宇宙中伟大的"道"，人类其实非常渺小，宇宙中的一切是人类永远无法全部认识的，任何违背自然法则的技术手段都是不能持续长久的。老子与许多中华古人一样，很早就懂得了这个道理。在人类对自然或世界的认识过程中，在认识的不断细化中，科学的概念产生了。我认为科学就是科学家们在现今地球上所得出的对自然界物质的本质和规律的有限解释，是人类对自然客观规律和本质认识的相对真理，并对此所做出的分类表达。老子懂得，人类面对的这个世界，一切认识都是有限的，世界物质处于不断变化的过程中，因而不会有永恒的真理，人类对世界的认识只能是相对的真理，这些认识不断充实或加入永恒真理之中，但是永远无法达到完整和永恒。因此，人类不仅要让自己生存，更重要的是要认识世界，不断积累相对真理，这是人类在自然中的使命。或者应该这样说，本源物质"道"的运动发展到人类这个阶段，创造了一种能够逐步解读自己的物质形态。人类虽然是"道"的一部分，但是在"道"的面前，人类永远是渺小的，不要以为自己发明和掌握了一些超出原有能力的技术，就可以做出破坏自然规律、违反"道"的法则的事情。"道"的法则就是人类通过观察研究事物，发现了那些符合自然规律的可以被重复应用的知识或理论；而符合人类多数善良勤劳大众利益的行为规律，则是人类社会行为的法则，据此建立的行为规则是"道"在人间当下生存必须遵循的规范"德"。

如果有了以上认识，人类社会的管理者、民众的领袖、国家的领导者，就会在处理人间的事情时，更多地站在"道"的高度上处理社会问题，照顾到大多数民众的需求，而不是只考虑自己地位，以及相关的少数支持者或者所在集团的利益需要。这样，世界各个政治团体、宗教、民族、国家就会用"道"的柔和的方式，化解不合时宜的矛盾，减少许多无谓的冲突，让社会发展保持平稳的状态，在必要时进行符合时代潮流的改革。只有这样，人类才能持续步入正确的未来之路。

〖**关联文字**〗
【不肖】【不敢为天下先】【成器】【不敢】【战则必胜】【固守】

什么是德

1. 第二十一章 人之德唯道是从

〖原文〗

孔德之容，惟道是从。

道之为物，惟恍惟惚。惚兮恍兮，其中有象；恍兮惚兮，其中有物。窈（yǎo）兮冥兮，其中有精；其精甚真，其中有信。

自今及古，其名不去，以阅众甫。吾何以知众甫之然哉？以此。

〖文字选注〗

孔（通达）德（道德修养的高级境界和行为，老子总结人的品行等级"道、德、仁、义、礼"之一）之容（状态、样子），惟（只对）道（大道）是（助词、前置宾语）从（跟随）。

道之为（是）物（物质），惟（既）恍（模糊）惟（又）惚（不清楚）。惚兮恍兮，其中有象（形象）；恍兮惚兮，其中有物（东西）。窈（深远）兮冥（昏暗）兮，其中有精（精神、灵气）；其精甚（很）真（真实），其中有信（信息）。

自今（现在）及（追溯）古（久远、古代），其（道）名不去（丢、失掉），以阅（查点、检阅）众（很多、众人）甫（广大、男人）。吾何（反问）以（凭借、何以、凭什么）知众甫之然（这样）哉？以此（道的指引）。

〖解读〗

本章的第一句"孔德之容，惟道是从"，明确指出了"德"与"道"之间的从属关系。真正"德"的表现是遵从"道"而产生的，它完全依据"道"理念的指引来定位自身的行动，经过实践修炼而成为行为规范，最终落实到自觉的行动中。但是，人类对"道"的理解受到时代和理解能力的限制，因此，"德"也随时代变化和人们实践检验而不断发展、改进和完善。

老子在许多文章中肯定地告诉大家:"道"是宇宙中真实存在的"物"。可是,人们对于"道",既无法直接看到,又难以理解,而且,所能得到的描述又都过于抽象。于是,老子在本章采用另外的方法来证明"道"的存在,就是让人们懂得"道"的法则。当你遵从"道",用更具体、更贴近现实的行为规范——德——来行动时,就会发现事物的发展确实是按照这些法则在运行,而运行的结果也符合这些法则指出的结局。这就说明"道"确实是存在的。此时,人们认真仔细分辨就可以发现,"道"以它"恍""惚"的方式,显现出它的自身影"象",暴露出它是实际存在的"物";而且,"道"的精神作用隐藏在深远的"窈"和昏暗的"冥"之中,可以感受"道"的内涵"精髓"隐藏在中间;"道"虽然不直接干预你的决定和行动,但它又是那么深刻、锐利、真切,它所预见的结果,又会用回馈"信"来阻止或帮助你。

老子在这一章最后说:"自今及古,其名不去,以阅众甫。"这一句就是在告诉大家,对于"道"的认识不是自己的发现,而是在中华远古文明发展过程中,由充满思辨能力的祖先不断总结完善而得出的结果,并且世代认同传承至今。在中华文化发展的过程中,无数事例已证明"道"不仅存在,它还审视控制着世界上发生的一切。"吾何以知众甫之然哉?以此。"一句是说,人们认定"道"的法则在人间终将要起作用,俗话说,"不是不报,时候未到,时候一到,一切都报",这句话也是这个意思。从古代到今天,懂"道"的人,都将"道"的理念转换为人间更接近现实的品行——德,并知道以"德"的行为来遵守"道";反之,也就能够以"德"审视世间发生的事物是否符合"道"。

〖译文〗

人之德唯道是从

极高"德"的品行,全跟随"道"的指引。

"道"是真实的"物",但模糊不清难以见到。恍惚之中,感受它的相貌和身体;昏暗之中,有它的精神显现;这精神是如此真切,因为由它主宰的结果信息来到。

从古至今,它在人间的盛名从未消失,遵循它可以查验和评价一切人间事物。我凭什么来辨别这个纷杂的世界呢？就因为有"道"的指引。

〖随想〗

在古代的文言文中，"道"和"德"不仅是两个独立的字，而且是两个不同的概念，由于语言和文字的发展，"道"与"德"这两个字被后来的人们放在一起成为合成词，用来表述人在社会中思想和行为的品行。于是，"道德"这个词与老子的文章中所表述的"道"与"德"，在概念和精神层面逐渐产生了很大的差异。今天我们已经无法改变这种变化，只能通过老子留下的文章，重新探讨和理解古人所说"道"和"德"的宏大思想内涵。

《老子》的众多章节，都是通过普通人所熟悉或公认的事实，引出对于"道"的讲解，并逐步在读者心中建立起比较明确的概念。其实，对于"德"的表述，通常也分散在这些章节中，归纳起来，在那些有关人间应该做到的行动表述之中，通常都是有关"德"的具体内容，糅合在遵循"道"理念之后的行为中。为此，我认为，我们似不该像某些书籍中讲解的那样，对《老子》全文以第三十八章为界，将其前面的章节划分为"道经"，将之后的部分划分为"德经"。所以，在学习和研究老子的思想时，笔者特别注意在所有章节中区分"道"和"德"的内容，以便对"德"的概念有更明确和深刻的理解。

此处，老子的一句"孔德之容，惟道是从"，告诉了我们关于"德"的一个重要信息，那就是："德"是遵从"道"而产生的，或者说"德"是从茫茫的宇宙中对"道"的理解而来到人间的，是人间文化中特有的事物。"道"是宇宙中至高无上的本源物质，它创造了一切形式的"物"，并且通过"物"运动的"事"，演化形成规律和法则，用各种方式潜藏在一切事物的内部和周围，主宰事物的运动、变化与存在。它导致的任何过程和结果就是相对真理，是绝对真理长河中的一部分。而"德"只能是人类对"道"认知和遵从后的行为规范，是相对正确的品行。人类对于"道"是什么只能通过摸索、实践，相对正确地认识它；而"德"是人类在社会中应该遵循的、相对正确的思想和行动，或者说，"德"是"道"在纷繁的人类社会中，通过人间的事物，用生命这一"物"来表达"道"的真实存在。有了对"道"的正确理解，我们就能够找到遵从"道"的"德"应该是什么，能够大致判断人之行为的对错。可以说，"德"是人类特有的，而从个体到群体，从群体到整个人类社会，应该遵从"道"的思想和行为。同时，"德"的行为还需要随着社会的进步而发展更新，继续经受"道"的检验。

〖 **关联文字** 〗

【孔德】【是从】【恍惚】【恍恍惚惚】【古今】【精神】【信以为真】

2. 第二十三章　行德者则天道助

〖原文〗

飘风不终朝，暴雨不终日。孰为此者？天地。天地尚不能久，而况于人乎？

故从事于道者同于道，德者同于德，失者同于失。同于道者，道亦乐（yào）得之。同于德者，德亦乐得之。同于失者，失亦乐得之。

〖文字选注〗

飘（旋）风不终（完全）朝（天、日），暴雨不终日。孰（谁）为（做出）此（这个）者（表示疑问语气）？天地（天地所引发的气象）。天地尚（尚且）不能久（长时间），而况（何况）于（对于）人乎（呢）？

故从（追随）事（奉事）于（至，表示方向或目标）道者（的人）同（协同、统一）于道，德者同于德，失（对道的迷失、错误）者同于失。同于道者，道亦乐（喜好）得（需要、得到）之（同道者）。同于德者，德亦乐得之。同于失者，失亦乐得之。

〖解读〗

"飘风不终朝，暴雨不终日。孰为此者？天地。"这一句告诉人们，人类对风雨天气进行观察后都会发现：虽然骤然而起的疾风猛烈，但当天就会掠过而平息；虽然突如其来的暴雨又密又急，但过一阵就会减弱而不会持续整天；是谁创造了疾风暴雨？是天地在舞动风雨。第七章说的"天长地久"与本章所说的"天地尚不能久"中的"天地"，两处所指是不同的，前者是指宇宙中的星空和陆地，因起源于"道"，所以天地的一生按"道"的安排而存在，所以"能长久"；后者是指大气层与陆地之间的天地，是地球环境的力量造就的短暂风雨气象，所以"不能久"。"天地尚不能久，而况于人乎"一句是说，就连天地造就的风雨都不能维持很长时间，更何况比天地更渺小的人类，怎能与伟大的"天地"较量能力的大小呢！

　　所以，下一段文中的"从事于道者同于道"一句是说，渺小的人类整体或更小的群体甚至个人，都应选择伴随和遵从"道"的法则，或者因势利导来顺应大自然安排自己的生存活动。人们的思想和行动由于遵从了"道"，也就获得"道"的提携和引领。于是，"同于道者，道亦乐得之"，即"道"的理念将帮助人类共建未来更加美好的生活。同样，人类按照尊"道"而建立的行为标准"德"来行动，也将是这个结果。只不过，"德"需要反复验证其是否符合"道"，要与时俱进。当然，离开"道"和"德"，就是文中所说的"失"。当渺小的人类既不懂得"道"，又不依照"德"，只跟随自己的自私本性行动，结果就只能同不断迷"失"自我的人生伴随了。

　　文中最后告诉人们，如果你选择了正确的信仰和思想，即"同于""道"和"德"，你将得到正确的思想方法和行动标准，也就是"道"和"德"将"乐"于伴随你并给予你帮助。这时，你的生命将会是持久而有序的、有力量的、有收获的，不是虚度的人生。如果你选择了"失"，即选择了背离"道"和"德"的方向和道路，也就失去了"道"和"德"的陪伴。茫然的人生处处充满变数，需要经常碰壁和遭受损失来调整和改正自己的思想和行为。充斥错误行动的人生，必定少有真正高尚的身心享受与获取的快乐，更多的是在迷茫的煎熬里度过。

〖译文〗
行德者则天道助

　　猛烈的疾风不可能整天呼啸，瓢泼的暴雨不可能昼夜不停。是谁在操控风雨？是伟大的天地。天地都不能使疾风暴雨持续，更何况天地间渺小的人！

　　因此，追随"道"去思想的人归于"道"的团体中，依照"德"来行动的人归于"德"的行列中，而"失"去道和德的人归于茫然生存的人群中。在追随"道"的团体里，"道"就乐于引导他们；在依照"德"行动的队列中，"德"就乐于扶助他们；而那些"失"去道和德的人，终将失去更有意义的人生。

尊"道"而行"德"
探索《老子》的哲学思想

〖随想〗

　　这一章告诉人们，不管你有多大的能力，在伟大的自然面前，都是渺小的，在茫茫人海的社会中，你不可能使人们完全按照你的意愿行事。每个人终归会从世界上消失，生存过程的质量好坏，其实不仅是物质财富的占有，更重要的是身心健康和愉悦的拥有，而心情好坏是可以通过自我认识和调节，以及更加合理的行动得到的。若要掌握心理调节和行动的方法，就需要懂得"道"的法则，遵循"德"的规矩，在法则与规矩的指引下，避免错误的行为和无谓的烦恼，获得宁静的心灵，从而得到人生的快乐。

　　从古至今，围绕人生的话题永不终结，原因就是本性自私的弱点进入头脑后，会不断纠结，缠绕放大，再与他人比较而无法安宁。春秋时代的社会民众，虽然人生短暂，物质生活条件有限，但是也都在当时的生活基础上，受到同样的困扰。老子认为，解决的办法就是要懂得"道"，遵循"德"，通过自我心灵的疏导和净化，不断修炼而得到正确的人生观念并践行正确行为。

　　今天，虽然过去了两千多年，但是人体结构的进化是微小的，本性的实质并未改变，因此，同样的问题依旧存在。老子从中华文明中继承，并总结表述的"道"与"德"，应该是一种以人为本的更为普遍适用的思想。他为我们揭示的"道"的概念，应该是最符合今天人们所认识的，范围更宏大的自然科学的概念；而且，"德"是最接近"道"的人类行为标准，两者都包含更为科学的内涵。人生和历史经验告诉我们，"鱼和熊掌不可兼得"，既想保留为己的本性作为动力推动社会经济发展，又想让人放弃为己本性使社会保持安宁，这是不可能的。唯有从思想根源下手解决问题，保持适度的欲望带来的动力，放弃过多欲望导致的争斗，使人类懂得以"道"的思想和"德"的规范来端正观念，才是最终的出路。如果人类能够通过对老子思想的科学性进行解读，揭示其中的内涵，就应该会普遍认同并接受这种思想。一旦达到这样的共识，接着需要的就是教育，让人从小就接受并建立符合"道"的观念，遵循"德"的行为，人的一生将一直受益；推广到组织团体、国家和全球，人类社会就会解决许多难题，逐步走向相互包容、和平共处的未来。

〖关联文字〗

　　【暴雨】【同道】【道德】【从事】【志同道合】

3. 第三十八章　美德不离天之道

〖原文〗

上德不德，是以有德。下德不失德，是以无德。上德无为（wéi）而无以为（wèi），下德为之而有以为。上仁为之而无以为，上义为之而有以为。上礼为之而莫之应，则攘（rǎng）臂而扔之。

故失道而后德，失德而后仁，失仁而后义，失义而后礼。夫（fú）礼者，忠信之薄，而乱之首。

前识者，道之华，而愚之始。是以大丈夫处其厚而不居其薄，处其实而不居其华。

故去彼取此。

〖文字选注〗

上（高处、实）德（品行、道德）不（非、没有）德，是以（因此）有（具有）德。下（低处、虚）德不失（失去、违背）德，是以无（没有）德。上德无（没有）为（做作）而无以（介词，表示动作的目的）为（目的、企图），下德为之而有以为。上仁为之而无以为，上义为之而有以为。上礼为之而莫（没有得到什么、不能）之（它的）应（应和），则（于是）攘（将起衣袖）臂（手臂）而扔（拉、牵引）之。

故失（丧失、丢掉）道而后（其次、排后）德，失德而后仁，失仁而后义，失义而后礼。夫（这、此）礼者（在名词主语后，表示提顿或判断），忠（尽心）信（诚实、信用）之薄（微、淡），而乱（任意、作乱）之首（开始、朝着）。

前（次序或位置在前）识（懂得、见识）者，道之华（才学、精华），而愚（所谓愚笨、自称的谦辞）之始（开头）。是以大丈夫（有志气的男人）处（交往、追求）其（其中的）厚（宽厚）而不居（停留、处于）其

047

薄（少、轻视），处其实（真诚、真实）而不居其华（浮华）。

故去（丢弃）彼（指"华"）取（选择）此（指"实"）。

〖解读〗

本章是《老子》一书中，对人的品行做出的梳理和定义，是老子哲学思想的核心内容之一。特别值得注意的是，其中的论述与今天人们对道德概念的理解有很大不同。今天我们所说的"道德"一词，虽然是由"道"和"德"这两个古汉字合并后演变而来，但是，随着文化发展与应用，"道德"一词偏重人们的社会行为与主张。比如儒家的"仁义礼智信""孝悌""己所不欲，勿施于人"等传统观念。而且，在世界各个地方更有各自不同的标准。我们在第二十五章和第四十二章中可以看到，古人和老子所说的"道"是宇宙中至高无上的本源，它用自己创造并构建了宇宙中的一切物质，并通过演化建立了物质运行的法则，人类只有按照这些法则和规律行事才符合"道"。可见，古人对"道"的概念有崇高的定义，而今天的"道德"一词，已经将"道"的伟大意义淡化了。

但是，人类从荒蛮开始，需要有逐步认识自然的过程，并且人类还要懂得，通过控制过度谋求自身利益的弱点，才能找到符合自然的正确行为是什么，所以，古人理想中的"天人合一"就难以完全做到。深谙中华文化的老子，在面对现实世界时考虑了这些因素，于是，他将"道"标示为品行的最高层级，以便为人类的品行设立顶级的努力标准和方向。在《老子》第二十一章中老子曾明确指出，"孔德之容，惟道是从"，也就是只有根据对"道"的认识而逐步建立接近于"道"的社会行为规范时，才可称为"德"。由于人类对"道"的理解有不断深入及共同确认的过程，"德"也必须跟随人们对"道"的更深入认识来不断调整。于是，"德"就只能成为跟随"道"之后的品行。

由于《老子》的大量章节都在详细讲解"道"，为此，老子在本章将"道"之外的品行简化归纳为"德""仁""义""礼"四种层次进行梳理和定位，并将道德品行之外"乱"的概念加入，以便为人们将能接受和不能接受的品行画出界线。为了便于理解，本解读将老子表述的所有品行、层次、等级，仍旧统一合并到现代的道德概念范围之内来排列分析。与"道"的描述类似，由于许多章节以公认的事例在引出并证明"道"的同时，也引出或者隐含了什么是"德"的表述，对两者都有了大量的讲解，所以，本章关于"德"的讨论，也仅限于对其本质的判别。

"上德不德，是以有德"一句中的"不德"，可以理解为，"德"是发自内心的、自觉的行动，因此被确认是"德"的品行。而"下德不失德，是以无德"一句中的"不失德"，表明行为者知道"德"的规范，但还是经过得失权衡后，为了在人前表现不失"德"而采取行动；为此，怀有个人企图的"德行"，无论如何表现自己，其出发点就不是"德"的品行，而被判定为"无德"。因此，"德"的"上、下"之分，并非等级的再分，而是真假之分。下文中又进一步对此做出解释，"上德无为而无以为"，是说真正的"德"是理解和修炼后的自觉行动，是无个人企图的"无为"，因此是没有自私动机的行为，即"无以为"；反之，"下德为之而有以为"，是说虚假的"德"是为了展示自己而"为之"，是含有个人企图的行为，即"有以为"。因此，会有"下德"被排除在"德"的品行之外的结论。可见，按照"道"的标准，真正的"德"必须是有德者内在的品质，是真诚的、发自内心的、甚至是下意识的品行。总之，是否符合"道"的不求万物回报的"无为"本性，是对真正符合"德"的品行层级判别的标准。

"德"与"道"相比，虽然还可能有落后于时代等瑕疵，但毕竟是经过社会实践、筛选、检验而形成的公认品行，那么，在讨论其他品行在道德中的地位时，就参照"德"与"道"的本质是否相随来进行。首先，是出自生命中善良美好天性而来的品行"上仁"，其最重要的特质是"为之而无以为"，即"上仁"是发自生命中善良、质朴内心的真正仁慈、爱惜、同情等的许多行为，是毫无自私自利的性情，既不虚假，又没有个人图谋，也就是所说的"无以为"的品行。尽管"上仁"是无私的行为，但是与"上德"比较后，"上仁"缺少依据"道"法则的辨别，也就是说各种善良之举，并非都符合"道"的行为。比如，《东郭先生和狼》的寓言故事。东郭先生出于"仁"者之心，放弃人所共知的对狼本性的认知，把狼从猎人的口袋中放出来。结果狼的本性露出，反而要吃掉对它有恩的东郭先生。由此可见，"上仁"的品行一旦失去了"道"的判断和引导，就与"德"出现了本质的区别，这就是"仁"被降低品行层级的原因。当然，与"下德"类似，文中没有说出的"下仁"应该是虚伪的表演，是被人们唾弃的"假仁"。

"上义",是真情实意的忠诚与报答行为。通常,"义"在当今文化的道德品行中包含比较宽泛的内容,如忠诚、感恩、报效、遵从、承诺与担当等,甚至为了朋友"两肋插刀"等都可纳入"义"的品行范围。但是,其"为之"是"有以为"的,也就是说,真心实意的"义"虽然是怀有对人感恩和承诺的"忠诚"或"侠义"之举,但是其行为必然包含向他人报效的个人目的,此时的"上义"不仅缺失"上仁"的广博无私之爱,而且很可能因愚忠或为报效个人恩情的行动而不顾或放弃了是否符合"道"的考虑。比如,"义"的行为如果事先没有经过判断是否符合"道",常常会只为了报答的实现,而不分对象采取极端的手段或行动,为走邪路的恩人愚蠢献身,或受命对他人进行杀戮,其本质就是背离"大道"、阻碍社会进步的行动。而能被历史证明是真正的正义行为,如"大义灭亲"才是符合"大道"所做出的正确抉择。可见,真心实意的"上义"与广博之爱的"上仁"相比,因为所有的"义"都是带有个人利益的"有以为",一旦方向错误,就含有更大的危险倾向,可能产生更大的破坏作用。这也是它被老子从"德"中分离出去,并置于"仁"的品行下面层级的原因。同样,文中没有说出的"下义",是对有恩于自己的人,反而采取虚假敷衍的,甚至是忘恩负义的回报,当然是人们所唾弃的"假义"行为。

"上礼为之",是指那些纯粹为了社交而建立并维持的关系,按照当时社会的各种礼节、礼规、礼数来对待他人,并为此付出些许财礼之类的行为。如果他们的"礼"只出于个人利益和某种未来目标的需要,比如说"你欠我一个人情",其言外之意是将来要还,无论要求是否正义。因而也属于"有以为"的品行。当对方不能以相应的礼尚往来对待自己,即"莫之应"时,必然无法接受对方的表现,文中以"攘臂而扔之"的动粗方式来比喻这种报复的行动。比如,平时以婚丧嫁娶等通行的民俗"礼数"给对方随礼,本应是人间不求回报的仁爱之心表示,但是由于"礼"的目的是回报,所以当在自家发生同样事情时,却因没有得到对等的回报,于是感到自己吃了亏而心怀不满,在没有其他纽带,而仅以个人利益为准绳的人际关系中,这种人的品行往往既无忠厚又无信誉,采取报复对方的行动随之就可能发生。

按照老子思想的分析结果,道德行为被判别不符合高层级品行后,要降到更低的层级。为此,本段中"失"字的含义是:虽然当道德行为都是发自内心的真实行为，但是却失去对"道"法则的依托时，要考虑向下降级。按照今天人们的道德概念来说，最高的品行级别是"道"，也只有少数对"道"的某些法则有较高修养的人才能接近于此层级。其次的品行层级是，虽然因种种原因使其思想水平无法达到"道"一级的高度，但能发自内心按有利于当下社会建立"德"的标准来行动，属于"失道而后德"的层级。再次一级的是，心中虽然没有"道"的思想和"德"的标准指引，但是能够以发自内心的质朴善良爱心，真诚友善对待世界，属于"失德而后仁"的层级。更次一级的是，内心虽然没有尊"道"的思想，行"德"的规范和"仁"的广博之爱指引，但是知道报答他人给予自己的恩惠和信任，回报以"忠诚"和"侠义"之举，属于"失仁而后义"的层级；最低层级的是，只保留必要的礼节和可以维持继续交往的面子，属于"失义而后礼"的层级。但是只维持"礼"层级的人，将社会公德、仁爱、情谊、忠实、信义和报效都放弃掉，又滑向道德之外的境地，于是，老子接着提出了"乱"的概念。"乱"应该不属于守法者应有的道德行为，人的思想处在"乱"的范围时，总是想要采取损害他人利益，扰乱社会秩序的极端行动，这不是正常社会和民众所能接受的行为，应该属于刑事司法所管辖的范围。一个人心中的道德标准或水平只维持在"礼"时，很容易滑入采用非法手段的恶行之中，所以说"礼"是"忠信之薄，乱之首"的道理就在于此。对一个人、一种行为用上述方法进行层级辨别时，因为有"上下"之分，因此常难以用某一次的表现来判断其真伪，用多次的事件累积后的结果得出真正层级的归属会更合理、准确。在此，我们也能看出，按照老子的划分方式，高层级的品行并非没有，但也不是必须具备较低层级的品行。也就是说，有"道"的指引，同样可以有其下面"德、仁、义、礼"的品行。

　　最后一段开始的"前识者"，是指那些对"道"有高层次认识与修养的人，"道之华"是说，他们会自觉以"道"的理念去行动，其行为会显示出"道"的高尚"华彩"；"而愚之始"是说，他们反而逐渐表现出世俗人所厌恶的"愚笨"，也就是不去追逐、争夺个人名利，在名利面前反应迟钝或行动缺失。"愚"是老子在许多文章中都用到的字，描述那些心中有"道"，或淳朴善良、不去计较个人得失者的表现，却被世人所不理解。总之，"大丈夫处其厚而不居其薄，处其实而不居其华"是说，有着宽广胸怀和远大志向的男子，一定是"处在"以"厚重"为高尚情操之地，而不"居守"在以"薄情"的假意或冷漠之中；一定是"处在"以有利于大众的"坚实"之地，而不"居守"在追逐庸俗个人名利的"虚华"之中。最后的"故去彼取此"，是指上述尊"道"并行"德"的人，一定要追求人生品行的"厚实"，而摒弃世俗的"虚华"。

〖译文〗

美德不离天之道

真实的"德"不是为了表现，是有"德"；假扮的"德"是为了表现，是无"德"。真"德"不是刻意而为，没有自私目的；假"德"是刻意而为，有自私目的。真正的"仁"发自内心，没有自私目的。真正的"义"为了报效，有自私目的。以符合礼节的方式待人，却没得到同等的回应，于是不能容忍，以打骂的言行报复。

为此，没有"道"的指引，可以遵循"德"的规范，失去"德"后有"仁"，失去"仁"后有"义"，失去"义"后有"礼"。当只有"礼"时，忠信全失，极易滑向"乱"中。

有"道"的修炼，则有"道"的光华，却显现无私的愚钝。高尚者追求厚重而非浅薄，选择质朴而非虚华。为此，尊"道"者做厚重而质朴的人。

〖随想〗

《老子》一书的第一章是讲如何认识一切事物的基本哲学方法；第二十五章是对"道"进行定义并讲如何看待世界的基本观点；第四十二章是对生命物质产生和运动的基础解释；本章是对人类品行层次的阐述。老子对人世间品行的概括，特别是对品行层级的划分，显示出他有独特且深刻的思考。这些结果，对于社会每个人或群体的道德水平定位，具有重要的意义。

通过对社会中各种人的行为进行观察后，人们会发现，一个人的道德水平和行为，除了受其成长环境、后天教育与自身修养的影响之外，还像人的性格一样，具有先天形成，并且难以改变的个人特征。比如，年龄、经历类似的人，一旦面对一件人间的突发事件，往往会显现出很大的行为差别，有的人带着嘲笑，以唯恐天下不乱的态度看热闹，有的人则心急如焚，积极参与消灾救援的行动。很多现象说明：冷酷和热心是潜藏在心灵之中的特质，一旦得到机会就会以不同的方式释放出来。所以，道德水平常常也是一种本性的反映，正所谓"江山易改，本性难移"。可以看出，这是人类必须面对的现实情况，即不可能让所有人的道德水平经过后天教育修养达到一致，一定会存在高、中、低的差距。

今天，人们面对社会种种现象，经常要用道德这个概念来加以评论。但是，究竟这些社会现象在哪些方面、多大程度遵循或违反了道德，往往是无法定性和定量来说清楚的，人们在无可奈何的情况下，常常用"好人""有良心""讲义气"，或者"冷血""没良心""缺德"，甚至用"道德绑架"等话语来大致评论。至于那些不触犯法律，以及许多不符合品德规范的或轻或重行为，都属于人间不得不接纳和忍受的事情，这就会给某些无视他人感受、内心狡诈和行为不轨的人，留出可以钻营，甚至打擦边球的空子。为了避免上述情况出现恶性循环，在社会的某些领域就试图建立相应的标准，比如在经济活动领域，就分行业建立了对组织和个人信用的评级制度，以便对其行为的后果加以评判，给经济活动提供参考与进行惩戒的依据。

但是，社会范围太大，领域太多，对于人们长期习惯的道德称谓不能定性和分出层级，则难以建立相应的等级评判方法。此时，老子对人们所说的道德概念所划分的等级，应该有重要的意义。他从人的本性和人后天形成的基本素养方面提供了一种更加简单的道德等级划分方法，那就是看每种品行的本质是否符合"道"的法则，是否符合"德"的标准，看其是不是发自内心的真实行为。从道德的最高层次，即"道"和"德"的本质开始，对各种道德称谓进行等级评价，以摆脱只能混在一起的尴尬状况。人类可以研究参考这种方法，建立多种适当的评定标准。一个人身处某个社会群体中时，如家庭、邻里、工作或社会团体、社会公共场所、自然环境等各种情境中，都会与相应的人和其他事物接触并发生一些互动，从其行为表现就可以得到评价。综合这些评价，可以利用老子的这种标准，大致划定一个人或组织的道德层级，这样的结果就可以被社会参考，人们在与其交往时，根据具体情况和需要采取适当的对策，从而避免损失，同时也推动社会整体道德水平的提高。

基于上述想法，一个认定"道"的理念，并决心遵循"道"来修炼自己的人，不仅可以按照老子的指引来检讨自己，还可以观察他人。比如，一个人待人接物非常得体，说话能让人心里感到舒服，各种人情往来都能周到细致，等等，这至少说明，其对人心的好恶了解得比较深刻，并懂得如何使人对自己留下良好印象。但是，如果一个人所做的一切都是以维护自身的利益为准则，一旦利益受到影响时，会毫不犹豫地对他人实施报复，说明其"礼"的水平虽然很高，但也仅仅停留在这个等级。老子在后面说的"美言不信"，就是说有这种表现的人通常是不能被信任的。其如果确实能够站在客观角度，对未得到相应回报的原因，能从对方的人品信誉、双方交往的情感等方面考虑，真心不去计较，做出谦让和付出，说明其有"义"的可能。但是如果其城府很深，所做的一切是虚假的，等待更加长远或更大的利益获取，一旦有证据，便能说明这个人是这样的人，其不配为"义"的层次，应谨慎或避免与其进行深度合作。而一个人总是能给遇到困境的人提供帮助，其个人利益受损时不去计较得失，还能够做出重大的付出甚至牺牲，就说明其具有更高的道义水平，并可以考虑成为共同发展一项事业的伙伴。我们就可以认定其具有"仁"的内心，可以比较放心地相处而成为朋友，但是要警惕其不加判断地待人可能导致的不良后果，以免因此而带来损失。一个人如果在众多涉及社会行为"德"的标准面前，都能毫不犹豫地不考虑自身利益而坚决遵照执行，其就可归于"德"的层级。而对那些难以按照"德"给出判断的事项，尽量用"道"的法则、规律来思考，以便得出更可靠的行动，其就是人群中高品行的翘楚。对于一个人人品的认识是需要时间和事情来验证的，一旦得出可靠的结论，就应该记住，并在今后的交往中作为参考，以决定处理相互之间事情和交往的深度。而一个人质朴、诚实、守信，思想方法合情合理，有责任担当，能够在面对社会上种种行为时，以及在重大历史时刻，做出符合自然法则和社会公德的正确选择和行动，以至于推动了精神文明和社会发展与进步，就说明其是世人道德品行的榜样，是正确社会行为的引领者，可以加以信任和追随。

老子对于品德的划分和定义的方式，与儒家的表达是不同的。儒家所推崇和宣扬的"仁义礼智信"等道德主张，是面向大众的道德教义，是鼓励大众去追求的道德行为。其中含有某些集团利益时，就会被不符合"道"的因素潜伏在内，使不明"道"的人被狡猾的"智者"操纵利用，即老子指出的"下",这也许是老子与孔子在理念上的重要分歧。事实上,万物都在作为,按照自然的创造来完成自然赋予各自的使命;而人类,由于有了复杂的思想和文化,将自然赋予自己生命本能的属性,不合理地按照自己的欲望扩大,并异化为另外的样子,在对利益无节制占有欲望的驱动下,就会做出不符合,甚至破坏自然和谐和社会安宁的种种行为。在人类的本性普遍被社会不良影响异化的情况下,那些违反自然和社会公德的行为显然需要一个认识的过程,其中有正面作用的做人主张等,都是教导常人回归自然,赋予生命合理意义的引导。随着不断成长,人们慢慢懂得,哪些自然和人类社会所需要的道德标准是必要的,在人类社会,只有全体人民和他们的长远共同愿望才配称得上"道",以此指导的行动才称得上"德",只有通过社会环境的教育和引导,才能使越来越多的人懂得"道"的理念。对于在自己内心中为生存而先天存在的自私属性,要学会去控制和转化,并且在成长过程中不断体会,从而达到发自内心去行动,也就是通过不间断的道德修养,形成属于自身的一种本能,达到更高的道德层次,走上正确的人生方向。一旦有更多的人从无原则的"仁、义、礼"中选择正确的方向时,那么,已经形成的品质就能升华为真正的"德"的行动。

老子对道德层级划分的思想,给人类社会对于法治管理之外,更大的人类活动范围的道德层面进行管理提供了借鉴。目前各个国家和地区,一般通过相互学习借鉴,在人生、价值的观念和政治取向指导下建立起社会道德规范。但是,一个社会组织不能认识到本性的欲望不合理地超出自然法则控制范围而出现问题时,反而将此不合理作为正确的观念和道德行为的基础,以本组织集团的利益作为正当的理由,来标榜其行为就是合理的,其实这已经是违反自然法则的不"道"行为,可是他人在当下对这种社会性行为的谴责所产生的作用往往是微弱的。随着现代科学的发展,人们对物质世界的许多认识和理解都越来越接近相对真理,那么,对物质世界的科学认识,必然会导致人们对人类自己在自然中的地位有更加准确的认识。一个具有普遍意义的、人类共同接受的世界观终将出现。那时,世界人民将更容易相处,人类将更加理性地管理自己和世界,使自然创造的各种生命,包括人类自身共享这个星球。

人类与其他生命相比,以其所占用的资源和进化的水平,在自然中的特殊使命,应该是用"道"所创造的大脑物质和伴随的思想文化,来解读物质和其运动规律的本身，即追求真理，解读自然。不过，人们对于自然的认识是缓慢的，而人们本性驱动的生存利益争夺的不道德行为，与自然法则允许的占有本性之间的斗争是长期的，正反复不间断地进行着，因此，对人类在自然中地位的科学认识也必将是难以在短期内形成的，人类公认的世界观的形成显然也需要一个漫长的过程。"道"创造了人类的本能欲望，但同时又在引导人类文明的进步，所有的使命要人类自己来认识和完成，这是"道"才拥有的，最终检验人类是否会通向更好未来的法则和权力。总之，人们应该通过学习、自我修养和实践，建立公认的、科学的世界观，培养自身达到更高的道德层次，以更高的道德标准和行动完成生命的过程。人类终将用"道"创造的自己，来完成"道"所赋予的使命，走在真正属于"道"与"德"的路上。

〖 **关联文字** 〗

【有德】【无德】【以为】【仁义】【大丈夫】【厚薄】【华而不实】【彼此】

4. 第五十一章　生命不息随从道

〖原文〗

道生之，德畜之，物形之，势成之。是以万物莫不尊道而贵德。

道之尊，德之贵，夫莫之爵，而常自，然。故道生之，德畜之，长之育之，亭之毒之（另有：成之熟之），盖之覆之。

生而不有，为而不恃，长而不宰，是谓玄德。

〖文字选注〗

道生（创造）之，德畜（培育）之，物（食物、营养）形（形体、表现、构成）之，势（力量、气）成（成长、成就）之。是以万物（生灵）莫（没有谁、不能）不尊（尊奉）道而（并且）贵（崇尚）德。

道之尊，德之贵，夫（语气，发端）莫（没有什么）之爵（官爵、地位），而常（永远）自（自己），然（确定、做主）。故道生之，德畜之，长（抚养）之育（培养）之，亭（保持）之毒（衰落）之 [另有：成（成长）之熟（收成、可用）之]，盖（遮蔽）之覆（掩蔽）之。

生而不有（占有），为（做）而不恃（依赖、凭借），长（抚养）而不宰（掌控），是谓玄（天）德（品行）。

〖解读〗

《老子》第二十五章说过，"道"是随宇宙诞生同时出现的最原始、最基本的"物"，它用自己作为万物的"本源"，不断运动演变创造了星空与大地。大地又经过漫长岁月，逐步演化形成了自己的特殊环境，并且"道"顺应这种环境创造了生命，所以就有了本章开始"道生之"的结论。"道"的生命物质形态在运动演化过程中，通过环境中的试错和验证，形成生命运行的法则，人类社会中独有的运行法则转化为行为典范就是"德"，是生命在同期和未来一段时期的正确品行,这些品行保护生命生存和繁衍的持续进行,所以就有"德畜之"的结论。"德"不仅是人类的社会品行,其他所有生命也在生存中隐含类似的行为,只不过多数生命是以身体中的天性在遵从。

生命在孕育和生存过程中,不断获取由本源"道"创造的,但是可以被用来作为营养的"物",成为构建和补充新生命所需要的材料和动力,所以就有了"物形之"的结论。"道"同时还创造了一种潜藏在生命中的"气",推动生命拥有了动力"势",使生命成长、成熟、繁衍,所以就有了"势成之"的结论。在古人和老子的思想体系中,"道"与它的法则中派生出的"德",不仅成就了生命,还放手让生命自主思想,选择未来的行动,探索并经过法则验证后找到更好的生存道路。而这一切源自它无私的品行,从不向生命宣示或索取它的功劳和赞誉。古人感悟出"道"的存在和它的品行后,受到人们的尊崇,人们用"道德"两个字合并创造的词语来表达生命应该具有的品行,同时说明后来的哲人对这种思想的认同,于是就有了"是以万物莫不尊道而贵德"的结论。

人间虽然有人已经认识到,创造生灵并建立法则的"道"被万物如此"尊"崇,遵循"道"法则的生命行为的"德"又被万物如此"贵"重,但是却没有获得人间广泛的名誉和地位,即"莫之爵",其根本原因就是,"道"永远默默地按照自己设定的目标,做一切该做的事情,即"常自,然"。此处,出现了"自"与"然"两个字的连用,其意义非常明确,就是"道"赋予自己身上的无私精神和行为是"永远自发"的,"然"就是确认,即"我就要这样"。这与第二十五章中的"道法自,然"是同样的含义,就是"我自己说了算!"归纳起来,就是"道生之,德蓄之",然后才会有生命万物的成长、成熟,完成一个生命轮回的使命后,遗体最终被自然收纳,回归成为"道"的其他物质形态,即所谓"长之育之,成之熟之,盖之覆之"。

文章结尾再次出现了与第十章的"生之畜之,生而不有,为而不恃,长而不宰,是谓玄德"几乎同样的内容。第十章的头一句"生之畜之",是指"道"以法则引出的"德"的行动,创造生命并提供成长条件。而后面一段文字是,一切生命从"道"接手后,都应继续完成后续的使命。对于后代"生而不有,为而不恃,长而不宰",即完成繁衍后代不据为己有,抚养成熟后不应依赖,指导教育成长后不应控制,也就是我们不以自己的欲望和利益来替代或干涉他们,而应让他们按照自我的选择,投入生活并接受自然的检验，只有这样做才符合"道"赋予一切生灵的、至高无上的基本使命，即所谓"玄德"。

〖译文〗
生命不息随从道

"道"创生，"德"引导，"物"育形，"势"助成。所以，生命无不遵从"道"，贵行"德"。

"道"的至尊，"德"的珍贵，皆因其不需要名分，永不停歇做自己的事情。所以生命过程才会有："道"创生，"德"引导，哺育培养，成长成熟，归根复命。

生命的"道"与"德"：生育后代不占有，养育后代不依赖，教导后代不控制，这是生命至高的品行。

〖随想〗

在本章中，老子将"道"和"德"与生命之间的关系进行了系统梳理和说明，同时，他也指出生命应追随"道"的奉献精神，完成最基本使命。从《老子》一书全篇中可以发现，古人的精神世界中，"道"与"德"应该是最尊贵的品行，其伟大意义远远高于今天一般人概念中的"道德"一词。今天说的道德通常只是指人的若干品行表现，并不含有遵循或违背自然的重大意义，这也是为什么老子将"仁、义、礼"排除在"道"和"德"之外的原因。在中华历史进程中，"道"和"德"一旦沦丧，必将导致人间争斗，争斗的升级伴随腐败和管理缺失，又会引发社会动荡、百姓的苦难和文明的倒退，惨痛的年月需要很长时间才能恢复安宁。

本章最后一段重复了第十章中的"玄德"一说，实际是强调人类社会最高尚，也是最基本的品行"德"，就是应秉持"道"的意愿，控制"为"的目标，去奉献，而不是去索取。人也是自然的一个组成部分，应该尽可能做符合自然法则的事情。在自然的眷顾下，每个人都是以极其微小的概率来到这个世界并生存下来的，如果没有按照自然的基本要求度过，将虚度自己感受世界的难得机缘。但是，让人遗憾的是，人类社会对"道"的认识与修养至今未达到最基本的水平，自私的本性被过度放大，从而导致人类在不正常的、反自然的欲望扩张中不能自拔。

目前，社会对于个人创出的价值成果，主张保护其拥有回报的权利，这种拥有权和保护制度也是当代广大民众普遍认同的。事实证明，引起广大民众不满的是利用不道德手段攫取财富。社会总财富即使再增多，也不能使多数财富拥有者继续无止境地积累财富，在当代社会，能够懂得调整自己心态获得满足感的人毕竟还是少数，只不过有些地方的总财富好于其他地方，能够保证基本生活分配不均带来的困扰、可以被接受而已。而那些将财富用来炫耀与挥霍的行为，即使财富是用合法手段取得的，也会被多数人憎恶。将大量积累的财富留给后代，其本质是在干预后代将身心投入自然环境的检验，即控制后代做使其背离"道"的不"德"行为；那些不具有生存能力，但继承了前辈财富的后代，也难免因为挥霍或做事能力不足导致事业失败，将财富由另外一部分人获取并占有，形成新一轮不当的利用，甚至是又一次挥霍的循环。生活富裕是所有人的愿望，而炫耀差距必然导致生存条件差的人产生嫉妒和仇视心理。显然，按照老子的观点，财富的无限积累和不合理炫耀都不是"德"的行为。

然而，人类这种不限数量保护私有的社会机制不应永远保持不变，因为其后果与进步后的社会应更加美好和谐的趋势并不一致，为此，人类必须从科学认识出发，开始行动，找到解决的办法。当前社会虽然对这种个人财富可以无限占有的制度难以撼动，但是毕竟"千里之行，始于足下"。今天的人类有可能出自极少数祖先的后代，与其都有相近的血缘关系，让大家都有和谐平安的幸福生活，是淳朴善良和共同遵从"道"的人群的共同愿望。为此，推动社会从某些局部的观念和行动取得突破，产生示范作用，扩大更多人的共识，使世界上正确认识和选择正确道路的人越来越多就非常重要。多数财富拥有者若将合法的利润避免用于个人享乐挥霍，而将自身的才能和精力投入创造和展示个人的存在价值中，这样既避免了不必要的挥霍，还能使许多低收入的劳动者提高工资，有更好的生活品质，使社会和谐稳定。

总之，合理地将财富分配给后人和社会，用于社会发展进步，那么，他们的行为就是"德"，符合社会进步的需要，同时，也是人类社会遵循"德"的重大功绩，应载入人类社会"大道"的史册。

〖 **关联文字** 〗

【尊贵】【成熟】【覆盖】

5. 第五十四章　以德修炼辨天下

〖原文〗

善建者不拔，善抱者不脱，子孙以祭祀不辍。

修之于身，其德乃真。修之于家，其德乃余。修之于乡，其德乃长。修之于邦，其德乃丰。修之于天下，其德乃普。

故以身观身，以家观家，以乡观乡，以邦观邦，以天下观天下。吾何以知天下之然哉？以此。

〖文字选注〗

善（擅长）建（建房、竖立房柱）者（人）不（不会）拔（抽出、返工），善抱（抱持、扛背）者不脱（掉落），子孙（子孙后代）以（行使）祭（祭奠祖先、悼念）祀（年、代）不辍（停止、放下）。

修（研习、修养、善）之（代指道、德）于（在）身（自身），其（……的）德乃（就是）真（真实、真诚）。修之于家（家庭），其德乃余（丰富、多）。修之于乡（乡里、行政区），其德乃长（经常、长久）。修之于邦（邦国），其德乃丰（丰厚、茂盛）。修之于天下，其德乃普（普遍、广大、大同）。

故（所以）以（用）身（上面所说的个人是否真诚）观（详细查看）身（个人的"德"品质），以家观家，以乡观乡，以邦观邦，以天下观天下。吾何（怎么）以（能）知天下之（"德"的状况）然（如此、这样）哉（呢）？以此（前面所述的方法）。

〖解读〗

在人间，一些能人可把事情做得很好而受到广泛赞誉，原因就是他们熟悉事物的特性、规律，并掌握正确的做事方法，能善始善终地完成做事的全过程。本文的"善"字，就是对这种做事能力的表达。第一段以"善建者""善抱者""祭祀祖先的子孙"三种行为为例，展示"善"的意义。"善建者不拔"是说，擅长盖房子的工匠不会因为加工错误，不得不在柱子竖起后再拔出返工，而是一旦竖起就能顺利安装成功；"善抱者不脱"是说，擅长搬运货物的劳力，不会因为负重或装载不当使货物从途中掉落，而能顺利走完全程；"子孙以祭祀不辍"是说，家族的子孙能够世代祭祀先祖、传承祖训，使有益的家规家教不断弘扬，而保障家族平安兴旺。以上这些人之所以能够成为"善"者，就包含来自前人获得的知识、方法。其中子孙从不间断对祖先进行祭祀，是中华文明中最普遍恪守的礼仪，除了维护族群的团结氛围外，其中还包含对族群内部人员的潜移默化影响，传递祖先做人的原则和训导不丢弃，这也是中华各民族凝聚不离、文明和信仰数千年不变的原因之一。当然，先人留下的知识和规则也不永远正确，需要通过实践检验而与时俱进，但祖先创建的文化核心不会被抛弃，比如对"道"的信奉和对"德"的遵循。

中华各民族不同规模的群体，通过对"道"的信仰和法则的理解，形成对"德"行为规范的遵守。文章用"修"字来表述经过自我和群体不断思考和反复实践，最终在内心中建立并形成下意识的行动，这种结果其实也是《老子》书中处处都在表述的内容，是高水平修炼的"善"，是将"道"转化为"德"的结果。其中，"修之于身，其德乃真"是说，当修炼于自身时，则能使自己变得朴实、真诚，这就是"德"的优良品质；"修之于家，其德乃余"是说，当修炼于全家时，家庭成员关系就和谐，生活就富裕，并能影响邻里，这就是家庭的"德"向外的散播；"修之于乡，其德乃长"是说，当修炼于乡里时，其实就是在地方有识之士的引领下，形成一种善良守规矩的民风，这就是有"德"的氛围使本地域长久安宁；"修之于邦，其德乃丰"是说，当修炼于由官员管理下的邦国时，是"德"成就了富强的邦国，并受到他国百姓羡慕而成为仿效的榜样；"修之于天下，其德乃普"是说，如果相互交往的整个人类世界——天下，即所有个人、组织团体和各个国家不断修正自身的品行，世界将是"德"的世界，一切事情的解决、规则的建立都是恰当、和谐、美好的。

对上面所说的个人、家庭、乡里、国家、世界等各个层面，我们应如何看待他们对"道"的信奉与修炼水平，就是要看他们"德"的表现。

第三段是总结，文中对每个被评价范围的表述方式是一样的，如"以家观家"中的第一个"家"字，表述经过修炼后家庭的氛围和风气，包括家庭范围内生活的安定富足状况等各种表现；后面一个"家"字是说，相对应的群体成员的范围，包括引领家庭思想和事务的家族长者，以及家庭的所有成员是不是和谐美好的集体，判别"家"整体"德"的水平。文中所说的"身""乡""邦""天下"，与上述"家"的含义与解读对应相同。文章最后一句"吾何以知天下之然哉？以此。"就是要告诉人们，评判人间社会状况的好坏和文明水平，应该通过考察群体"德"的表现来辨别。这段论述与"孔德之容，惟道是从"具有承上启下的作用，"德"遵从"道"来到人类社会，而社会面貌通过"德"的表现来判别。"道"虽然没有在中华大地被冠以偶像的光环，但是它以无形的方式潜藏在中华民众的心中，它的无私为人们树立了"德"的至高榜样。

〖译文〗

以德修炼辨天下

　　善建房屋的工匠不会拔出竖起的立柱，善运重物的劳力不会掉落肩上的货物，守护家业的子孙不会停止祭祀祖先，忘记他们的训导。

　　以"道"修炼于自身，表现待人朴实真诚；以"道"修炼于家庭，表现家族和谐富足；以"道"修炼于乡里，表现本地兴旺长久；以"道"修炼于国邦，表现团结强盛；以"道"修炼于天下，社稷生灵幸福安康。

　　为此，以朴实真诚表现评价个人之"德"，以内外和谐表现评价家庭之"德"，以兴旺长久表现评价乡里之"德"，以团结强盛表现评价国邦之"德"，以幸福安康表现评价人间之"德"。我是怎么知道这些的呢？就是用上述方法。

〖随想〗

　　本章告诉人们，承认"道"的存在并不等于自己就有"道"，而真正能够遵循"道"并将其转化为有益的自主行动，就要坚持不懈地修炼，修炼之后就体现在"德"的行为和效果上，即做事是否达到"善"的水平。"德"的行为和效果在人类社会树立典范和获得共识，就可以用来判别不同的人或群体是否走在"道"的路上。

尊"道"而行"德"
探索《老子》的哲学思想

"道"是至高无上的，但又是隐蔽无形的，因此，对于大众来说，难免有不易理解和掌握的问题。这就需要那些懂"道"行"德"的"善"者，能够将"道"的概念和法则，通过某种形式的行动向人们展示和传播。就像本章开始给出的例子一样，若想成为做事的行家里手，一定要向他人学习做事的方法，然后经过实践的锻炼，掌握事物的精髓和纯熟的技巧，最后达到最好的结果。除了日常生产劳动的知识和规律外，就像祭祀祖先、传承祖训的例子一样，也包括人类自己如何看待和管理自己的方方面面，当然还有更为复杂多变的人世间关系的方法和规律，而当前合理的、符合"道"的表现就是"德"。"德"应该是顺应自然的，应该是人性中有益的、正面的行为，与人类历史发展阶段相适应，是小至每个人大至国家世界都具有广泛意义的认知、思想和行动。

在人类发展历史的长河中，不同民族和地域产生了不同的文化，伴随不同的文明，形成了不同的道德标准。长久存在的道德标准，往往隐含在各种被广泛认同的宗教信仰中，通过教义来传播、规范信教者的道德行为。宗教总体来说虽然是引导和规范人们向善的，但是现实证明，不同宗教信仰之间，也会因观念差异而产生冲突，即使是相同的宗教，不同派别之间，也会发生严重的矛盾，甚至纷争。纵观中华文明的历史长河，近两千年以来，儒家占据着文化和道德思想的主流地位，孔子被尊为"圣人"。而百姓在以家族繁衍生存关系为主要凝聚力的引导下，多数仰慕供奉的是祖先，虽然也有对某些小神灵的信奉，但主要还是传承宗族和地域共同的文化鼻祖训导。社会虽然也存在其他较大规模的宗教信众，但可以说，整个社会没有绝对统一的信仰偶像。各种信仰之中，对"天道"的理解和崇拜，应符合范围更加广大的自然关系，还可以随着文明进步而同步改进，也可以成就一种松散的相互包容的信仰结构，从而避免了大规模的信仰冲突。从对"道"的讲解可以知道，事物没有绝对的完美和正确，一切都要以发展的眼光来判断，强加于人、急于求成的方式不仅于事无补，而且还会导致不应有的破坏甚至倒退。中华文明奉行的就是一种包容的文化，从而避免了许多社会底层的冲突，维持了社会的安定，同时也保持了文明的传承。

当今的世界处于这样一个阶段：人才交流推动了经济与技术的融合发展，使落后区域经济水平增速，而政治观念的多元又导致冲突不断。思想文化的不同，导致了社会的不安定，为此，人类迫切需要找到一个能够共同接受的思想理念。目前，世界人口分布不均匀，资源与人口分布也不一致，科技发展水平与财富差距更大，当务之急，只能从避免冲突、共同发展和生存的问题着手，然后逐步获得越来越多民众的共识，形成人类能普遍接受的更符合自然规律的社会科学理论，用来指导各个国家内部及国家之间的关系，实现持久的安定环境和进步道路。当然，这个设想或愿望是美好的，而美好愿望的实现需要对自然的认识，对人类使命的认识，对如何避免人性欲望被放纵到反自然这样重大歧途的认识，最终自觉建立符合天人合一的，能够用来控制人类从个体到群体所有人的规则、秩序。这一定是一个非常艰难的过程，也许还要等惨痛教训之后，由更能深刻认识自身在自然地位的未来人类子孙来解决。建立正确认识不易，让正确认识被多数人接受更加不易，所以，以少数人接受，并以"德"的行为证明和引领人类前行，使更多的人懂得并追随，"道"可能是那条路径。

〚关联文字〛
【子孙】【祭祀】【修身】【普天下】【观天下】

6. 第五十五章　修天地和谐者久

〖原文〗

　　含德之厚，比于赤子。虫毒不螫，猛兽不据，攫（jué）鸟不搏。骨肉筋柔而握固，未知牝牡之合而朘（zuī）作，精之至也。终日号而嗌（ài）不嗄（á），和之至也。

　　知和曰常，知常曰明，益生曰祥，心使气曰强。

　　物壮则老，谓之不道，不道早已。

〖文字选注〗

　　含（容纳、包含）德之（助词）厚（多、丰厚），比（比喻、比照、好比）于（趋向）赤（裸露、新生）子（孩子）。虫（昆虫）毒（下毒）不螫（叮或刺），猛（凶残）兽（野兽）不据（靠近、占有），攫（用嘴啄）鸟不搏（抓捕）。骨肉筋柔（弱小）而握（握持）固（牢固），未（尚未）知（知道）牝（雌性）牡（雄性）之合（交合）而全（完整）朘（男孩的生殖器）作（立起），精（精力）之（助词）至（达到）也。终日号（大声哭）而嗌（喉咙哽塞）不嗄（沙哑，象声词），和（调和）之至（最）也。

　　知（懂得）和（谐、谦、平、睦、温等）曰（称、达、致）常（准则、惯例），知常曰明（英明），益（增多、好处）生（生存、性命）曰祥（吉利、顺），心（心神）使（命令、役使）气（气息、精神状态）曰强（强大）。物壮（强壮，过早达到极致）则（趋向）老（衰败），谓之不道，不道早已（死亡）。

〖解读〗

　　从第五十四章的内容可以知道，"德"的品行需要通过对"道"的认同、理解、实践，然后在不断对事物进行观察、对自我思想进行调整后，逐步自觉趋向于"道"的理念。同时，在行动上通过修炼，不断靠近"德"的品行，这需要经过一个漫长的过程。符合"道"的行为被人们广泛认同后，通过宣传推广而形成社会规范，也就是社会共同遵循的行为——德。可见，"德"的品行可以从两方面修炼获得，对于有社会共识的，可以直接去遵循，对于没有确定依据的，要从"道"的观念中寻找。要想成为有"德"的人，就要保持持久的品行修炼而逐步提高自身内在素质。为此，修炼的参与者必然有修炼程度的区别，修炼得越好，其自身所积淀"德"的品行素质就越厚重。

本章开头提出"含德之厚，比于赤子"，是用新生的婴儿——赤子，来比喻"德"厚重程度的上佳表现。古人可能观察到这样的现象："虫毒不螫，猛兽不据，攫鸟不搏。"这是说，初生的婴儿毒虫不来叮，野兽不来劫，鹰隼不来啄，都是因为纯真的新生命受到上天的眷顾，赋予了成熟生灵对新生命本能的爱惜表现。此外，人们还发现新生儿的"骨肉筋柔而握固，未知牝牡之合而全朘作，精之至也。终日号而嗌不嗄，和之至也"。这一段是说，婴儿的筋骨虽然柔弱，但是抓住东西后把握非常紧固；男孩虽然未到成年，但是他们的小阳具却能够挺立，这都是先天"精"力旺盛的缘故；婴儿虽然整天好像是断气一般大声啼哭，但是声音并不嘶哑，那是因为新生命体内器官的运转非常"和谐"的缘故。为什么婴儿会这样？就是因为他们刚刚由"道"推送来到这个世界，身体天然携带最初的完美特质。由此也可以得出这样的结论：当"德"的修炼达到厚重程度时，人的头脑思维一定是朴实纯真的，机体运转一定是最自然和谐的。

用婴儿天生所具有的和谐来比喻"德"的修炼厚度后，本章的第二段中引出所要表述的道理，那就是当修炼达到"德"之后，就会带来一系列的好处。"知和曰常，知常曰明，益生曰祥，心使气曰强。"此句表达修炼的好处依次递推，得出如下成果：懂得维护和保持各种内在与外在关系的顺畅——和，继而也就是掌握了生命恒久的准则——常，于是就具备了正确的心态和思想方法——明；接着就会采取有利身体和精神的行动——益生，于是拥有了周围环境和身心的吉利平安——祥；有了好的心态和思维方式带来的自信——心，也就焕发推动生命的活力——气，这种心气就会显现出进取的动力——强。以上过程使人生获得更多、更大的成就，生命变得更有意义。

最后,老子再次用《老子》第三十章中几乎同样的句子作为结尾:"物壮则老,谓之不道,不道早已。"这是在告诫人们,背离和谐,持续耗气,提前达到无"德"的"壮",这个过程无论对于自己,还是周围的人际关系,甚至生存环境都会产生过度消耗,结果必然导致提前衰老,家业败落。这种违背"道"的行为,结果必将是提早离开世间而消亡。

〖译文〗

修天地和谐者久

修德深厚者好比婴儿:毒虫不刺,猛兽不占,鹰隼不啄。筋骨虽柔弱,但抓握紧固,未知交合,但阳具能挺立,皆因精气旺盛所致;整天啼哭不止,但声音不会沙哑,是脏腑和谐所能。

以和谐处世是为恒久,坚守恒久为圣明,以致生机盎然显吉祥,心气旺盛显强健。反之,霸行而盛者则早衰,此乃不"道",不"道"者早亡。

〖随想〗

老子在本章指出,经过尊"道"的修炼后,品行"德"厚重者的重要特质表露是"纯真"与"和谐"。在平时生活中,他们就会以这种发自内心的、自觉的有"德"品行处事,这样不仅对自身健康生活有好处,而且使他们成为聚拢大众的人间强者。反之,没有这些"德"特质的人,放任自私狂妄而行,终将害人害己。

中华古人在生存过程中,逐渐通过协作劳动及与自然的交融,体会到人也是自然的一部分,自然的环境是不能被随意破坏的,自然的力量不是人类能够随意征服的,而应该以顺应自然环境来寻找有利的地位,与自然和谐相处的"天人合一"才是最合理的生存方式。比如,像婴儿一样放松身体,将头脑和感觉完全融入自然,让身体内在的天然机能协调解决不和谐的偏差,使许多受精神因素影响的疑难杂症消失。同时古人也认识到,人类个体、各个群体之间也存在类似的关系,采取征服对方的方法,常常两败俱伤,如果冤冤相报,祸患将永无休止;而采用真实坦荡、相互交流融合的和缓方式,或者将矛盾暂时搁置,逐步找到互利的共同点而达成妥协共赢,才最有利于双方和社会的安定。从表面来看,"和"对社会进步有阻碍,不过,社会进步的理念虽然常常被少数人首先预测,并形成自己为其奋斗的目标,但是,当多数人未能认同时,社会的进步必然难以按少数人的期望开展。对于中华文明来说,不顾多数人的利益和已有观念而采取的激进行动不符合"道"的法则。中华文明一直主张和谐稳定,在这种和谐的文明中,长期平和的社会氛围有利于促进经济发展;随着经济发展,那些不利于进步的固有观念将被识别,及时预判并助推变革才是"道"的路径。历史过程证明,在中华大地,民众的经济规模在世界民族之林占有很高的地位,这与文明的作用紧密相连。

中华文明与现代西方文明发展过程有着显著的不同。西方文明是近几百年发展起来的,一批热爱探索自然奥秘的优秀人才,引领了自然科学的兴盛,自然本质和规律被不断揭示。可以说,自然科学的兴起使人类在认识"道"的过程中,走入与人文科学平行的另一条伟大的路径,为人类揭示自身的使命开创了新篇章。于是,以追求科学思想进步的文化兴起,助推技术发明日新月异。工业化的形成与大量资本的积累,又助推经济规模快速扩张,滚雪球似的发展与追求快速解决问题的西方文明逐步形成。研究事物本质规律的科学与技术发明的运用,加上资本市场化的运作,导致大量的财富集中于少数精英和资本所有者手中,于是,优胜劣汰的概念被某些政治操控者用丛林法则代替,一度成为合理的思维与行动方式。无止境占有资本的人,与统治野心家实现利益相结合,于是,资本和权力就会使少数利益集团,用强大的文化、武力、法律、经济手段由本地域向外扩张,形成现代少数发达国家和多数落后国家的世界政治格局。

市场经济与资本运行的规律,使西方发达国家建立了生存必须遵循以本民族利益优先与零和为目标的文化理念,为了自己、自己集团和自己国家的利益,成为合理的思想和行为标准;保持优于其他国家的强大经济和军事能力,不仅维护了自己国家的优越民生,也有条件建立使本国民众接受的文明和制度。西方的经济技术成就与理念的传播,也使西方文明顺理成章地成为被世界广为接受的标准,强大与征服就是的硬道理,并向外输出这种观念和行动,世界许多国家也接受了这种观念。当今,许多处在发展阶段的国家或民族都通过学习和努力,逐步走上了工业化与市场经济结合道路,使自己的国家或民族逐渐强大,并开始谋求维护自己的利益。世界经济在各处的发展状况是不可能均衡的,那些条件不良的地区,只能在外来文化经济的影响和控制下缓慢发展。

但是，科学知识终归会被落后地区的人们学到，技术迟早也会被应用，思想精神的解放也迟早会到来。找到为人类共同接受的文明，从而管理一个和平的世界，是当前人类社会发展理论研究者与政治家不可回避的责任。按照老子的观念，遵从"道"才是出路，采用强权不仅害己，也不属于未来。中华文明以"道"为核心理念，将为人类未来的出路做出贡献。

〖**关联文字**〗

【赤子】【猛兽】【骨肉】【终日】【祥和】【厚德】【未知】【益生】【心气】

7. 第七十章　行德者被褐怀玉

〖原文〗

吾言甚易知，甚易行。天下莫能知，莫能行。

言有宗，事有君。夫唯无知，是以不我知。知我者希，则我者贵。

是以圣人被（pī）褐怀玉。

〖文字选注〗

吾言（话）甚（很、非常）易（容易）知（了解），甚易行（做、实施）。天下（人间）莫（没有谁、少有、难有）能知，莫能行。

言有宗（本、主旨），事有君（君王、封号、尊称）。夫唯无知，是以不（不、非）我知。知（了解）我者希（稀少），则（效法）我者贵（敬辞，人或事）。是以圣人被（同"披"、穿）褐（粗布衣裳）怀（揣在胸前）玉。

〖解读〗

本章以第一人称"吾"，也就是"道"自己来表述在人间难以被理解、传播，以及被遵循的困难现状——从开头一句的"吾言甚易知，甚易行"中可见。全篇多数章节虽然在开头部分，就用人间种种熟悉的事例表明，"道"的思想和教导就包含在这些事例之中，使人们不得不心服口服，而且多数理念参照事例行动也应该再简单不过；而"天下莫能知，莫能行"是说，可是人间却很少有人真正理解、牢记，并且很难自觉按照要求去行动。

"言有宗，事有君"一句是说，人在世间生存，就应该懂得说话要有依据，这样才会获得众人的信任；做事要遵从法则和规律，这样才会取得成功。"夫唯无知，是以不我知"一句是说，世人因为普遍漠视知识，所以，他们在遇到具体事情时，也就不懂得我传授的方法，难以顺利成事。

"知我者希，则我者贵"一句是说，人间能够懂得我的人还是太少了，能够遵照我为众人建立的法则和规律行动的人，更是难能可贵。对于古人思考总结出的"道"，像老子这样对真理有深刻思想和追求的人，基本理解掌握了其中的真谛，相信能够通过身边的例证，加以分析和讲解使人信服，并在遵循其道理的实施中，获得有益的结果。但是，使他们感到遗憾的现实是，与"道"的表述一样，他们也难以将"道"的思想理念让普天下的人理解接受，而能够按照"道"的法则和"德"的规范指导自己行动的人，更是难能可贵。

所以，文章的最后又发出"是以圣人被褐怀玉"的感叹——那些道德思想、行为高尚的人，就像一个身着粗布衣衫的普通人，怀中却揣着无价的宝玉，在众人中难以被识别出来。时至今日，同样普遍存在文中所说的现象，人间的有识之士对不知"道"和不遵"德"的状况仍旧无可奈何。除了遵循朴实仁爱本性生存的人，多数世人还是以自私本性推动自己的思想和活动，他们尊敬那些拥有财富或受到崇拜的名人，而那些高尚遵"道"的"圣人"，反而被充斥世俗观念的人视为愚蠢、不食人间烟火。此时，"被褐怀玉"的人是多么珍奇。

〖译文〗

行德者被褐怀玉

我说的"道"，既通俗易懂，又简单易行。可世人既不能尊其言，更不能按其行。

人们应懂得，说话要有依据，做事要有宗旨。可世人就因不信"道"的"理"，也就不了解"道"。真正懂我的人很少，按我所言做的人更珍贵。

此时，人间懂"道"的高人，有如衣着褴褛却怀揣宝玉的人一样难以识别。

〖随想〗

这是一篇以第一人称讲解"道"和"德"的文章。文中指出，多数世人的生存观念处于低层次的迷失之中，其中的原因在全书多处都有表述，道理也非常清楚，那就是本性中的自私行为被无限放大，超出了"道"的法则，也就是超出了自然规则允许的范围。这些迷失的人深陷其中不能觉悟，不能改变，不接受"道"与"德"的观念和行为；而那些真正理解并信仰"道"的人，在人间还属于稀有的小众，甚至还会被周围的人嘲笑。人间"正道"的实现，还将是一个非常漫长的过程。

两千多年以来，《老子》一书在中华民族一部分识字的人中流传，对华夏文明和文化发展有着非常重要的影响，甚至在近代西方世界中也曾被伟大的哲人推崇为东方的哲学经典。但是，能够理解宣传其思想的人并非中国社会的主流，传播也不像儒家思想那样广泛。原因在哪里呢？笔者认为，主要原因是老子的哲学思想是建立在"物"的基础之上，而"物"和它的运动在人间是宏观的，符合最广大民众的利益和他们的根本愿望，这与只从本性出发的个别人、少数人、小集团的局部利益难以一致。为此，当人间都在追求个人利益、局部利益时，这种理念往往不被人们广泛认同。如果人们都用"道"的理念分析思考人间的事情，那么，其就会常常被怀疑，特别是统治阶级的利益与某个社会发展阶段的客观限制相对立，不利于形成稳定的社会环境，所以老子的思想主张多不被统治者尊为主流思想。另外的原因是，老子诗词般的语言比较精练、深奥，在某些重要文章中，老子表达的思想抽象难解，而读者的思想水平无法达到相应的高度，因此造成解读无法深入其精髓，甚至出现解读的偏差。对于一些难以理解的文字和章节，有些文人就用玄虚的概念或语言来解释，客观上将其束之高阁，无法成为贴近大众，并能够实际应用的思想方法；某些尊老子为圣人的人士，更将其文字作为自己修身养性的教义；而与老子有类似风格的一些文人，笔下的文章清高遁世，并不属于老子思想范畴之内，反而助推老子与大众之间距离变得更大；以上种种原因加重了老子真实思想传播的难度。许多读者都对解释和传播《老子》一书的著述感到莫衷一是，于是又不断产生自己独特的猜解。为此，老子的思想就无法准确地在社会民众之中进行传播和应用。可见，用现代科学的思考方法、现代的语言重新研究、理解并阐述老子的文章，是最需要我们后代人不断努力去做的事情。

对《老子》一书进行解读时，笔者发现，对于老子的思想，一旦抓住并理顺其中的核心思想后，一切就会贯穿起来而变得清晰明了。因为他的思想都是以真实的事物为基础建立的，是物和事最最基本的东西，是"根"上的东西，他告诉我们的思想，都没有虚幻的内容和结论。我们在实践中发现，在了解和分析事物的时候如果仅从表象探讨，那么事情往往会变得纷繁和复杂，如果从根源上分析，则可以直接抓到事物的本质，从本质来归纳整理事物的现象，就可以顺利地找到原因和规律。如果能再用"道"的法则来检验对事物的理解，就可以判断如何对待、解决问题，或者找到未来的方向和应该遵循或逐步改进的步骤。

比如，使社会不断产生纷乱的原因如果直接进入琐事分析就会非常复杂，如果从人的本性和本质，也就是从"根"上来分析，就会变得简单，容易整理归纳。讲解自然创造生命，同时创造了生命的本性，就是要在相互比较中使自己生存在更有优势的条件中。优势就是利益的更多拥有，竞争就会产生竞争，于是竞争是可以被理解的；而自然的法则还告诉我们，竞争结果是按照生命合理需要来满足的，过度超过需要就是违反自然的；人生有各种需求，有的人的一生总在不断追求利益的索取与无限制的占有，这些人的本性就走上了反"道"之路；有的人的一生重在创造而轻于索取，重在人间的相互关怀，这些人天生的本性就符合"道"。通过教育大家过有意义的人生，疏解利益纠结的心理疙瘩，能够站在他人的角度考虑，往往可以化解争斗的源头。

老子的伟大，就是能在人类文明历史的早期，通过吸纳前人留下的思想，再经过深度思考而归纳总结出中华哲学的篇章，由此展示并指明人类社会未来的道路和方向。

〖关联文字〗

【宗旨】【知道】【知行】

8. 第七十七章　德者以利奉天下

〖原文〗

　　天之道，其犹张弓与！高者抑之，下者举之，有余者损之，不足者补之。天之道损有余而补不足。人之道则不然，损不足以奉有余。孰能有余以奉于天下？唯有道者。

　　是以圣人为而不恃，功成而不处，其不欲见（xiàn）贤。

〖文字选注〗

　　天（宇宙）之道（法则），其犹（如同、好像）张（拉开）弓（弓）与（表示比较）！高（位置高）者抑（下压）之，下（位置低处）者举（抬起）之，有余（多余、有剩）者损（减少、损害）之，不足（富足、多）者补（增补、帮助）之。天之道损有余而补不足。人（人间）之道（方法、途径）则不然（这样、断定），损（损害）不足以奉（供奉）有余。孰能（能将）有余（不需要的财富）以奉（无偿献出）于天下（百姓）？唯有道（道德）者。

　　是以圣人（高尚的人）为（创造）而不恃（仗恃），功（成就）成（获得）而不处（存、停留），其不（没有）欲（个人欲望）见（显露出）贤（有德、才、能）。

〖解读〗

　　通过多章节的讲解，读者可以理解"道"的如下一些含义：它是宇宙最初存在的、不断变化并创造一切的本源物质，于是，后来世间的一切事物都是由它所构建而成的；它通过永恒运动和试错检验而不断演化生成新事物，并为事物建立了运行的规律；它创造的人类通过实践和研究，发现并总结出事物的本质和法则，称其为相对真理；人类遵循对"道"的正确

075

认识，在人间建立了自己的行为规范，遵照规范采取的行动都属于"德"。

在"道"前面加上最熟悉并广泛崇拜的"天"字，构成了本章开始的三个字"天之道"，更加强了对"道"的崇拜，同时也增强了遵照"德"来行动的信念。后面的"其犹张弓与"，意思是说，"天道"就好比张弓射箭的方法；"高者抑之，下者举之，有余者损之，不足者补之"一句是说，当箭的落点高于目标时，将瞄准方向下压些，当低于目标时，将瞄准方向向上抬些；距离近时减少拉弓的力量，距离远时加大拉弓的力量。这是弓箭手再熟悉不过的常识。由此，老子引出"道"的法则："天之道，损有余而补不足"，就是"道"在控制调整一切生命获取资源的方法是，得到多的就适当减少些，而得到少的就适当补充些，这其实就是自然界生命有限占有资源的法则。可是，"人之道则不然，损不足以奉有余"，这里所说的"人之道"是指人间自己形成的分配方式，恰恰与自然分配法则相反，收获本来就少的人反而将自己得到的一部分给予富足的人，即"损不足以奉有余"。显然，人世间发生了背离"天之道"的事情，人类之间的物质分配方式，引发了违反自然法则的所谓"人之道"问题。对此，老子在文中感叹道："孰能有余以奉于天下？"这一句是说，有谁能够将多余的财富分给天下的贫困百姓呢？他给出的回答是，"唯有道者"，即只有懂"道"的人，才能主动做出这样的选择，这就是"德"的行动。

最后一段是总结，此处的"圣人"应是指品德高尚的人。他们就像天下其他生灵那样"为而不恃"，努力去做事，但不仗恃；他们"功成而不处"，承担的事情在完成之后，不停留在功劳簿旁边享受荣耀和待遇；"其不欲见贤"，因为他们拥有不追求个人名利的品行，所以不愿表现自己的贤能。

〖译文〗

德者以利奉天下

天道之规矩，有如张弓射箭：高了要压低些，低了要抬高些；臂力大的，用力可减小些，反之用力要加大些。天道对待生灵也这样，得到多的就减些，得到少的就增些。人世间的规则却不是这样，本来得到就少的，反而还要再分给本已得多的。谁能将多得的财富分给贫困百姓呢？只有尊"天道"的人可以。

所以，有高尚情操的人，取得收益不仗恃，获得成果后不居功，他们不愿表现自己的贤能。

〖随想〗

本章用张弓射箭来比喻自然对待生命生存的调节法则，直接指出，为什么说人间富者更富、穷者更穷违反了自然的法则，并对人间这种富者持续收割贫者利益的行为进行了批判。同时，文章还提出，人类应该按照"道"的法则，控制不合理欲望，进行"德"的教育修炼，用特有的才能做自然交给的事情，完成自然赋予的使命，而不是无止境地捞取和占有人间的财富。

自然有优胜劣汰的规律，但这绝不是可以用财富作为优胜者的条件。自然法则应当依靠身体对自然的适应，以及食物链的关系作为依据，筛选优秀生命的地位。但是生命自从进化到人类的阶段，脱离依靠四肢并用行走，上肢得到解放，双手的功能增强，从而带动更复杂思维和语言产生，使人类的大脑和行动能力产生质的飞跃，繁衍生存与创造财富的能力超过其他所有生命。比如，对自然的探索与认识的深入和增多，接着利用认识创造了解决生存问题的能力；将能力创造的财富用于调动更多力量，来做更多改变人类生存条件的事情。这本来应该使人类生活变得更加美好，但是，生命本性中的自私破坏了自然法则，相当一部分人的智慧用于如何占有财富，而不是用于更合理地创造和使用财富。人类社会几乎所有混乱产生的根本原因，都是少数人对财富无止境的占有与挥霍，而使多数人无法达到比较公平合理的生活水平。将本性派生出来的违背自然行为合理化，并堂而皇之地到处应用，不仅给人类进步制造了障碍，还把人类引向歧途，更加延长人类走上未来正确道路的时间。

老子当时就已经看清问题的本质，并认定"道"最终会平衡占有的限度。比如，财富的分配在今世不能实现，来世终将会重新分配，这无疑是"道"作用的一种方式。老子主张用"道"的思想改变人和社会，但是，"道"的理念何时被人类认识和接受，并最终形成人类的共识，成为建立人类行为标准的制度，都是难以预测的。一切还是要从对人类世界的科学研究开始，要明确什么是科学的、正确的世界观，每个人的身体与自己精神的关系、一生的归途是去了哪里，人类在自然中应该处于何种位置，人类在宇宙中的价值和使命是什么，等等。人类只有从根源上认识到自己的错误，找到解决错误的方法，建立符合"道"的正确路径，才能理顺人与自然的关系，理顺人类社会的关系，真正实现"天人合一"的理想。

〖**关联文字**〗

【不然】【张弓射箭】【有余】【不足】【补足】【不然】【奉天】【唯有】

9. 第七十九章　德者依契约守信

〖原文〗

和大怨，必有余怨，安可以为善？是以圣人执左契，而不贵于人。

有德司契，无德司彻。天道无亲，常与善人。

〖文字选注〗

和（调和、和解）大（深、极）怨（仇恨），必（必然）有余（剩余）怨，安（表示反问）可（能）以（去）为（做）善（结果好）？是以圣人（高明者）执（持有、掌握）左（证据、地位低）契（券契、要约），而不贵（重视、地位高，对他人的敬辞）于人（对方）。

有德司（执掌）契，无德司彻（后撤、拆除）。天道无亲（爱），常（总是）与（给予、结交）善（友好、处理好）人（他人）。

〖解读〗

"和大怨，必有余怨"一句是说，曾经在一起有严重纠纷的双方，即使和解，但是终究因矛盾已经在心中形成不良印象，由此产生的怨恨难以完全消除而影响未来的相处。"安可以为善"是反问，说面对这种事情怎么做才恰当呢？"是以圣人执左契"是反问的解答，明智的当事双方会在一起行动之前签订并保存共同达成的文字约定——契约，作为行动各方应承担职责的证据。"而不贵于人"一句是说，一旦发生纠纷就以契约为依据，而不是以对方的情谊、人品、地位、信誉等作为合作的基础条件。人际合作过程中难免因责任或利益产生分歧或纠纷，其原因是生命中维护本身利益而必然出现的事情。为此，有"道"的人懂得，与他人共同做事前，不会仅仅相信对方的口头承诺，而是签订契约，并作为依据。可见，签订契约是人间建立合作关系遵循"德"的行为规范。

"有德"的人，在处理双方签订契约之后的事务时，选择"司契"，即保存和依照契约来处理纠纷；"无德"的人，会不顾信誉，选择"司彻"，即撕毁契约的方式来破坏双方达成的协议。这是自毁"道义"的行为，间接证明老子对"礼"的定位。虽然做事之前还要按照"礼"来商量签订契约，但是遇到分歧就暴露了"无德"的本质，"司彻"就是"乱"的行为，终会被众人疏远。最后一句"天道无亲，常与善人"是总结，即天道对人无所偏爱，经常帮助有德的人。

〖译文〗

德者依契约守信

调解人间交往产生的怨恨，极尽努力也难完全消除。怎样做更好呢？高明的人事先签署契约作为证据，而不依赖对人的信任。

有"德"者遵守契约，无"德"者撕毁契约。天道常助有德之人。

〖随想〗

人类社会即使在和平环境中，最普遍、最容易引发矛盾或纠纷的就是利益关系，产生的原因就是生命为己的本性。春秋之前的社会已经广泛采用了契约这一可追溯并划分责任的文书形式，它的产生是人们对社会关系中"道"的规律的认识，并通过实践检验，将其以规范形式广泛落实到有利益关系的各项活动中。显然，本章将事先签署契约的处理方法说明，人间还处于相当多的无诚信的阶段，为了解决分辨、规避、惩罚这些无德的行为，这是必须采取的一种方式。遵守承诺，说到做到，是有"德"者的行为，守信的人将获得人心，开辟更宽广的生存道路；没有信誉，违背契约，甚至以欺骗手段签订契约，在实施过程中撕毁契约，最终将失去人心，生存之路越走越窄。契约可以用于民间人际交往或组织、国家之间的交往关系，甚至是统治者与百姓之间的关系。高明的统治者与百姓之间通过协商建立符合相互利益的制度，百姓在管理中享受稳定和谐的生活。稳定给予和满足百姓生存条件的统治方法，才是最好的统治方法。

今天，以自身利益作为合理合法行为的社会里，一个人放任自己无限追求名利，虽然不违法，但有可能多处触碰道德层级的底线，"道德"就逐渐弱化成为一种说教，或者成为只用来对无道德者"缺德"的批评，甚至有些无道德者在高喊道德的口号下，做着背离"道"和"德"的行径。对于那些有违道德行为的既得利益者来说，他们的脸皮只要厚一点，无"德"的行为对自己毫发无损，甚至连脸皮都不用红一红。更可悲的是，无视道德的人如果没有舆论压力，变得收敛一些，就会产生负面的效应，这种现象将像滚雪球一样不断放大，社会的乱象将越发难以扭转。老子所宣讲的"道"，就包含符合人类未来方向的理念，只是需要人类能够将这种思想厘清，使其成为能够指导人类未来方向的灯塔。

统治管理者应该以清廉道德为基本素养，不贪不腐；经济活动的操作者应以钱财取之有"道"为基本素养，合理利用资金，推动社会发展。广大百姓自然会在这种环境中，心态平和，收敛个人的私欲。为了实现这些理想，人类一是要建立被普遍认可的共识，二是要建立符合这种共识的法制和实施体制，三是要持续不断地开展相应的教育，直至每个人从诞生那一刻起，一生受到相应"道"与"德"的教育和约束。

〖关联文字〗
【可以】

叁

天地之道

1. 第五章 天地不仁人自守

〖原文〗

天地不仁，以万物为刍（chú）狗，圣人不仁，以百姓为刍狗。

天地之间，其尤橐（tuó）乎。虚而不屈，动而愈出。多言数穷，不如守中。

〖文字选注〗

天地不仁（仁爱），以万物为刍（用草扎制的用于祭祀的）狗，圣人不仁，以百姓为刍狗。

天地之间，其尤（同"犹"，如同）橐（吹火器）乎（表示疑问、反问或感叹）。虚（空着、空虚）而不屈（屈服、缩、竭尽），动（使用、挤压）而愈（更加）出（发出）。多言（谈论）数（列举、诉说）穷（深究、困厄、贫困），不如（及）守（保持）中（适中）。

〖解读〗

"天地不仁，以万物为刍狗"一句是说，地球上的所有生命，都处在天地之间，而天地按照自己建立的法则行事，就像人间对待用草扎制的用于祭祀的狗一样，不会怜悯任何生命，因此，那些不能适应环境的弱小生命对疾病、天敌和灾难无可奈何。"圣人不仁，以百姓为刍狗"，此处的"圣人"是指对广大普通民众拥有管辖和指使权力的人。统治者按照自己的标准对地域内百姓进行管制和处置，征用税收和劳役，对违反法规的人监禁杀戮；主子对自己的奴仆，随好恶奖罚买卖，像对待用草扎制的用于祭祀的狗一样驱使，并无怜悯之情。两千多年前，普通百姓面对自然的法则和规律，面对统治者和主子出于自私本性对弱者的压迫，基本是无可奈何的，多数人从出生那天起，能抵抗困苦活下去都是困难的事情。所以，天地之间的所有生灵，都必须面对这样的现实。

面对这样的生存环境，许多人试图改变不利的自然环境，受压迫的人也会试图对人间管制进行反抗。但是，人们没有真正理解自然规律，贸然采取改变自然的行动，付出众多人力改变一种自然环境，又会带来其他环境问题，自然的力量是渺小人力难以对抗的，结果遭到自然从其他方面给予的新的惩罚。在面对官府的欺压时，争辩或者反抗，往往被强大的统治者镇压，甚至丧失自己的生命；在面对主子的羞辱责罚时，表示不满或抗争，也会被打骂甚至变卖。"天地之间，其尤橐乎"一句，是老子将人类对"天地"环境灾难，以及底层民众对统治者或主子的这些对待，比喻成处在助燃的风箱出口。"虚而不屈，动而愈出"一句是说，如果不去推拉鼓动，风箱就保持平静；反之，用力推拉，它就会以更猛烈的气流来回应。

"多言数穷，不如守中"一句是说，老子建议弱势的一方宜保持镇定，就像将风箱的推手一样置于停止的状态，以避免无效的祈求或对抗言行，这样反而招来更大的报复。按照中华文化的熏陶，当年许多有识之士已经认识到：面对天地，寻找它的规律，就可以因势利导，找到有利于自己生存的办法；面对统治者或主子，保持冷静，去查找问题的根源，有可能因社会地位差别导致苛刻的欺压，也有可能面对社会具体情况，统治者不得不采取管制措施。从老子的整体思想来看，此处也许还有不便说出的话：对有道德修养的、有远大志向的人，在采取忍耐方式的同时，不仅不要轻易地牺牲自己，更重要的是不要无所事事。若想改变困境，就需要时间，需要了解和掌握客观规律，积累智慧和力量，也就是加强"道"的修养，等待事物发展积累到变革时机的到来；事物发展达到一定程度后，变革的时机到来，也就是"天时地利人和"的时机出现，此时若采取行动，才是"有道"者的正确选择。

〖译文〗

天地不仁人自守

苍天和大地并不仁慈，将万物视为祭祀用的草编狗一样随意对待；君王和主子也不仁慈，将百姓视为祭祀用的草编狗一样随意处置。

天地间的环境，就像吹火的风箱，不鼓动时平和无风，而越用力推拉就以越大的风回应。所以，与其反复无效地诉求或对抗，不如保持适中（应积蓄"道"的知识和力量，待时机成熟再采取符合"德"的行动）。

〖随想〗

　　这一章中，涉及人类如何面对不利的自然环境和灾难，以及百姓如何面对社会种种不平等的问题，这是人类面临的两个永远也摆脱不了的大问题。在当时的历史和文明水平下，老子的分析和建议是，不要随意宣泄不满和轻易采取行动，避免矛盾升级甚至发生不必要的损失，就是要像不推拉风箱一样保持冷静，要"守中"。按照《老子》全书的内容，我们可以看出，"守中"不是放弃行动，而是要遵从"道"的规律指引，积蓄知识和能力，由隐忍和思索，直至适当的时机到来，采取有效的行动，逐步改变不利的状况。即使在今天，这样面对世界，同样具有重要的意义。

　　自然通过物质的运动创造了生命，但是同时也建立了筛选生命的法则：适者生存与优胜劣汰。人类的每一个体都怀有活得更长久的愿望，而如何实现这个愿望，只有依靠医学科学与治疗技术的进步。对人体和其他相关生命研究，有了生理研究成果建立的科学，揭示了一部分生命运转的秘密。根据这些秘密，人们可以寻找到一些方法来避免或减轻对身体的危害，于是就有了相应的医疗技术。可是人们发现，最常用的药物制造和使用技术，虽然能够帮助人体战胜许多威胁生命的入侵生物，但是，广泛应用也带来了副作用，这将使部分应该被淘汰的生命勉强存活下来，那就是挑战了自然界适者生存的法则。他们如果继续繁殖有缺陷的或者弱势的后代，将会导致人体品质的逐步下降，对种群后代造成伤害；同时，自然也会让人类生命的天敌在药物的锻炼下逐渐强大，不得不研制更强大的药物来对抗和消灭病原；这种斗争会螺旋式升级，消耗大量的社会资源。另外，医疗技术并不能解决人体的衰老问题，因为衰老是自然的筛选法则，是为后代保留生存空间而设置的规则。衰老必然导致身体机能下降，疾病就会上身，终归会死于因病不治。如若想长生不老，就是对抗自然法则，任何手段都会使身体承受不合理的负担和伤害，只能是对自身的摧残，是减寿的行为。

　　可见，对于试图改变自然环境的人类活动，如果不是建立在充分研究和广泛论证基础上的技术，往往会在带来好处的同时，也伴随着负面的结果出现。而且，为了治理负面问题，不仅要付出高昂的代价，还要受到已经获取好处的既得利益者的反对。"科学"和"技术"两个词是前因和后果的关系,也常常被放在一起使用,甚至简化为"科技"一词,但是,它们其实是完全不同的两个概念。科学是人类对客观世界的认识,是在当今阶段可以被重复验证的相对真理,也可以说是对自然和对"道"的认识;而技术是人类通过对客观世界某些规律的认识或者在实践经验基础上,采取或发明的有利于自己生存质量的手段。技术手段不是真理,所有的技术手段几乎都具有"利"和"弊"的两面性。

对于社会问题也是如此,一切社会现象都有其出现和存在的原因。无论是承担治理的统治者,还是被统治的百姓,出现各种社会问题时,都应该以冷静的心态来对待,不要急于下结论甚至采取极端的行动。采用错误的判断和莽撞的行动都会带来与预期目标完全不同的结果,甚至是更大的倒退。补充自然科学和社会科学知识,实事求是地开展调查研究是解决问题最好的前期行动;而问题的解决也同样需要一定的条件,就是需要积累,需要时间。因为,未来是正确的东西,不一定现在实施就是合适的;在某个地方适合的,在另外一个地方未必适合。事物运动通常是缓慢的,比如,每个来到世界的生命存活期都是短暂的,而无数次生命轮回积累而形成的质变,都属于"道"所主导的运行方式。当内部变化积累达到一定水平时,突然以质变的方式造就新的事物形态,才是符合"道"的法则和规律。《老子》一书全篇都在揭示和讲解事物的规律,以及由此引出的解决问题的方法或建议,也就是老子所要表达的"道"和"德"的文化。

〖 **关联文字** 〗

【天地】【百姓】【不如】【之间】

2. 第六章　生灵神奇有玄牝

〖原文〗

　　谷神不死，是谓玄牝（pìn）。玄牝之门，是谓天地根。绵绵若存，用之不勤。

〖文字选注〗

　　谷（生存、生灵）神（神奇）不死（消亡），是谓（因为）玄（奇妙）牝（雌性生殖器官）。玄牝之门（通道），是谓（称作）天地（大自然）根（源头、造就）。绵（绵延）绵（连续）若（顺从）存（存在），用之不勤（功绩）。

〖解读〗

　　老子说过（《老子》第二十五章），"道"是与宇宙形成同时出现的最原始物质，并成为后来构成一切事物的"本源"。从此的一百多亿年中，是"道"在用自身来构筑并演化成各种形态的事物，包括当今所有的生灵。种子"谷"代表大地上所有轮回不绝的生命。老子的文章中极少出现"神"字，也就没有赞美某种人间偶像的言语出现，因为他也与古人一样，笃信"道"这种"物"的存在，生命的缔造和繁衍也一定是由"道"来完成的，所以他不信类似上帝这样的"神"存在。那么，此处的"神"就应该解读为"神奇、玄妙"，"谷神不死"就是指生命从种子开始，神奇地成长繁衍而延续不断的事实。"是谓玄牝"就是对上半句的回答：生命之所以不会消亡，就是因为有了奇妙的生殖器官，有了代代传递的方式。"玄牝之门，是谓天地根"一句中的"门"，是指新生命从上代母体中诞生的出口，此"门"是非常重要的，一切新物质或新生命，都是通过各种独特的"门"来到这个世界并参与轮回的；"天地"是指繁星和大地，它们也是通过某种类似"门"的孕育和诞生过程来到宇宙空间的。"门"是"道"的创造,也可以说是天地、生命所以延续存在的规则和必经路径。"道"创造了天地之间的缤纷的生命世界,又主宰这些生命以本能和规则不断地重复着同样的繁衍过程,人们不知道这是"道"的功劳,只知道按照本能去完成该做的事,即"绵绵若存,用之不勤"。

人世间最普通、最自然不过的事情,就是男女之情、交媾之欢、生儿育女、母子亲情和养育成长。老子的眼里和思想中,看到的和想到的都是生命的神奇,其实就是赞叹"道"的创造力量。这一切的"勤",也就是"道"附在生命中"爱"的本能,都是"道"的造化,因此,无论是器官功能,还是本能、本性,它们都是伟大的。老子在此,实际上是在赞扬情爱,肯定性爱,颂扬生殖,歌颂母爱,歌颂生命不息的奋斗,歌颂并崇拜"道"的伟大而神奇的创造。

〖译文〗

生灵神奇有玄牝

神奇的生命能够延续,是因有奇妙的生殖器官和性爱。生殖之门,可以称其是为天地和生命设置的"根",它不断重复同样的事,使生命绵延不息。

〖随想〗

"道"为一切事物设有"阴阳"两面。生命在繁衍过程中,通过异性相互吸引、交配、生殖、养育、成长,既延续了物种的存在,又为考验、筛选淘汰不良个体建立了一套运作方式。雌雄异性遗传信息的差异,加上对配偶表现的选择,造成一种对新生命的筛选方式,使它们能够更适应自然环境,同时又通过不同个体基因的差别与变异,使生命形态变化万千,造就更利于生存的后代。性别之间的情欲是"道"创造的,因而是伟大的。

现代科学已经使大众懂得,自从"道"创造了生命的两性雏形后,它们就开始不停地按照"道"的基因和本性安排,繁殖自己的后代,经过几十亿年中无数次的繁衍、筛选、演化过程,才有了今天的生命形态。当今任何一个生命的存活,如果追索其祖先无数代的繁衍过程,中间如果出现任何一个传承中断,都不可能有今天这个生命。深思后,我们不得不惊叹这个神奇的过程，惊叹"道"的伟大力量。中华古人和老子就是从对各种生命繁衍的观察中，发现了"道"的鬼斧神工，所以他会歌颂"道"的这个神奇的创造。

近代人类社会历史在如何面对"性"的问题上，或扭捏隐晦，或变态放纵，根本原因就是，性事像其他动物一样涉及所有个体的自身利益，同时又受到社会道德文化的影响制约。我们如果按照自然的法则，像对其他许多动物那样筛选，将难以有平均的性权利，只有强者才有遗传的资格。但是在当今人世间，社会文明进步使多数人获得比较平均的性权利，而完全平均又可能使基因欠缺者也留下后代，这就有可能导致物种的弱化；由于存在某些社会，权力、经济条件或文化的差别，又导致超额的异性占有，这种占有并不符合自然选择的法则。事实证明，优秀的人，是祖传基因在极其偶然的优化组合后产生的，往往按照比例，分布在广大民众之中，而与其出身没有绝对关系，普遍给予正在成长的后代公平的生存和教育环境，就会从中筛选出对人类社会有特殊用途或重大贡献的人才。总之，人类干预自然筛选的种种行为，哪些是符合自然法则的，哪些是对人类未来产生不利结果的，都是非常重要的事情，应该慎重对待。人尽其才，物尽其用，人才不应该只作为资本获得超额利润的工具。

从目前社会现状来看，随着科学的进步，人类还在逐步改变落后的性观念，解放思想，正确看待"性"在自然中的伟大地位，回归它的本来面貌。为了更好的未来，人类终将会科学地看待有关"性"的所有过程，避免将它扭曲。既不违反本性，让每个人都享有情爱与性爱的权利，又能够通过理性的、科学的筛选，使生命顺应自然的法则，有利于自身和后代的身体的健康，有利于人类的未来，这也是必须不断完善的"德"的课题。

〖**关联文字**〗
　　【绵绵】

3. 第七章　置身局外可长久

〖原文〗

天长地久。天地所以能长且久者，以其不自生，故能长生（久）。是以圣人后其身而身先，外其身而身存。以其无私，故能成其私。

〖文字选注〗

天（星空、宇宙）长（时间长度大）地（大地）久（时间长）。天地所以（表示原因）能长且久者（与"长"和"久"组成助词结构），以（因）其（指天地）不（不为了）自（自己）生（生存、产生），故能长生（久）。

是以圣（品德极高）人后（排后）其（自己）身（地位）而身先（前），外（事外）其身而身存（安全）。以其无私，故能成其私。

〖解读〗

"道"是随宇宙空间诞生而同时存在的万物本源，后来它创造并主宰着宇宙中的一切物质，于是，中华古人以"物"为基础建立了"道"的哲学思想。由此理念得出本文第一句"天长地久"的原因，就是星空和大地的存在是由"道"的运动安排决定的，不是由天地自己决定的，因此，它们才能在宇宙历史的长河中，远超人类寿命而长久存在，即"以其不自生，故能长生"。

人们了解了自己祖先的世代传承和人类历史之后就会懂得，与恒久不变的星空和大地相比，人的一生度过的时间在宇宙中是微不足道的。而人的短暂的一生应该如何度过才有意义，是许多有心人试图解答的问题，于是就有了第二段，既然人也是"道"的一部分，也应跟随伟大的"道"。老子就用天地因遵从"道"而能长久，来比喻那些品德修养高、成就斐然的"圣人"，他们之所以能获得个人的成就，长久留名，并活得有意义，就是因为像天地一样顺应"道"，融入恒久的宇宙，一生不只为自己而活。

于是他们懂得在人群中"后其身而身先"和"外其身而身存"的道理,即不谋求在民众之前获取利益,将自己置身于民众的利益纷争之外。这样做,一方面,可以避开利益争夺的危险;另一方面,可以使自己处于一个客观公正的地位,最后会得到意想不到的结果,即获得多数人的认同、拥戴和报答。显然,大多数人不懂这层道理,但是本性驱使他们尊重那些能为自己利益付出的人。总之,"圣人"会"以其无私"的行为获得"能成其私"的结果,实现更长久的人生。显然,排除心中争先谋取个人利益的羁绊,是"道"的理念转化为"德"的行动。

〖译文〗

置身局外可长久

星辰大地比任何生命都更长久。之所以更长久,就是因为它们是在"道"的安排下存在,不是为自己而来。

品德高尚的人,能将个人利益置于众人利益之后,常会得到众人优先的报答;能将个人利益放在众人利益之外,就会脱离争夺利益的险境。由于没有私利的纷争,终会得到安全和有收获的一生。

〖随想〗

老子在本章讲"天地"之所以长久生存,是因其遵从本源"道"安排的结果;然后,又通过人间"圣人"的表现,表达尊"道"行"德"后在人间获得的结果。人生常常有这样的经历,越想优先得到众人都想要的名利,加入了竞争后就越是难以获得;反而是那些将自己置身于利益之外,从容面对利益争夺的人们,不仅不会被他人防备而保存自身,还能正确处理利益分配的事情。为此,要懂得这个"道"的规律,修炼控制自己的欲望,也就是按照"德"去行动是非常重要的,这往往是未来能够在社会群体中担当重大职责或任务的基本素养。

本章再次尖锐地揭示了这个非常重要的理念,即星空、大地和人都是"道"创造的"物",一切都要遵循"道"的法则。今天,科学家们得出地球已经有几十亿年历史的结论,但是未来还不确定何时能变成另外的物质形态;我们人类自己也只有不到数百万年的历史,并且达到较高的文明至今也不过几千年;至于我们每个人,充其量寿命只有百年而已,与天地相比更是微不足道。这一切都是"道"的安排,是无法违背的客观规律。所以,我们每个人都要遵从"道"的安排,就像天地一样,按照其法则完成自己一生的使命。难道主宰我们未来的"道",在安排我们为自己而努力生存时,还安排我们无限占有和挥霍宝贵的资源和财富吗?解决的办法只能如老子所说,把自己的行为放在追随"道"的路上,按照它的法则努力劳作和生活才是正道,只有广大民众的拥护和奖励才是"道"赋予的回报。

　　本章说出的也是中华文明的基本理念。这个理念在当今的世界上还没有被广泛认识,即使有所认识,也未必会被广泛认同,即使认同,也往往在具体的事情面前难以做到。当今社会民众还普遍认为由本性驱动,以各种合法经济手段无限获取个人财富会受到认同和保护,聚敛和挥霍超出个人正常需要的钱财也是合法的,以集团利益为出发点的分配规则也是理所当然的。然而,这与老子所说的"道"却是背离的。数百年来,首先由工业和航海带动而强大的国家到世界各地推行殖民统治,获得生存的优势地位,资本和技术的运用又带动经济全球化,在世界各地重新分配资源,为资本带来了更多利润。运用资本调动和组织生产力发展经济本是人类进步的需要,客观上也是有利于生产力和利益分配的一种方式。但是,不仅在许多资本输入国,即使在资本所有者的资本输出国,也没有解决好对这部分超额利益如何进行合理分配的问题,没有开辟更多、更高劳动价值的岗位来解决就业问题,结果引起普通劳动者失业率增高和贫富差距进一步拉大带来的问题。资本输出国以保护本国劳动者为名,转嫁不当分配造成的危机,必将出现在有关国家的内部,出现在国与国之间,政府解决不好这个问题必然会失去多数民众拥戴而走向险境。

　　按照"道"的"不自生""能长生";"后身而身先,外身而身存"的法则,政治家应该站在客观的立场,根据本国情况,循序渐进地制定和采取适当的措施分配和利用好那部分超额利润,让参与全球化的本国和世界各国投资者与劳动者都能得到就业和适当的利益,那么就会获得本国人民与其他国家的广泛支持,最终人类将走向共同进步发展的光明大道。当然,这是一个大课题,需要文化、文明进步的来推动,甚至需要通过斗争来带动制度的调整改革。

〖 **关联文字** 〗
　　【天长地久】【长久】【所以】【长生】【身先】【无私】

4. 第四十三章　至柔以无入无间

〖原文〗

　　天下之至柔，驰骋天下之至坚。无有入无间。吾是以知无有之有益。不言之教，无为之益，天下希及之。

〖文字选注〗

　　天下之至（最、极）柔（软、缓、看不到），驰（奔跑、进入）骋（放任）天下之至坚（坚固、强劲）。无（感觉不到）有（某种物质）入（进入）无（没有）间（缝隙），吾（我）是以（因此）知（懂）无有之（的）有益（好处、强）。

　　不言（表述、说）之教（帮教），无为（绝对目标）之益，天下希（稀少）及（达到）之（它、指道的方法）。

〖解读〗

　　古人发现，天下万物的千姿百态，通常是自然中极其微小的力量长时间作用的结果。比如，人们看到的"水滴石穿"，让人们懂得了"以柔"可以"克刚"的道理，也就是文中所说的"天下之至柔，驰骋天下之至坚"。"驰骋"形象地比喻了"柔"有驾驭或战胜强硬的非凡能力，只要付出时间，柔和迂回的努力可以使一切物体都能被打造、加工成另外的样子。人们发现，坚硬的岩石会逐渐被某种看不到的物质侵入其内部，将其破解成砂砾和尘埃，也就是文中所说的"无有入无间"。当然，在古代，人们是通过许多看得到的宏观现象得出这样的结论即自然中存在人们无法看到的物质"无有"，进入看似坚硬无缝的"无间"之中，进而长期用"柔"的方式，将岩石破解，而且碎块可以继续被分解成更加细微的形态。人类社会中相互交往的实践也能证明这个道理，就是用柔和渐进的方式，能够解决强硬急切方式无法办到的事。将上述结论推广到人间后还可以说，在不能完全了解许多事情结果产生的原因时，看似不存在的某种努力——无有，却有着左右难办事物——无间的最终能力，即"加入"事物内部的坚持和努力可以起到重要作用，即"吾是以知无有之有益"。这也说明，"道"的细微复杂和无数可能，普遍存在于事物的运动中，人们可以放宽思路，从而找到"无"可能产生的益处，达到"有"的结果。

"不言之教"是说，用事物的发展过程的事实或正确行动的结果，使旁观者受到最直观的、让人信服的教育，往往比说教、压制接受教育的方式更有效，与其无效教导造成的抵触情绪，不如避开冲突，用事实证明。"无为之益"中的"无为"，同样应当按照老子的整体思想来解读，即不是"不为"，而是按照"至柔"和"无有"的含义，以不勉强设定既定的时间和强度的方式来实施行动，或者是在没有负面心理压力的情况下，通过缓慢、迂回、坚持不懈的行动方式，在潜移默化的过程中可以取得更好的结果，即"无为之益"。这些方式，都是遵从"道"的规律而必然出现的结局。然而，"道"的法则，往往是急于成功的人们所难以真正懂得和理解的，并且更难以转化到行动中，即所谓"天下希及之"。因为，人的本性、性格，以及对道理的认识与修炼，常常会因急切实现利益的愿望，而限制或影响自身按照"道"的规律行动。

〖译文〗

至柔以无入无间

世间最柔和者，能穿行于最坚硬之中。无形可进入无缝之间。为此，我懂得了无形所具有的好处。

不用言语的教诲，无形潜移默化的益处，世间极少人能达到。

〖随想〗

"道"是个难以理解的概念，老子用了很多篇章来描述它。本章从"至柔"和"无有"，也就是柔和持久与无法觉察的细微作用，告诉人们这些"道"的运动特征。其实，"柔"也是"和"的一种表现方式，若要获取"和"的结果，往往需要以"柔"的行动来促成。

数千年来，中华大地上的众多民族都逐渐接受并围绕在中华文明的周围，相互包容，和谐相处，老子用文字表述的许多内容，就是中华文明的重要组成部分。比如，对于人类社会的治理，一个方法是用"制"，以应对某些不符合社会基本道德的行为，或以快速解决混乱的局面而见长，从而形成非常必要的社会治理的"法"。但是，在许多情况下并不属于"制"的范畴，对于许多民间百姓的内部问题，强行用"法制"的方法又并不一定可以实现预期的效果，有时甚至适得其反，拖延了解决问题的时间。而中华文明通常采用"柔和"的，或者说是用"疏"的方法，以缓慢柔和的方式，使参与者的认识转变，使尖锐的矛盾逐步化解，从而找到共同的、可以接受的和谐方式，最后形成水到渠成的结果。其实，二者各有利弊，但是，"道"就是最合适的方式，当断则断，当缓则缓，全在社会治理的操作者对事物发展过程所处阶段的调查研究与正确判断之中。为此,对"道"的遵循，就是先要对事物有客观完整的了解和恰当的分析，用"道"的各种"理念"，得出适合的结论和方法，采取正确的行动去"为"。好的结果达到了，也就是"德"在人间的形成与作用，或者说是尊"道"而行的人和事。

〖**关联文字**〗

【至柔】【至坚】【无间道】【有益】【不言之教】

5. 第十一章　有以利而无以用

〖原文〗

　　三十辐共一毂（gǔ），当其无有车之用。埏（shān）埴以为器，当其无有器之用。凿户牖（yǒu）以为室，当其无有室之用。

　　故有之以为利，无之以为用。

〖文字选注〗

　　三十辐（辐条）共（共同）一毂（轴毂：圆木周围插木辐条，中心的圆孔内插车轴），当其（辐条）无（与行驶无关）有（却有）车（成就车辆）之（的）用（用途）。埏（用水调和）埴（黏土）以（用来）为（做）器（器物），当其（泥坯）无（与盛装无关）有（却有）器（存放东西）之用。凿（挖开）户（门口）牖（窗洞）以（用来）为（当作）室（房屋），当其（被开门窗的棚子等）无有室（居住）之用。

　　故有（直接的用途）之（是）以（用来）为（实现）利（好处），无（与直接用途看似无关的事物）之以为（实现）用（实施、作用）。

〖解读〗

　　"三十辐共一毂，当其无有车之用"一句是说，用三十根木辐条与轮圈和轴毂组成车轮，这些看似与运输无关的木条，却能支撑车厢承担人员和货物的重量，完成运输行驶的功能。"埏埴以为器，当其无有器之用"一句是说，将黏土放在模子里制作，做成看似与存储无关的泥罐，经过阴干烧制后，能完成盛装酒水或物品的功用。"凿户牖以为室，当其无有室之用"一句是说，用土石草木搭建带有门窗的棚屋，看似与居住无关的草木土石，却能起到遮风避雨的居住功能。

　　"故有之以为利，无之以为用"一句是对上述例证的总结。其中的

097

"有",是指包含满足人们的需求"利"的东西;而"利"的实现,却是"用"与需求"无"直接相关的其他东西完成的。

老子用日常生活中看似无比平凡的事物,说明了事物中的"有"与"无""利"与"用"之间隐藏的微妙关系。这其实也是间接表述"道"的法则,即达到目标的方式并非直接的、单一的,经过"道"推动事物以多种组合运动,可以产生无数种可能,因而创造新的事物。因此,人们在做事时,聪明的选择是不拘泥于固有的套路,而是要找出并利用现有的条件,间接、迂回地实现要达到的目标。技术往往就是在具有这种能力的聪明人头脑中产生的,他们的思维在对"道"的本质与规律理解的基础上,开动头脑中的风暴,将有关联的"道"法,即科学的理念,落实到解决问题的行动中。在中华文化中,"有"与"无"的转换与串联也经常体现在各种社会和生活中。比如围棋,就是非常典型的带有中华文明特色的游戏:具有不分地位高低的棋子,通过布局、迂回、包抄、围歼等复杂组合过程更多获取实地,最终打败对手,取得胜利。

〖译文〗

有以利而无以用

用三十根木辐条连接轮圈与轴毂,看似与行走无关的木条却能组成车轮支撑车辆行走;把黏土放在模子里制作,看似与储存无关的泥土却能烧制盛东西的罐子;用草木搭设并开凿门窗,看似与居住无关的草木,却能成为遮风避雨的房屋。

所以,"有"是为人提供好处"利"的东西,而它却常常是"用"一些与好处"无"关的东西做到的。

〖随想〗

老子在本章用实际事例说明事物都有两面性,"无"与"有"之间并不是绝对的、对立的,以不同的视角观察,在适当的条件下,"无"可以向"有"转化,转化为包含"道"的深奥哲理。

从事例中我们可以看到,按照"道"的规律寻找解决问题的方法,最好先从研究需要达到目标的事物本质着手,再有针对性地从各种可能的选项中,寻找可用的物质或其他条件,实现"有利"的结果。以车辆为例,我们为解决远途运物的问题，可先探讨分析路途的本质。距离是两地之间路途的本质，而两地间的距离是用丈量长度来标定的，丈量又可以用许多方法完成。设想用一个滚动一周的圆环作为单位长度的工具来测量长度，就会产生以圆周转动圈数来完成整个路途丈量的想法，而不间断的滚动尺子可以采用人们身旁常见并有能力加工的木料制作，于是就可以设计出用外圈、内轴和支撑条组成，可以用外圈丈量的滚动木尺，木尺滚动两地之间的圈数，与尺子外圈周长相乘，即可得出路途的距离。将这个尺子做成有足够承载能力的轮子，并通过车轴与货箱连接后，在完成丈量的同时，也就实现了远距离运输的目的。当然，古人对轮子的应用技术不会以这种研究方式产生，但是，如果用现代的方法来解决，从用滚动的方法实现距离的丈量，利用轮子滚动实现运输的技术想法就会产生。上面所说的木头，本来它与运输工具毫无关系，但是经过看似与有"利"路途运输之间"无"关的木材，"用"在车厢与地面之间，建立了距离与丈量的联系，就"有"了货物和人员完成远距离运载功能的实现。生产力的发展，是人类实践与文化进步的结果。

通过"利用"的哲理，人们可以懂得，某种需求或目标用直接的方式往往不能实现，但是，首先寻找需求或目标的本质和根源是什么，"用"其他间接的器物和方法，常常可以迂回找到解决需求"利"的途径。人们最终看到老子指出"道"的奥妙，自然可以创造出"有利""利用"这些词语，能够在各种事件中发现事物的本质——科学，然后，将科学与需求相联系而产生发明——技术，并通过灵巧的双手，使技术通过工程建造成现实，从而创造更好的生活。探索和揭示自然奥秘，就是人类与天地之间其他生灵的根本区别。将科学的原理运用到人类的需求中，可以为人类生存创造巨大的财富，科学的发现者和技术的发明者所做出的贡献，应该得到人类的最大的尊重和报答，他们的劳动成果也应该受到必要的保护。

人类通过劳动实践，逐步认识了事物的本质，又通过不断积累知识，运用知识和智慧，从而发明创造了许多有利于生存的器物和手段。老子以人们身边常见的东西为例，来引出一个人们可能不会想到的哲学思想，即事物之间在一定条件下存在着转化的可能，如果我们能够通过研究认识客观的规律，并主动去促使这种转化的形成，那么，就能够达到过去无法达到的结果，使人类受益，社会进步。在世界文明中，有些文明在对待事物的思想方法方面，就包含上述更多特征，特别是在处理社会问题时，就有更多的解决问题的思路和方法，有更多方式来化解冲突，避免人间灾难的发生。中华文明的思想方法中，常常用到老子所说的"无用"与"有利"之间的联系，不断在"和"的环境中思考、寻找社会矛盾的突破口，从而避免鱼死网破的冲突出现，以避免灾难的方式来解决错综复杂的人际关系。

　　本章中的"无"与"有"，老子在书中是第三次提到。第一次是在第一章，说两者是一切事物的发展运动中都会发生的从旧到新的转化，旧事物中没有的完全不同的"质"，会在转化时在新事物中出现；第二次是在第二章，说两者是对立的，在事物的统一体中相伴存在，但是因为比较对象的不同又不是绝对的；第三次是在本章，说两者还可以通过主观作用，从无关联的事物向有关联的事物转变。这些都属于"道"在事物运动中的特征。

〖 **关联文字** 〗
　　【有无】【有利】【无用】【利用】【以为】

6. 第十六章　归根复命行天道

〖原文〗

致虚极，守静笃。万物并作，吾以观复。

夫（fú）物芸芸，各归其根。归根曰静，是谓复命。复命曰常，知常曰明。不知常，妄作，凶。

知常容，容乃公，公乃王，王乃天，天乃道，道乃久，没身不殆。

〖文字选注〗

致（到达、求得）虚（清净无欲境界）极（顶点、极致），守（守护、保持）静（平静、安定）笃（坚固）。万（一切）物（生命）并（一同）作（劳作、担当），吾（我）以（凭借、在）观（观察）复（回归、重复、运转）。

夫（彼）物（生命）芸（耕耘）芸（清除），各（各自）归（返回、归宿）其（它的）根（事物的本源）。归根曰（称）静（静止、清静、安详），是谓（表示）复（回复）命（天命）。复命曰常（恒久），知（知道、懂）常曰明（明智、英明）。不知常，妄（胡乱、不法）作（行事），凶（凶险）。

知常容（宽容、广博），容乃（于是）公（公平），公乃王（首领），王乃天（天意），天乃道（法则），道乃久（长久），没（终）身（生命）不殆（危险）。

〖解读〗

"致虚极，守静笃"，这一句是借用类似气功修炼者的状态，比喻一个思想者完全排除头脑中的杂念，进入平和凝神的无我境界，体会天下众生。此时其感受到"万物并作，吾以观复"，即各种生命都在遵循某种规则而忙碌，于是悟出一切生灵都要遵循的过程，出生、成长、劳作、繁衍、死去、入土，进而再次参与未来的物质轮回，最终得出如下一段文字所叙述的，生命必须经历造物者设定的法则。

"夫物芸芸，各归其根"，这一句是指自然界的众生，都以相同的方式重复着同样忙碌的一生，即由源于母体造就的种子或自然赋予的其他某种方式的孕育来到世界，然后从周围环境中获取营养物质，生长成熟，按照本能完成繁衍养育后代等各种事情，经历忙碌的一生后回归大地，化为泥土中的其他物质。可见，世界上的一切都是由物质构成的，生命也是物质的，生命的物质呈现形式是由"道"建立和控制的。古代的人们虽然无法解释这种控制中所有的，甚至某个简单的细节，但是，对客观事实的观察证明，这种控制是存在的，是不可抗拒和推翻的。老子的论断是，没有任何超自然的"神"存在，生命在完成设定的过程后必须被更替，更替是"道"建立的规则，任何人都不可改变生命有终点的事实，生命必须结束，构成生命的物质一定要回归到最初的无生命状态，即"各归其根"。于是，鲜活的生命一旦"归根"，随即变成无生命物质形态的"静"，也就是向自然报到，完成一生的"复命"。复命后的思绪和遗体回归到永恒天地的"常"；懂得自己必须回到永恒的道理，人们就能正确地对待生命的过程，平和地接受和对待过程中的一切，这就是"明"。如果不懂这个道理，企图在有生之年，用其他手段改变归根复命的法则，就是"不知常，妄作"，结果一定会给自己带来"道"所不允许的险境——凶。

"知常容，容乃公，公乃王，王乃天，天乃道，道乃久，没身不殆"，最后一段文字是根据上一段的思辨结果，再次以递进推断的形式告诉人们，要遵循"道"法则的社会意义。首先，懂得并接受了生死轮回的法则——常，就会使人用正确的心态，以无私与宽容来面对自己和众生的一切——容；有了"宽容"的心胸，就会客观公正地面对周围发生的事情——公；秉持"公允"处世原则的人，就会被推举成为百姓的领袖——王；王者如果是以为大众谋福祉而存在的，就会得到广大民众的拥护，也就是遵从——天；而"天意"本身就是符合宇宙运行的法则——道；而符合"道"的人间社会必然会——久；社会能长治久安，才能保持向前发展而不会衰亡——不殆。

叁　天地之道

【译文】

归根复命行天道

清除头脑的杂念，固守内心的宁静。感受到一切生灵都忙于自己的生息，我看到生命在轮回。

大凡生灵忙碌一生，最终都回归身体的本源——根。回归本源称为"静"，那是在向本源"复命"。向本源回复是遵从天地的永恒——常，懂得遵从永恒是内心的"明"。如想违背永恒去走逆天的邪路，必将陷入人生的险境——凶。

懂得遵守永恒，就会胸怀宽容；对天下宽容，就能公平对待民众；秉公办事，就会成为民众信赖的王者；王者为民众着想，就是体现天意；天意就是"道"的法则，遵循"道"就归入恒久。入此境界，一生善始善终。

【随想】

在这一章中，老子以一个探索世界的古人的视角，在排除头脑中的一切杂念后，静下心来，通过深邃的思维和推理方式，从各种生命的过程来说明"道"对一切生灵的控制；同时，他还告诫人们，要懂得一切生命都必然要轮回，所以要建立正确对待生与死的观念。而且，只有在生存的过程中，做符合"道"的事情，生命才有意义。

此文用让人信服的思想方法、简洁的语言，揭示了"道"在生命中的存在，同时表述一切生命都要遵从"道"的法则。老子通过对万物轮回的观察，描述包括人类自己一切生命过程的本质，即在自然法则的控制下，从胚胎开始，用自然提供的各种物质构建并营养自身，为完成使命去度过一生，直至衰老死亡回归大地，转化成为其他物质形态的整个过程。我们经常说的"叶落归根"，就是这一思想的浓缩表达。人应懂得，度过一生后，以平常心态回归自然是正确的人生观。此文也能看出老子对人间不符合自然规则行为的反对。历史中经常出现各种求肉体长生不老的方法，那与老子的唯物思想观点是完全背离的。

一个人如果能够如本章第三段所述，懂得物质的永恒运动和生命不断轮回的道理，放弃自身渺小名利的欲念，以宽容、博大的胸怀面对世界，就可做出许多有益的事情。在本章中，老子明确指出了人间能够成为王者的基本要求，即要从懂得人在自然中的过程和使命，爱人民，宽容对待百姓，公允为民办事，受到百姓爱戴者被尊为王者，王者为人民做事其实也是替天行道，其人生就上了"道"的层次。所以，在中华大地的民众大集体中，无论种族、宗教、信仰是什么，所有百姓都以"王道"作为社会管理的正确方式。产生于中华文明土壤上的人间精英，经过对"道"的不同层次认识和修炼，达到不同层次"德"的表现，经过严格的历练筛选后，最终成为"替天行道"的人民领袖。

当今世界，被世人所信仰的宗教或文化，都不同程度含有引导人们以"自律""宽容"的态度来面对世界的宣传，用大家都能听懂的言语、故事、说教来帮助人们，使人们从被放大的为己本性中解放出来，检讨并约束自己的行为。在各种宗教中，有的是以圣人作为榜样引导，有的是用天堂或来生作为美好的憧憬，有的是用恐怖的阴间地狱去威慑。但是，几乎所有宗教都离不开对拟人偶像的崇拜，或未来场景的设定，其缺点是，让许多对偶像和幻象持怀疑态度的人们难以真正信服。而只有老子是用更有说服力的、对真实物质世界的解释来证明和告诫人们，应该如何正确认识世界，如何思考解决人间面临的难题。可以这样说，老子提供的是最接近自然科学的教育方式，通过一切生命物质形式的来龙去脉，告诉人们应该怎样面对自己，怎样面对他人，怎样面对世界，怎样选择自己的生活。他同时告诉人们，这也应是人类共有的方向和前途。

〖关联文字〗
【芸芸众生】【叶落归根】【复命】【观复】【天道】

7. 第三十二章　知止不殆天地合

〖原文〗

道常无名，朴；虽小，天下莫不臣。侯王若能守之，万物将自宾。天地相合，以降甘露，民莫之令而自均。

始制有名。名亦既有，夫亦将知之，知止可以不殆。譬（pì）道之在天下，犹川谷之于江海。

〖文字选注〗

道常（永）无名（名分、说出），朴（本真）；虽（虽然）小（渺），天下（万物）莫（没有）不臣（臣服）。侯（诸侯）王若（如果）能守（遵守）之（它，指道），万物将自（自己）宾（服从、归顺）。天地相（两者）合（和谐），以（表示目的）降甘（甜美）露（雨、露水），民（百姓）莫（不要）之（管制者）令（命令）而自（自然、自动）均（协调）。

始（开头、当初）制（制度）有名（名分）。名亦（语气词）既（已经）有，夫（此）亦（也）将（将要、该）知（懂、记住）之（它、指名分），知（懂得）止（停止）可以（能够）不殆（危险、死）。譬（比喻）道之在天下，犹（好像）川（水道）谷（山间）之于（趋向）江海。

〖解读〗

按照《老子》第二十五章，"道"是宇宙诞生时最早存在的"物"，从那一刻开始，"道"以自己作为材料，逐步通过组合、生成、检验、变化、选择、淘汰等无数次循环演化过程，创造了星空和大地上的一切事物，而且这种创造与演变还在不断地进行着。说"道常无名"，是因为它永不自我表白，除了少数人，多数人因为无法看到它，又不知道它做了什么，所以很久以来在心中没有它的名誉和地位。"朴"，就是"道"从不求得回报，以最朴实的心态，做着自我设定的一切事情。"虽小，天下莫不臣"一句是说，它虽然因"无名"而地位如此"渺小"，但是，一切生灵，无论是谁都臣服于它，都要服从它的存亡安排。"道"不仅创造了人类的物质形态，还创造了人类头脑中的思维形态。人们用知识和文化来反映通过实践和思辨过程，不断总结出符合"道"的运动规律和法则，并以此安排人类自己的活动。因此，"侯王若能守之"一句是说，一方的王者若能理解并且按照"道"的规则行事，那么"万物将自宾"，即王者管理一方的生灵和生存环境就会宁静平和，百姓就会归顺，留在这样的地方生存。"天地相合，以降甘露"一句是说，当天地之间能够按"道"的法则协调运转时，气候就会风调雨顺；同样，人间统治者若能够遵循"道"的法则，对自身和社会进行管理，则"民莫之令而自均"，即官府不必设置复杂政令，广大百姓也能自发协调关系，使社会调整到相对合理的稳定状态。

人类由荒蛮愚昧到建立各种社会文明，在进步的过程中，首先选择了群居的生存方式。随着群体规模的逐步扩大，又通过实践与总结，发现了稳定群体生产和交往的规律。这些社会实践得出的成功规律就是"道"，按此规律派生出的行为规范就是"德"。为此，每个在社会生活的人，都应该知道这些由先人总结建立的规范，并照其行事；知道哪些行为偏离了规范的要求，就停止并改正，这样社会运行才会顺利，也不会发生动荡甚至崩溃。为此，便有了下面这样一句话："始制有名，名亦既有，夫亦将知之，知止可以不殆。"当然，任何社会混乱也不可能阻挡"道"创建的光明之路，即使出现无数次的反复或阻挡，社会运行最终都要回到开始的轨道上，就像群山中所有山谷的水流最终汇集一起奔向大海那样，任何力量也无法违背"道"的方向，即"譬道之在天下，犹川谷之于江海"。

〖译文〗

知止不殆天地合

"道"永不显露自己，朴实无华；虽然小到无法看见，但世间一切都臣服于它。王者如能遵循其法则，区内万物将归顺其身旁。天地配合，风调雨顺；百姓无须繁复政令，自动调整得和谐相处。

先人尊"道"建立规制。既然规制已有，就应该记住它，遵守其界定就不会有凶险。这好比"道"正在主宰一切，有如山涧溪流终将归向江海。

〖 **随想** 〗

　　一个社会，如果让人的本性自由放纵行事，那么，许多人天性里的自私自利就会泛滥，并推动他们试图找到实现欲望的路径，继而按照路径付诸实施，以实现个人欲望的目标。如果没有道德与法治的限制，欲望与利益的目标将被不断放大，实施的手段也会接近道德下限，甚至因失"德"而变得无耻，而无耻行为的泛滥必然使社会走向混乱。为己的本性是无法改变的，一旦欲望失控就会有被放大的情况发生。然而，由自然创造的为己本性，本来是为了获得更好的生活，是社会进步所需要的基本动力，所以，什么是合理的本性，就成为稳定人类社会而左右为难的大问题。

　　老子看待和解决问题的方法，就是要从根源上去找原因、想办法。问题既然产生于本性，那么只有从人的欲望如何违背了自然赋予人的本性，来寻找解决问题的方法。为己的本性是生命演化过程中筛选出来的有益品质，但是在哺乳动物进化达到更高级的人类后，本性产生了本质的变化：本来受到自然限制的动物欲望本性，在进入人类阶段后，从原来受到自然限制的"无"，增加了难以受到自然限制的"有"，这就是事物自主行为造成人性本质的一个重大突破，是困扰人类社会的根本原因。当今世界有不同的种族和文化，有不同的宗教信仰，有不同的社会制度，它们在不同的区域运转；一个地区内不可能有让所有人都满意的文明与制度，即使多数人都满意，也不可能让所有人都完全认同相对合理的利益差别水平。为此，我们应该研究能够被全人类共同接受的生命起源与本性存在的本质，建立"人类在自然中的地位和使命"的科学理论，通过教育、引导，使人们懂得，限制无止境的欲望也是在遵循自然的本性，同时也要懂得接受合理的生存条件差距，逐步形成全人类广泛接受的基本共识。各个国家或区域应根据这些理念建立相应的社会利益分配管理方式，且不间断地向后代传递并适时改进。只有运转这样的思想环境和适当的社会制度，人类才能以和平的方式生存和持续发展。

　　中国民间有句老话："一方水土养一方人。"中华大地的文明产生于农耕环境，农耕是被谷物成熟周期所决定的，所以文明理念就带有缓慢的特征，其中就包含"道"的哲学思想产生和持续影响社会的反作用。数千年来，文明和社会的稳定是与这些思想影响分不开的。而产生于以占有资源为主要生存环境的西方生产文明，可能与其短期快速形成结果有很大关系，思想文明就带有考虑问题相对短期快速的特征。比如，从两次世界大战的发生和国家分割的碎片化中可以看出，自然与社会文化环境不同，造就和筛选的人就不同，产生的生活习惯和思想文明也不同，因此，不同社会人文环境下的管理方法也应该不同。而稳定存在的生活与文明方式都有其合理性，适合的才是最好的。对于好的文化要理解、继承、坚持，否则，没有正确文化思想的时代将反复，甚至回到那不堪回首的错误时代，导致无方向的混乱再次发生。一种社会文明制度如果不加以研究试验，就强行推行到另外一个地方，必将导致不适应环境的混乱，即使未来是"好"的东西，也需要研究当下的具体条件是否适合。为此，通过一定的时间和过程，使"好"的方法被认识、接受、融合，最终才能形成既有地方特色，又有普遍意义的制度，而相互融合的制度才是合理的。

〖 **关联文字** 〗

【无名】【莫不】【侯王】【万物】【天地相合】【甘露】【始制有名】【既有】【知止不殆】【川谷】【江海】

8. 第三十七章　道常无为无不为

〖原文〗

道常无为而无不为。

侯王若能守之，万物将自化。化而欲作，吾将镇之以无名之朴，镇之以无名之朴，夫（fú）亦将无欲。无欲以静，天下将自定。

〖文字选注〗

道常（永远）无为（目的、做、干预）而无不为（作为、成就）。

侯王若能守（遵守、保持）之（道的法则），万物将自（自行）化（自然规律）。化（规律、本性）而欲（贪欲）作（兴起、膨胀），吾（我、道）将镇（抑制）之（欲作）以（用）无名（名称）之朴（质朴、本源），镇之以无名之朴，夫（彼、这）亦（也）将无欲（贪欲）。无欲以静（平静、娴雅），天下将自（自然）定（安定）。

〖解读〗

"道常无为而无不为。"这句话是表述"道"的核心内容之一。按照老子的哲学观点，世间一切事物都是由"道"这种本源物质，通过自发和自主的行动，不断组合变化而形成的，并且在形成过程中建立了相关的法则。此后，"道"对于用自身作为材料所创造的物质，不是去包揽或指挥它们的行为，其中也包括生命的思维和行动，而是将它们放在它所创造的其他物质环境中，任由每个生命自行思考并采取行动，同时让它们去经受各种环境挑战的检验，这就是"道"的法则"无为"。这些生命在自我生存活动中，如果能够设法适应自然环境，完成生存和做事的过程，使自己存在下去，也就通过了"道"的检验；反之，此种生命就会被削弱甚至灭绝。此时，"道"对此生命的放行或是阻止，就是其依据法则的"无不为"。

这种"无为"的放纵和其后检验与生杀的"无不为",将永恒地、持续不断地进行下去。在其中我们也可以看到,"道"放任生命自主选择做什么,怎么做,其实也是在要求它去"做",去"为",以自主行动的结果去接受检验,否则就失去"道常无为"的意义。而对于事物自身"为"的选择和行动结果,"道"不要求完美,而是用多次、重复、柔和、缓慢的过程来充分验证,因为世上没有绝对完美的结果。同样,生命不要"为了"完美结果而设定绝对的目标,可以说这也是一种"无为"。此生命不求完美的"无为",以及"道"放手生命自行的"无为",两者都符合"道"主导物质运动的法则。

然后,老子将"道"的这种行为方式应用到人类社会中:"侯王若能守之,万物将自化。"这一句是说,如果君王遵循"道"的法则建立制度,并且用于管理国家,就像"道"创造并主宰了万物一样,坚守"道"的指引,以维护自然环境,维护广大民众意愿的合理方式管理国家,国中的自然环境资源就少受破坏,百姓就会主动按照合理的方式劳动生活,社会财富就会以较快的速度增加,并吸引更多的民众向这里聚集。但是,人们安居富足了,就会有一部分人不能控制欲望,出现将积累的财富用于挥霍和追逐享乐的情况,而另外一些急于致富享乐的人,就会以不良手段谋求实现自己的欲望,即出现了"化而欲作"的情况。这些人其实已经开始背离了"道"的法则,如果放任这种局面发展,最终就会导致难以收拾的混乱结果。唯有那些懂得"道"的人,以及对背离正常劳动获取财富行为不满的大多数民众,将遵循"道"的推动,采取各种手段和措施,使社会民风向朴实的本源转圜,即"吾将镇之以无名之朴"。前面的"吾",应该是"道"自己,代表了最广大民众的愿望,以及所有放弃个人私欲、按民众愿望行动的人。"镇之以无名之朴"后,人间最终恢复到合理生活愿望的质朴状态,即"夫亦将无欲"。而"无欲以静,天下将自定"是一种对人间的氛围的描述,由于社会财富获取合理,心情处于平和满意的状况,国家也会恢复到安定局面。这种行为和结果,就是有人在主观或客观上遵循了"道"的法则,即"道"最终的"无不为"。

从中华几千年的历史可以看出,老子的这个论断是正确的,社会以本章所预言的方式,进行着周而复始的"欲"与"朴"和"作"与"静"的循环过程。在漫长的封建社会中,有的君王能够合理使用国家政权,其王朝维持的时期就比较长。但是，他们都没有解决根本性的问题，即真正达到永久的"无欲以静，天下将自定"的理想状态。"欲"往往始于君王、官府，有能力获取财富而不能正确使用财富，或不能与其他人分享的那些人开始出现并泛滥。如果不受控制，随之而来的不良示范与引导，最终会使社会走向动荡。所以，人类社会需要有为广大人民接受的保持"无欲"的理念和制度，这样才能从根源上摆脱"作"与"静"的反复出现。

〖译文〗

道常无为无不为

"道"永不干预事物的自我选择，而以事物能否存留来实现其作为。

王者如能遵循"道"的法则治国，人间将逐步调整到和谐的状态。而和谐富足后，人间欲望会膨胀而导致混乱，本源"道"以质朴出来反制。反制之后，没有过度私欲的人心回归平静，人间自然安定。

〖随想〗

"道常无为而无不为"是老子的核心思想之一，对它的理解有许多说法。如果将这句话用到人间的事情上，有的人说，"无为"就是做一个旁观者，什么也不做，任凭事情自由发展，只等结果到来。其实，这仅仅是从这句话的字面去解读，从而得出的消极的结论，或以此逃避社会发展过程产生的矛盾和做人的责任。对于"无为而无不为"，我们应该从老子的整个思想体系来分析解读。除了表述"道"放手事物自主运行的方式外，在人间，"道"需要人们主动地去做，去经受环境的检验。人间的"无为"也是指人们不要被某种目标所束缚，因为世界上没有绝对完美的东西，只要想好就去行动，接受结果的不完美，并进行下一轮思索和行动，最终，会逐步趋近"无不为"的结局。

《老子》一书的大多数章节都在用人类实践公认的结果，证明"道"的规则是什么，于是事情应该怎样去做，实际就是在说"为"，而不是说不必去做事。不要忘记，人类本身就是"道"创造的，是"道"其中的一部分，法则要求通过选择来实现"无不为"，而选择的实施当然包括人类自身的责任和行动，也就是"为"的结果。我们也可以按照今天说的"有所为，有所不为"来解读。包括本章在内，"有所为"就是用一定的手段使人性回归本源的质朴，或者说回归生命所需要的合理愿望的方式，来解决欲望泛滥导致的社会问题。"道"在人类自我醒悟之后，通过"为"的行动回归正常的过程，最终实现"道"的"无不为"。"道"的法则，其实就是事物运动规律的法则，通过对"有"的不断认识，推动"有"的继续，或者在"有"的运动中发现了"质"的变化趋势，推动趋势发展，使新的"有"从旧的"无"中产生，就是符合规律，就是应该去做的"为"。"无为"，就是不要做不该做的事，不要做有悖事物发展的事，不要做好高骛远的事，特别是不要放纵欲望，做违背自然法则和规律的事情。在某种情况下，未来事物发展虽然必定会从"无"变为"有"，但是在时机未达到质变程度时去强行"为"，会导致负面的结果，反而拖累旧事物向符合"道"的新事物转化进程，即所谓"欲速则不达"。

《老子》许多章节中，都将"无为"用于对国家治理方面的警示或建议。在周朝后期，春秋向战国时代发展，逐步走向天下大乱的时期，各个诸侯国统治者都想要占有更多的国土、人口和资源，试图通过战争的"为"来推动自己目标的实现；他们也对本国百姓通过各种横征暴敛的"为"，来助推自己的目标实现。老子主张维护好自己国家的民生，使百姓富裕，国家就有条件强大。用不使百姓生存艰难困苦，甚至战乱涂炭的"无为"方式，让百姓在安定的环境中生产生活、积累财富、民富国强，无疑才是统治者最好的选择，也就是"无不为"的结果。这也许是老子在当时提出此观念的社会因素。

从生命本性来说，争取优于身边其他生命的生存地位，是自然竞争和选择的必然结果。在社会还处在不懂控制过度欲望的时候，老子所总结的在国家安定之后，财富的积累和分配不合理问题，必然导致个人或集团利益的不均和争夺的情况出现，对此，他主张通过某种方式使人压制欲望，即重新回到生命本源的质朴，使社稷回归安定状态。这种重复或轮转是被欲望左右的社会规律，在当时确实是一种正确的认识，但也可以说是一种无奈。即便在今天，人类社会文明虽然不断进步，但是，这种最基本的轮回规律，仍然以古老翻新的方式继续着，特别是在经济落后地区，贫富矛盾更加激烈，文明更原始地区尤其突出；即使在发达地区，基本生活虽然富裕无忧，但欲望无止境的问题非但没有被认识到，反而将自己的富裕建立在对落后地区的漠视和资源巧取之上，使落后地区的问题更加难解。

面对这种局面，管理国家的确是件非常困难的事情。欲望是生命的本性，宽松的管制会鼓励民众发挥主动的力量，按照自己的欲望来努力劳动，创造更好的生活，市场经济就是证明；同时，利用欲望带来的财富，集中办更大的事，能以更快的速度积累财富。但是，依靠欲望推动社会经济的发展，终会使那些不懂"道"的人不断放大欲望，从而迷失自己在自然中的地位，做出不符合"道"的行为。如何控制好欲望本性和社会稳定之间的关系，是所有想"有所为"的社会管理者都要考虑和解决的难题。社会体制、法律、市场、经济调控、道德教育、宗教、慈善、救济等各种方法都有可能被运用到，每一种方法在制定和执行结果上都各有利弊。因为，社会中的每一个成员，会从个人的立场出发来判断并指出，哪些是有违自己利益的属于不合理方面，而许多的不合理方面却又都与另外一部分人认为的合理方面相互冲突。管理的难度就在于此。

　　人类在自然中的地位和使命是个伟大的科学问题，当今的人类学者和真心为民服务的政治领袖，应该认真研究并解决这个问题。也许这个难题会在某个国家或地区首先被破解并最终被其他地区的民众逐步接受，形成一个人类共识的科学结论。在这个结论的基础上，各个国家或地区的领导者应该遵循结论指出的这条道路，用适当的政治经济治理手段引导人类走向未来。从人类对自然科学成果不断进取和积累的规律推断，用科学的理论来解决这个社会难题的日子终会到来。

〖 **关联文字** 〗
　　【若能】【无名】【自定】

9. 第三十九章　万物尊道天下宁

〖原文〗

昔之得一者，天得一以清，地得一以宁，神得一以灵，谷得一以盈，万物得一以生，侯王得一以为天下贞。

其致之，天无以清将恐裂，地无以宁将恐发，神无以灵将恐歇，谷无以盈将恐竭，万物无以生将恐灭，侯王无以为贞将恐蹶。

贵以贱为本，高以下为基。是以侯王自谓孤、寡、不穀，此其以贱为本焉？非乎！

故致数（shuò）舆（有的版本为誉，可采用）。无舆。不欲琭琭如玉，珞珞（luò）如石。

〖文字选注〗

昔（从前、古时）之得（能够、获得）一（道法）者（代词），天（气象）得一以（连词，而）清（清净），地（陆地）得一以宁（安定），神（神灵、心神）得一以灵（灵验），谷（山谷）得一以盈（充盈），万物得一以生（生存），侯王得一以为（使得）天下（国）贞（正义、坚定）。

其致（推究）之（后面所述的这些祸患），天无（未能）以清将恐（恐怕）裂（破损、风雨灾害），地无以宁将恐发（突然发作、山崩地裂火山喷发灾害），神无以灵（给予回报、兑现）将恐歇（停息），谷（山谷）无以盈将恐竭（枯竭），万物无以生将恐灭（消亡），侯王无以为贞将恐蹶（挫败、衰败）。

贵以贱为本（依据、依存），高以下为基（基础、根本）。是以侯王自（自我）谓（称为）孤（孤独）、寡（无亲）、不穀（粮食、小孩），此其（表示反问）以贱为本焉（感叹）？非（不是）乎（吗、啊）！

故（因此）致（导致）数（多次、频繁）誉（赞美）无（反没）誉。

不（放弃……而选择……）欲（想要、需要）琭（贵重美玉）琭如玉，珞（沦落、朴实）珞如石。

〖解读〗

《老子》第四十三章"道生一，一生二，二生三，三生万物"的说法告诉我们："一"是宇宙本源物质——基本粒子——首次发生了变化，初次的粒子结合，改变了独自存在的形式，开启了创造并形成"物"的时代，也可以说，"一"是一个代表本源"道"成为最初"物"的名称。后来，它的运动与组合开始创造并主导了世间一切的物和事，经过验证后被认定的运动过程，就形成不可违背的规律和法则。为此，遵循"道"的法则就是"得一"。

正如本章前两段所描述的那样：自古以来，无论是天空、大地、神灵、五谷、万物，还是一国之君王，只要是"得一者"，就可以获得"道"的认同与照应；反之，放弃"一"者，就会遭受灾难，运作停歇，走向灭亡。天空的"清"与"裂"是说，自然环境的好坏引发了气象的风调雨顺，还是飓风、洪水等祸患；大地的"宁"与"发"是说，脚下的陆地平静稳定，还是山崩地裂的火山、地震等灾难；神仙的"灵"与"歇"是说，民众祈盼的愿望得以实现，还是拜求后的毫无回应；山谷的"盈"与"竭"是说，谷地积水充盈，还是因失去活水而土地干裂；万物的"生"与"灭"是说，一切生命的繁衍生息可以正常轮转，还是因无法承受的变迁而灭亡；侯王的"贞"与"蹶"是说，一国之君是因英明正义管制而使百姓安康，还是因昏庸腐败而使社稷混乱凋敝。所有这些都是因"得一"与否而产生的两种截然相反的结果。

老子的文章中，没有认同过"神"这种在人间被普遍拜谒的偶像，因为在唯有真实的"物"创造世间一切的观念下，"神"是不可能出现的，"神"只是人间因内心需要或畏惧而臆造的精神形象。可是，对"神"的崇拜又是民间的现实，因此，可以将拜"神"保佑解释成人们心中的正常愿望，而"灵"的显现，其实是"得一"后的必然；又比如第六章的"谷神"，"谷"之所以能"神奇"地通过母子繁衍，使生命延续不绝，还是因"得一者"顺应"道"的物质法则取得的结果。

"贵"与"贱"因地位相反而依附存在，没有地位低下的"贱"作为

尊"道"而行"德"
探索《老子》的哲学思想

"本",就没有权势者"贵"的地位;"高"与"下"同样如此,没有众多百姓宽阔坚实的"下"作为"基"来拥戴,就没有万人之上君王"高"的地位。从书籍或影视中,我们可以知道,"孤""寡人"常常被君王用来自称,但是,"不穀"却基本没有见到。"穀"是指粮食或谷粒,在古代也指孩子,是生命延续的根本,也许"不穀"这两个字的含义是"无收获""无后",可能此称谓过于晦气而被后来的君王弃用。中华文化中"道"的哲理告诉人们:由于失去了"本"和"基"后,"贵"和"高"都不复存在,君王必须懂得,其所得到的尊贵是基于一方的百姓,失去了百姓的支撑,自己的地位就不会存在。要想自己的国家长治久安,将百姓的重要性置于自身之上是必须坚持的,应该时刻提醒自己保证国家不偏离"道"的法则。所以,他们试图用卑贱的字眼"孤""寡""不穀"来自称,以显示自己对这个道理的认同。

但是,"此其以贱为本焉"一句是说,难道君王这种自谦的称谓,真的是要将自己的地位放到比百姓还低的位置,作为立身之本吗?回答是:"非乎!"历史一再证明并非如此。显然,老子对这种贬低自身和赢得赞颂所起的作用持否定态度,因为这通常并不是君王的真心和本意,只是为了引来众臣的吹捧和用来迷惑民众的伎俩,而最终流于形式而已。事实证明,"数誉无誉",即不断重复的自贬称谓或各种自我品德的颂扬,都会因表里不一的执政而被人民大众蔑视。所以就有"不欲琭琭如玉,珞珞如石"的结论,也就是说,与其以自我夸耀的方式得到信誉,不如用真诚、朴实、谦虚的实际行动来为民做事有效。这就好比同样出自大地,选择做百姓常用的石料,而不去做贵胄喜好的玉石。

〖译文〗

万物尊道天下宁

自古万物得"道"而行时,天空得以清澈,大地得以安宁,神得以灵验,山谷得以充盈,生灵得以繁衍,君王得以为人间正义治国。

推究其理,天空不清恐将破裂,大地不宁恐将动荡,诸神不灵恐将幻灭,山谷不充盈恐将枯竭,生灵不盛恐将消亡,君王不为正义恐将昏厥。

贵胄用卑贱显示地位,高台用宽大作为根基。侯王自称"孤家""寡人""不穀",他们真以自谦于民为立身之本吗?不是吧!因此,频繁的自诩自誉终将失去作用，不如放弃做只能观赏的美玉，而去做那质朴实用的岩石。

〖随想〗

　　这一章又是老子对"道"主宰天地一切的描述，最后将其用于劝诫人间君王，放弃虚伪和荣华，选择质朴和实用。文中明确指出，君王的地位是否存在，取决于民众是否拥护，也就是间接地说出百姓就是人间的"道"，这在当时对人的社会地位的认识中，绝对是振聋发聩的声音。君王能否长久安全地坐在自己的王位上，不是靠自贬的谦称，或三呼万岁的威严来维护，而是依靠是否为百姓做出解决民生问题的实事来决定。

　　宇宙中的一切都是"道"创造的，为此，"道"是宇宙中一切的主宰。它虽然不直接和立即显示作用，但是，一切将服从它的法则检验，无论是我们地球上的一切生命，还是多么伟大的事物，哪怕是恒星，是星系，最终都会归于它所设定的合理存在的结局。今天，人类科学与技术的发展水平，大到已经可以探索遥远的宇宙星空的程度，但是仍旧未能发现类似人类或高于人类智慧的生命。可见，"道"是多么眷顾地球，我们人类是多么幸运。对于每一个人来说，如果受孕是在其他时间，或是另外一个精子和卵子的结合，那么就将孕育成另外一个人。为此，我们每个人都应该格外珍惜自己尚在生命传承过程中，以极为偶然的机会来到世界，并有幸感受这个世界。这样想，我们就会感谢自然的眷顾，更加珍惜自己眼前的一切，热爱自己的生命过程，并将为世界留下使命的印记，并以此作为人生的目标。在离开这个世界前，每个人都应该早早明白，任何个人生前拥有的东西都无法带走，而一生无止境地追逐自身的名利对于未来是没有意义的，因为自然只是让你成为它所需要的过客，并没有让你带走个人财富和名誉的法则。财富终将散去，名誉也将成为历史的痕迹，最多只能成为后人记载和评判的一个符号，一个历史的例证。

　　人类在认识自然的过程中，利用获取的科学原理和自身的智慧，发明了许多有利于生存的技术手段，但是，在伴随有利东西的同时，也产生了一些不利的东西，甚至还有可能发生违背自然法则的更糟糕后果。比如，地球的造山运动的伟大力量，显然是我们在现有环境中创建的技术手段无法抵抗的，如果巨大地壳运动再次发生在涉及安全的关键地点，此地的设施将被破坏；再比如，随着人类医疗技术水平的提高，胎儿的成活率及老年人的平均寿命普遍增加，人口的无止境迅速增长对其他生命的生存空间造成挤压，将导致其他物种加速灭绝；而追求舒适生活的实现，又助长了化石能源的极大消耗，使原属于亿万年间从太阳光和其他方式转化积累的能量，被短期释放到地球表面，使平均气温升高，空气中有害气体含量使亿万年形成的大气环境突然恶化，引发疾病危及生命；超出以往的气候和极端天气频频出现，引发的灾难随之增多、增大；掌管国家权力的政治领袖，用违背"道"的理念，纵容自私行为的泛滥，不顾利益分配差异的极端扩大，不断挑起人间为利益进行的反复的纷争，甚至发生灭绝大部分生命的战争杀戮；等等。人类对世界的许多事情需要重新进行反思和认识，许多文明还要重新讨论并与时俱进。所以，我们应避免过于自信和短视，特别是对可能产生灾难的事情要慎重决定，在必要的情况下，要痛改前非，甚至放弃一些技术果实。地球的未来重担更多地落在建立政治思想理念和制度的领袖们的肩上，他们应该对"道"有更深刻的理解，成为真正的"得一者"，并为人类的行动指出前进的方向，一步一个脚印地走在这颗几乎是宇宙中独有的蓝色星球的美好未来的道路上。

〖**关联文字**〗
【人杰地灵】【神灵】【自生自灭】【贵贱】【孤寡】【孤家寡人】【落落大方】

肆

做人之道

1. 第九章　功遂身退乃天道

〖原文〗

持而盈之，不如其已。揣（zhuī）而锐之，不可长保。金玉满堂，莫之能守。富贵而骄，自遗其咎。功随身退，天之道。

〖文字选注〗

持（托、持）而（因而）盈（充满）之（代词容器），不如（介词，引出比较对象、选择）其（助词）已（停止）。揣（锤击）而锐（使锋利）之（刀剑），不可（能够）长（长久）保（保全）。金玉（财宝）满堂（专用房屋），莫（没谁）之（用于主语和谓语之间，使句子形成偏正结构）能守（守护）。富（多财）贵（显贵）而骄（放纵、傲慢），自（自己）遗（留下）其（助词）咎（灾祸）。功（功劳、成就）随（跟随、接着）身（自己）退（归、返回），天（自然）之道（法则）。

〖解读〗

"持而盈之，不如其已"这一句是说，端着碗里的酒水如若加得太满，因为难以保持平稳反而容易洒出，倒不如留出适当的空余。"揣而锐之，不可长保"这一句是说，为了追求锐利而将刀剑锻打得过薄，因使用时易折断，反而无法保持耐久。"金玉满堂，莫之能守"一句是说，为了炫耀财富将许多金银财宝玉器放在厅堂展示，会招致蟊贼偷窃或强盗抢劫，反而难以守护。"富贵而骄，自遗其咎"一句是说，依仗自己有钱有势，就对人骄横傲慢，反而招来忌恨和灾祸。本章开头这四句，用人们身边的几个常见，而且公认其因果关系的事例，说明了"物极必反"的"道"理："盈、锐"是对某项目标设置过度后，反而发生了其他不利的后果，为此，行事应该综合考虑，避免顾此失彼；"满、骄"是追求虚荣的名利目标实现后,继续炫耀,放纵傲慢,反而带来灾祸,为此,做人要避免自傲张扬。

"功随身退"一句是说,一切个人获得的成就或利益无论大小多少,都会随时间的消逝而时过境迁,人们通常会从新的起点来看待和评价你的表现,这就是"道"的规律;即使是轰动天下的丰功伟绩,在"道"掌控天下一切的历史长河中,业绩的锋芒终将被磨蚀,光耀将暗淡熄灭,身体将化为尘埃,所有功绩将归于平凡,这就是"天之道"。为此,人们要懂得这个道理,名利的目标要适度,行事要谨慎收敛,一旦目的达到或基本实现,就回归平凡,避免炫耀带来灾祸。人活着的时候就要做到,这是有"德"的表现。

〖译文〗

功随身退乃天道

碗里水装得太满易洒,不如适可而止;刀剑不要锻打得太薄,搏击使用就更耐久;厅堂不要陈放许多宝物,避免盗窃就更安全;依仗富贵傲慢蛮横,是自找嫉恨和灾祸。取得成就后回归平凡,才符合"天之道"。

〖随想〗

本章用世间人们经常看到的事例说明:对做事结果的要求不能"过","过"的结局往往将产生事与愿违的后果;同样,对财富和荣耀的追求也不能"过",否则会招致灾祸上身。为此,在做事的成就达到一定程度后,应该懂得掌握不"过"的"度",不能忘乎所以,这就是"天之道"。懂得"物极必反",适时恢复常态就是在"道"法的指引下的"德"的行动。

自远古以来,人类群体要依靠相互协助才能生存时,会按照某种方式公平分配维持生存的有限食物,因为小群体中没有争夺财富的条件;技能发展到生存物质有剩余时,就必然会出现人与人之间对剩余物质占有差别的冲突。从此以后,人类社会遇到的最大问题就是对剩余财富的追求和更多地占有,以及如何控制由此而导致的分配纠葛和争夺灾难。《老子》一书全篇从各个角度来说明,人间生存的主要问题就是对利益的占有超出"道"给予生命的应有的"度",所以他主张,首先要控制人的占有欲望。

他从两个方面讲解这个道理来说服民众，一是过度的占有对于自身没有合理的意义；二是过度的占有还会带来意想不到的灾祸。因为，这一切都符合"道"在事物中设置"阴阳"两面性。当人们普遍为创造更多财富而努力之后，一方面推动了财富的创造，当多出的财富被少数人占有，就必然使多数人产生重新分配这些财富的想法和行动，这是"道"在财富这一事物分配"度"上的两面性法则在起作用。"道"的法则是不可抗拒的，要想不受到违背"道"的法则的惩罚，办法只有一个，就是要懂得"道"的理，从而懂得适可而止，懂得知足，懂得控制欲望。限制个人对社会财富和资源的过度占有和争夺是"天之道"。

近代以来的社会，技术的发明与进步虽然使社会总财富极大丰富，但是少部分人用合法的，或不合法的方式无止境地获取财富，使得社会上贫富差距变得越来越大，而伴随对财富的炫耀，最终导致与古代春秋时期同样的社会问题。在家族、组织机构和社会团体内部，宗教信仰、民族和国家之间，因财富差距导致的矛盾、斗争仍旧在现代社会潜伏涌动，随时有爆发的可能。各种文明在面对这种问题时有不同的认识和处理方法。其中，中华民族对此有自己的独特理解，老子的思想就是其中的一种典型代表。中华文明中特有的思想文化，在社会发展的过程中，朝代变更同时伴随占有的再次分配，"耕者有其田"就是新朝代建立后首先要做的事情。这项措施证明，能够使社会组织形式不间断地延续至今，是有其合理性的。

在当代社会，中国将历史中合理的思想与现代文明结合后，取得了令世界瞩目的快速发展，同时，在国与国的交往中，用中国古老的理念解决或缓和相互之间的矛盾，创造了共同发展的和平环境，并且将会继续用来解决未来的各种问题。这种思想和实践的成果应将逐步被世界所认识和接受。同时，这也是我们古代思想家和他们子孙的骄傲。

〖**关联文字**〗

【天道】【不如】【水满则溢】【金玉满堂】【富贵】【自遗其咎】【功成身退】

2. 第十章　顺天行道为玄德

〖原文〗

载营魄抱一，能无离乎？专气致柔，能婴儿乎？涤除玄览，能无疵乎？爱民治国，能无为乎？天门开阖，能为雌乎？明白四达，能无知乎？生之畜之，生而不有，为而不恃，长而不宰，是谓玄德。

〖文字选注〗

载（装载）营（围绕聚集）魄（精神）抱（抱持）一（专一、天人合一），能（及、能否达到）无（没有、不）离（离开）乎（吗）？专（独自、专注）气（呼吸）致（极、竭尽）柔（温婉和顺），能婴（初生）儿乎？涤（洗、打扫）除（除掉）玄（悠远）览（看、眺望、思绪活动和形象印记），能无疵（疵点、小毛病）乎？爱民治国，能无为（个人目的）乎？天（头部、情绪）门（进出口）开（打开）阖（关闭），能为（做到）雌（柔弱、平和）乎？明（聪明）白（彰显）四（各个）达（通晓），能无（没有、否定）知（见解、知识）乎？

生（繁殖）之（代词，它）畜（养育）之，生（生育）而不有（占有），为（做、抚养）而不恃（依赖、凭借），长（成长、提高）而不宰（主持、掌控），是谓玄（深奥）德（品行）。

〖解读〗

中华大地上的古人，很早就通过对自然的观察和理解，建立了一套解释世界的思想方法，《易经》就是其中的一部经典；《黄帝内经》是解释人身体运转规律的专著，与后来逐渐充实的各种中医药著作共同支撑了中医学理论，至今还发挥着重要作用。人们在生存活动中又发现，气功、武术等强身健体方式也具有避免疾病、保持健康、延长生命的作用，便逐步形成中华大地民众普遍采取的自卫和保健方式，以便在自然环境中，经受各种考验而存活下去。在养生气功的学习中，人们都知道，首先需要练习的就是专注、平息、排除杂念。"载营魄抱一，能无离乎"应该说的是气功中的"意守"，常见专注于"丹田"，有如身体融于天地，达到旁无一切的无我境界。"专气致柔，能婴儿乎"一句是说，将呼吸调整到极其柔和自然的状态，完全放松，就好比像婴儿一样对一切都不懂，也不理睬。"涤除玄览，能无疵乎"一句是说，清除大脑中所有思虑和形象等杂念，洁净到没有任何活动痕迹的状态。气功修炼中，在意念集中、气息平和、心如止水时，身体机能最能与自然形成互动，抵御外部邪毒对肌体的侵害，这符合思虑过度、心情不畅，必然导致伤身的道理。而这些气功中最基本的要求，恰恰又是在练习气功的初期难以达到的境界。这一段是用养生气功的要点来说明，人在生存中进行身心调节，也是人体物质追随并融于"道"的方式。

  符合自然状态，当然不仅仅限于气功健体方面，老子还将其应用到人类社会的领域。"爱民治国，能无为乎？"一句是说，君王应时刻自省对待百姓的行为是否得当。在周朝走向衰落的春秋时期，邦国君王在有识之士的辅佐谏言下也应该知道，统治者需要为百姓提供良好的生产和生活环境，只有百姓富裕了，国家才有财力保持稳定和强大。因此，君王的治国修炼之"道"，就体现在是否做到约放弃个人贪欲的"无为"。"天门开阖，能为雌乎？"一句是说，如雄性动物一样，在面对利益争夺的刺激时，头脑中的怒火能否受到控制，像"雌性"一样，以沉着冷静的状态，避免做出鲁莽行动而把事情办糟。"明白四达，能无知乎？"一句表明，对于每个人来说，即使你有过人的聪明才干和广博的见识，但是不可能什么都懂，能力是有限的；况且，许多事情是变化的，而且是有差别的，以前可行的方法用于当下未必适合，只有永远保持"无知"的心态，带着学习求索的动力，对具体事物进行调查研究，才能找到问题的原因和解决方法，这才是对"道"的遵循。对于上述的所有行为素养，我们不仅要懂，更重要的是，要像练习气功一样，经过不懈努力去练成。

  最后一段出现与第二章末尾几乎同样的语句，如果将本章第一段解读为：老子不断用一些有关人们在世上生存的合理方式，来揭示为什么要回归自然，这就可以理解本章第二段的必要性了。第一段以反问方式给出了人间的"德"是什么：遵循"道"的"德"包含管理自己的身体、管理自己的情绪、管理自己的认知，甚至包括管理社会。那么，第二段的"生之畜之，生而不有，为而不恃，长而不宰，是谓玄德"一句，不过是用更基本的生命本性，继续进行上面的讲解，指出所有生灵都要做好自己的事情，每个生命都要经历并完成自己的基本使命，其中包括适时繁殖和养育后代，用符合自然规则的观念教育培养他们，不将生育的后代据为私有，不依仗后代为自己谋利，培养后代生存本领而不去主宰他们的未来。对于使命，老子用"玄德"来形容或表述其在自然界中基本的和极高的位置，因为这个使命是"道"在创造生命并在生命进化的过程中所赋予的，不管你是否愿意接受，它都是不能违背的法则。我们要在人生经历中提高"道"的素养，据此而修炼"德"的行为。

〖译文〗

顺天行道为玄德

意守于一处时，能否持续专注不偏离？调整气息放松时，能否像婴儿一样柔和？排除思绪入静时，能否做到毫无杂念？爱护百姓治国时，能否不谋私利行使权力？突发意外刺激时，能否保持沉着冷静？拥有过人见识时，能否继续追求真知？

孕育培养后代，生下他们不是为了占有，养育他们不是为了依靠，教导他们不是为了主宰。这是生命最深沉之"德"。

〖随想〗

在本章中，老子用几项逐步递进的实际例证，将一个人如何进入"道"的境界，如何将事情做得符合"德"的标准，给出了相应的描述。前三项是以民间普遍熟悉的健身气功应该达到的目标作为引导；后面三项过渡到对知识的渴求、对个人情绪的控制、对国家治理本质的掌控；最后一项是潜藏于所有生命中的"道"赋予的天性，同时也是每个人应做到的基本使命——玄德。

从自然创造生命的本能条件看，到目前为止，进化过程中最优秀的是人类。因为，人类的能力不仅可以很好地完成生命中自己应该完成的存活和繁衍的基本事情，还拥有超过其他一切生命的强大思想能力，这种能力就是可以逐步解释创造自己的"道"。什么是"天人合一","天"就代表"道",它不仅以完全无私的品德完成自己推动物质运动的事情,还用自己构建了"人"。既然人是"道"造就的,就应该遵从和修炼创造自己来到世界"道"的品行,当两者保持和谐的关系,人类与自然就达到"合一"的理想状态,人类生存的世界就是和平安宁的。

为什么"道"要安排生命离去,其中重要的一条就是需要让新的生命自主采取行动,以选择比前辈更适合的行动来经受自然环境的筛选。为此,繁殖后辈而不占有,养育而不依靠,教导而不掌控,才是遵循"道"的法则,符合"德"的规范行为。纵观自然界,其他生命基本是以自然赋予的本能来实现自身的使命,老子称其为"玄德"。人类也是自然的生命,但是人类有了其他生命不具有的能力,能做许多可以维持自己生存的事情。如果从本性来说,父母倾注自然赋予的爱,将子女养大后,他们的使命就完成了,子女可以独立生存后,就可以远走高飞了。但是,人类不同于其他动物,因为人类的文明进步使其懂得了"道",即通过父母给予子女博大高尚的"慈爱",而人类的文化发展又使子女懂得这种爱的伟大,将这种爱反馈给父母,这就是文化中的"孝道",也是中华文明的重要组成部分。慈爱辅助后代学习成长,孝敬接受长辈传递的知识,其实是对"道"中爱的本能的一种崇拜和升华,也是"德"的一种形式,是人类与其他生命本质的不同,是"道"在人类思想文明中进化的体现。

但是,许多人却常常因为一些个人思维的干扰,困在不能正确认识自身的境地,甚至连基本事情都无法真正做到、做好,原因就是个人欲望通过大脑的加工,做了不恰当的处理。于是,依赖、索取、争夺、占有等,变得无休无止,失去了最基本的"德行"。拥有聪明才智和超出常人的能力,不仅能创造利于大众的财富,也可以用于个人聚敛财富;有能力去当官管理民众,但也可以利用职权行贿受贿。这些行为都是心智用错了地方,即使根据需要表现出的道德也是假的、装的,本质是无德。而与上述这些"智"者不同,人们还发现,那些越是有思想、有教养、有成就、有贡献的人,反而越能够管理好自身的行为,放下个人的欲望而投身到有利于自然、有利于大众、有利于子孙后代持续生存的行动中。他们身上的品质,被民众赞为道德的楷模,他们用持久的道德行动,得到广大民众真正的尊敬和爱戴。

老子通过"道"法则的"理"，给人们指出了未来社会的方向。人类只有从理念上彻底认识"德"遵循的是什么，让其成为共识，成为行为规则，才能从根本上解决困扰人类社会的纷乱。比如，如何控制那些以建立各种规则，来运用资本技术索取过度的财富，甚至将其永久固定下来，这种无止境地聚敛财富的行为，就与老子告诉人们的"万物作而不辞、生而不有、为而不恃、功成而弗居"的自然法则是完全背离的。人的智能高低，部分与后天努力有关，其他与生存和教育条件等因素有关，也与自身的天资有关。天资优秀的人是按照概率平均分布在人群之中的，许多成才的人出生在贫寒的家庭；天资与正确的世界观和自我约束及努力等各种因素结合之后，一样会成为优秀而有成就的人。为了更好地利用分布于人类中的高智慧人才造福大众，社会上公平的教育环境非常重要，而这也有赖于收入的合理分配。

人们还应该懂得，不由少数人长期垄断人类智慧的成果同样非常重要。对于那些创造知识财富的脑力劳动者，首先应该给予加倍的报酬、名誉与生活保障待遇；对于那些将资本投入、回收与收益丰厚的操作和管理者，也应给予同样丰厚的报酬，以鼓励他们继续发挥能力。所以，科学和技术成果不仅包括从事科研的劳动者，还应该包括资本调动和运作管理的劳动者，所有成果都应该是人类共同的成就，创造的财富应该被人类社会所共享，这才符合老子所主张的"道"的法则。所以，当下对各种劳动产生的效益进行分配应该符合"德"，此"德"应该根据人们所能理解和接受的水平，建立社会所认同的相对合理的分配方式并实施。

未来的人都应懂得：一切都是"道"，是自然的各个部分，包括人类所处环境意义上的自然，包括广大民众社会意义上的自然，也包括每个有个人思想和欲望的个体意义上的自然。但是，小的自然必须服从大的、共同的自然，因为，那才是真正符合和顺应"道"的自然。

〖**关联文字**〗
【爱民治国】【天门】【婴儿】【明白】【玄德】

3. 第十五章　为道之士成大事

〖原文〗

古之善为士者，微妙玄通，深不可识。夫唯不可识，故强（qiǎng）为之容：豫兮若冬涉川，犹兮若畏四邻，俨（yǎn）兮其若客，涣（huàn）兮若冰之释，敦兮其若朴，旷兮其若谷，混兮其若浊。

孰能浊以（澄）静之徐清？孰能安以久动之徐生？保此道者不欲盈，夫唯不盈，故能蔽不新成。

〖文字选注〗

古（往昔）之（的）善（擅长）为（做、成为）士（有智慧者、对人的美称、读书人）者，微（精）妙（奇）玄（深邃）通（广博），深（莫测）不（难）可（能被）识（发现、认知）。夫（句首语气）唯（只、由于，助词）不可识，故（因此）强（尽力、勉强）为之（指士）容（状态、样子、表面描述）：豫（预先准备）兮（语气词）若（如同）冬（冬季）涉（渡过）川（河流），犹（重视、优：宽和）兮若畏（敬、担心）四（周边）邻（邻里、靠近的），俨（恭敬）兮其（士）若（面对）客（宾客），涣（离散、温和）兮若（如同）冰之释（溶解、消散），敦（厚道）兮其若朴（刚劈开的木芯），旷（开朗、旷达）兮其若谷（宽阔的山谷），混（混迹）兮其若浊（浊流中的泥沙）。

孰（谁）能（能从）浊（浑浊状）以（澄）静（沉静）之徐（达）清（清晰分离）？孰能安（习惯）以久（长期）动（平凡中）之徐（再次被）生（醒来）？保（坚守）此道（高尚理想）者不（不会被）欲（庸俗的欲望）盈（充满），夫唯（只有）不盈，故（因此）能蔽（回避、放弃）不（非、平庸的）新（重新）成（行动、成就）。

〖解读〗

中华大地很早就形成了崇尚教育的民风，人们通常将读书人或从事某种智力活动的男人尊称为"士"。"士"的品质也有高下之分，比如，第四十一章中，就将那些对"道"的理解和修养水平不同的"士"分为上、中、下三个等级。本章则对"士"的各方面表现和品质做一个比较全面的剖析。

受到人们推崇的这些"古之善为士者"，是如何超越常人而达到如此高的知识广度、思想深度和做事能力的呢？人们都很难说得清楚，即所谓"微妙玄通，深不可识"。为此，本文首先归纳出一些"士"的外在表现，即所谓"强为之容"，大致描述出"士"的特质。第一，"豫兮若冬涉川"一句是说，古代跨河的桥梁很少，冬季只能选择在冰面上过河，但这是风险很大的事情，人们都会在过河之前认真反复斟酌，所以，用冬季过河的"豫"来比喻"士"的处世谨慎小心。第二，"犹兮若畏四邻"一句是说，在农耕社会，除非有特殊的事件或变迁，百姓都是老守田园，邻里之间基本世代相处，如果邻里关系维护得不好，是难有安宁生活的，所以，用小心维护四邻关系的"犹"来比喻"士"待人的宽和、细心。第三，"俨兮其若客"一句是说，人间社会关系中最常见的就是相互交往，而礼仪是维系和谐交往的重点，所以，用对待宾客的"俨"来比喻"士"待人的恭敬礼貌。第四，"涣兮若冰之释"一句是说，人与人之间有幸认识，并在共处时有共同爱好，形成亲密关系，所以，用像冰雪在初春温润融化的"涣"来比喻"士"在与人交往时的温暖亲和。第五，"敦兮其若朴"一句是说，在人类生存竞争的环境中，多数人常因为利益纷争而造成人际关系紧张，而不计小利得失的人，会令旁人产生好感，所以，用刚刚劈开树干的质朴纯粹的"敦"来比喻"士"的宽和厚道。第六，"旷兮其若谷"一句是说，能为众人着想的人通常会受到敬重，所以，用山峰之间那不被瞩目的山谷的"旷"来比喻"士"宽广的心胸。第七，"混兮其若浊"一句是说，平时能参与当地民众的习俗之中的人，融入人群而不惹人注目，所以，用翻滚浊流中的泥沙的"混"来比喻"士"能够融入大众而获得众人青睐。

许多"士"虽然有上述表现，但是，其中很多表现是一些既懂得人情世故，又懂得自律，能够处理好自己在众人面前的形象来获取良好的口碑，内心实际是为了更大的个人目标，以及极具城府的一种人。真正有"道"的"士"，并不仅仅有上面所说的那些良好的外在表象，还有更深层的内涵与高尚的目标。文章用反问"孰能",也就是"有谁能够做到"来说明两者的本质区别。"浊以静之徐清"和"安以久动之徐生"两句是说,混迹于普通民众中蛰伏的"士",能否在时代和民众的召唤下跳出平庸的环境,由普通变得高尚、出众,变得让人刮目相看,主动进取,成就一番伟大的事业?他们之所以能够改变,就是因为"保此道者不欲盈",即懂得人生应遵循"道",不断去培养自己对"道"的认识与运用,并懂得在时机不到的时候,将自己融入民众之中,不仅在民众中得到锻炼,而且他们通过尊"道"修炼自身"德"的品行,内心习惯于放弃个人欲望和追求名利,这样既不是为了自己,也不会让自己被世俗的欲望和利益所累。"夫唯不盈,故能蔽不新成"一句是说,正因为他们有这样的品德,所以,一旦时机成熟,就能够改变身份挺身而出,成为人中的翘楚,按"道"的指引成就一番伟大的事业。

〖译文〗

为道之士成大事

自古以来,那些让人敬佩的高人——士,其想法与行事之玄妙精深,常人常难以看懂。为此,先尽力用外在表现来描绘他们的品行:谨慎小心如履薄冰、亲切随和如维护四邻、礼貌谦恭如宾客相聚、温暖体贴如冰雪融化、敦厚质朴如新劈的树干、宽厚豁达如山间的沟谷、平凡无华如混浊的泥沙。

谁能在混沌的人间保持清醒?谁能隐忍不发,等待时机到来?只有那些有"道"的"士"能够放弃欲望,做到这些。就因为没有利欲的拖累,所以能够挺身而出,最终成就一番破旧立新的事业。

〖随想〗

老子反复讲,自然中各种生命都是遵循"道"的规则生存的,而人类怎样做才算是符合"道"呢?动物按照由"道"创造的本性来生存和行动,基本就是行进在"道"赋予本能的路上,同时也经受"道"的检验和修正。可是人类发生了变化,人除了本性之外,还有比动物复杂得多的思想和行为,远不是本性所能完全包括的。人类这些思想和行为虽然源自本性,或者是本性按自身选择产生的扩展和延伸,但是,超出简单生存需要的能力,助长了人性错误发展而达到试图与自然对抗的程度。所以，在复杂的思想和行为之中如何体现"道"，如何评价人是否符合"道"，的确是人类需要研究和建立的独特标准。人类的"德"，就是人间独有的，不断建立、补充、修改、完善的行为规范。从社会发展过程来看，某一时期的"德"往往只符合某一个特定历史阶段，随着社会发展变化，"德"的标准和解释往往也会改变。其实这也符合老子所说的"道可道，非常道"，即人类无法建立永恒真理的哲学思想。

老子用人间广为赞誉并被称为"士"的人，来说明"德"在人身上的部分外在体现。但是，一个人如果带有"士"的特点，可只是为了表现自己，或者为未来谋取个人利益打基础，那么，其不过是一个城府非常深，且玩世不恭的人，其行为的本质不过是"下德"，就像第四十一章所说的"下士"那样，认为人不可能控制欲望，所以会嘲笑"道"的存在。那么，如何判断"士"具有更高的层次呢？关键的区别是老子在最后一段所说的，真正有高端修养的"上士"，一定是有高尚理想和抱负的人，平时注重修养，积累知识和才干，不为无关紧要的庸俗利益而纠结，心中有"道"的方向、内容、方法和动机，一旦需要，就会为实现"道"所赋予的使命而行动，奉献自己的知识和力量。

古人由于医疗条件限制，通常难以活到较大的年纪。但是，有一定生存条件和能力的人可能由于生活的内容相对简单，又热衷于探究世界，就有了更多的思考时间，于是在社会动荡环境的推动下，他们中间产生了一些伟大的思想家，他们的思想深度和成就完全有可能超过现代人。在各个方面做到完美的有识之士还是凤毛麟角，"道"的一个重要法则就是，通过过程的积累产生"变"。人类对"道"的认识，对本身在自然中使命的认识，也需要过程，而且一定是一个非常漫长的过程。老子就是那个时代造就的伟大思想家，他将古代先贤的哲学思想融会贯通，经过思辨和梳理，已经为我们提供了一个人类前途的选择方向，是否完全正确还需要用科学的方法来证明。

一种思想和理论被证明是正确的，就会获得广大相信科学的人们的认可，得到宣传、传授、普及，使更多人的精神产生"质"的飞跃。人类如果在一个普遍认可的思想指引下去交流和协调利益分配，就不会有那么多的争夺，不会发明和制造那么惨烈的杀戮武器，也不会在错误方向上失控，甚至发动战争。人类如果将生命用于实现自己的使命，将揭示自然和物质自身奥秘作为目标时，就会正确利用所获得的科学知识，不断创造更有利于共同生存和推动文明进步的技术，放弃对资源的争夺，合理使用资源，合理安排人类未来的方向和行动，努力创建地球生灵共有的美好世界。

〚 **关联文字** 〛

【微妙】【四邻】【浑浊】【安生】【清浊】【敦厚朴实】【道士】

4. 第二十章　道者愚表思如涛

〖原文〗

　　唯（wěi）之与阿（ē），相去几何？善之与恶（wù），相去何若？人之所畏，不可不畏。荒兮其未央。

　　众人熙熙，如享太牢，如春登台；我独泊兮其未兆，如婴儿之未孩。

　　儽儽（lěi）兮若无所归。众人皆有余，而我独若遗。我愚人之心也哉，沌沌兮。

　　众人昭昭，我独昏昏。众人察察，我独闷闷。澹（dàn）兮其若海，兮若无止。

　　众人皆有以，而我独顽似鄙。我独异于人，而贵食母。

〖文字选注〗

　　唯（应答）之（调整音节无实意、这个）与（和、比较）阿（迎合、曲从），相（相互）去（距离）几（多少）何（何处）？善（赞许）之与恶（讨厌、憎恨），相去何若（怎么样）？人之所（助词）畏（害怕、担心），不可不畏。荒（荒废、偏远）兮（语气词、韵文用）其（或许）未（不曾、没有）央（尽、完了）。

　　众人熙熙（兴盛、喜悦），如（往、如同）享（享用）太（极致）牢（祭品用牲畜，猪、牛、羊各一为太牢），如春（春天）登（升、踏上）台（高平建筑）；我独（单）泊（淡泊、恬静）兮其未（没）兆（显现、开始），如婴（初生）儿（幼儿）之未（没长成）孩（儿童）。

　　儽（颓丧、疲困）儽兮若（好像）无（没有）所（助词）归（返回）。众人皆（全）有余（丰富、多、剩余），而我独若遗（丢失、忽略）。我愚（愚笨、无知）人之心（思想、头脑）也哉（也：断定，哉：反问或感叹），沌沌（蒙昧无知的样子）兮。

尊"道"而行"德"
探索《老子》的哲学思想

众人昭（明白、明亮）昭，我独昏（糊涂、迷乱）昏。众人察（仔细、分辨）察，我独闷（昏闷）闷。澹（波浪起伏）兮（语气，啊）其（我心中）若海，飂兮若（像）无（不会）止（停留）。

众人皆有以（做的原因），而我独顽（愚昧、顽固）似鄙（鄙陋、自谦）。我独异（与众不同）于人（他人），而贵（重视）食（受纳）母（本源）。

〔**解读**〕

人在社会环境中生存，维护人际关系非常重要。"唯之与阿，相去几何"一句是说，与他人交谈时坦诚直接还是奉承迎合，这两种方式的区别是什么呢？"善之与恶，相去何若"一句是说，交谈后留给对方心中的感受是喜悦还是不快，这两种结果的区别有多大呢？"人之所畏，不可不畏"一句是说，人们显然都懂得其中的利弊，都怕言谈不当而使对方留下不好的印象，众人都惧怕的事情，我本应该与大家一样敬畏。而"荒兮其未央"一句是说，可是，我偏偏把这么重要的事情抛到脑后，丢到再也找不到的地方。

"众人熙熙，如享太牢，如春登台"一句是说，人们有了收获和时间，都会去追逐享乐，"熙熙"是描写人们争先恐后的热烈情景，参加享用有如祭祀神灵的"太牢"一般的丰盛大餐；簇拥着登上高高的"春台"，去观赏眺望自然的美景。"我独泊兮其未兆，如婴儿之未孩"一句是说，我却独自平静而淡泊地面对这些活动，对人生的享乐没有如同他人一样的共鸣和喜好，就像是个在襁褓中毫不懂事的婴儿一样。

"儽儽兮若无所归"一句是说，当众人都为利益忙碌归来时，"我"这个人，虽然也拖着疲惫的身躯与别人同样归来，可是拿不出众人所炫耀的收获，而像白忙碌了一样空手而归。"众人皆有余，而我独若遗"一句是说，令人羡慕的名利都被他人获取了，而"我"自己不仅没有得到众人的欢迎，反倒被他们看不起而遭到无视。"我愚人之心也哉，沌沌兮"一句是反问自我，我真的如人们所说的那样，头脑愚蠢又笨拙，精神错乱又无知吗？

"昭昭"和"察察"，都是描写"众人"的目标都明晰而且坚定，锲而不舍地努力争取一切身边可见的利益。而"昏昏"和"闷闷"，都是描写"我"在众人眼中，却没有为自己去争名夺利的明确目标，在争夺名利时，总是表现得既糊涂又迟钝。"澹兮其若海，飂兮若无止"一句是自我的表达：其实只有我自己知道，我头脑中的思想深邃广阔，目标高尚远大，就像是波涛汹涌的大海一样，不会停息。

最后一段是总结。"众人皆有以，而我独顽似鄙"一句是说，普通的民众是在本性驱动下，通常是以获取名利为目的去忙碌，只有我这个人，被众人视为怪异的另类，因固执不变、糊涂活着而遭到耻笑。"我独异于人，而贵食母"一句是总结，"我"之所以与众不同，是因为"我"的所有表现可以归结为：遵循"道"的"我"，不像普通人那样以获取更多名利为生存目的，"我"内心最看重的是自己一直追随生命的本源"母"，也就是"大道"所赋予的至高使命。

〖译文〗

道者愚表思如涛

直率与逢迎，区别是什么？使人愉悦与让人讨厌，哪个更好？世人都担心的事，不可不小心，却被我忘得毫无踪迹。

众人簇拥前去享乐，如奔赴上供的大宴，如登高台观赏美景。而我对此却浑然无感，有如刚到人间不谙世事的婴儿。

终日劳作疲惫归来，却似没有什么收获。众人炫耀所得而受到欢迎，唯独我被忽视。我头脑愚钝吗？看似懵懂无知。

众人都精明，唯独我糊涂；众人都斤斤计较，唯独我沉闷不去分辨。其实我的思绪像大海一样波澜壮阔，从未停歇过。

众人都有个人的目的，唯独我顽固不化，像个人群中的怪物。我是个与众不同的人，只遵从心中本源"道"的指引。

〖随想〗

本章以自我剖析的叙述方式，描述了那些信奉并遵从"道"的人与其他人之间的区别，显示出两者不同的行为表现和内心感受。其主要区别就是：相较后者，前者是不懂追求个人利益和生活享受的愚钝者；其实，通过修炼前者，心中自有坚定高尚的信念和由此产生的行为方式。

一个人来到世界，如果没经过有一定文明基础的家庭和社会教育，可能比其他动物的能力强不了多少，甚至不一定能直立行走。人猿之所以能够进化成为人类，就是因为在"道"的运动筛选演化下，有了能直立行走的双腿和被解放出来的越来越灵巧的双手，劳动刺激成就了越来越发达的大脑，通过学习和实践，有了复杂的思想，并通过在群体中不断交流协作，共同创建了人类的文明。不过，虽然脱离了其他动物成为人，但是受文明程度的制约，受数亿年养成的原始本能的驱动，许多行为还是被本性左右，设法优于旁人的生存状况，获取更多的财富和名望，在欲望中不能自拔的状况几乎控制了大多数人一生的思想和行动。而真正懂得人为什么来到世界、人在天地之间究竟处于什么位置、人生的使命应该是什么、人的一生应该怎样度过才有意义，对于这些问题，可以说，许多人直到生命的最后都没有想过，即便想过，可能也没有得出什么有说服力的结论。

就像老子在本章讲述的那样，多数人跟随心中本性的指引，追逐着低层次的、原始的物欲目标，原因就是他们不知或难以理解"道"，用当今社会的理念来说，就是思想水平或世界观层次不高。形成这种结果并不是每个人自己的问题，而是由人类社会文明发展水平所决定的，因为文明发展程度还没有达到能为所有人提供被广大民众认同的人生意义理论，以及与之相伴随的引导和教育。如果一个人在受基本教育的时候，能够接受并理解有关人类存在意义的科学解释，那么，其在一生的活动中就会应用这些科学原理来对照、发现许多生命法则的存在，懂得控制自己不合理的思想和心态，正确地对待自然世界，将天地与人类自己和谐地融合在一起。此时表现出的人生过程，就会与按照本性产生的低级追求不同，成为与众不同的、高层次的"道"的践行者，人生就会有更高的意义，不枉来过世间一回。这一过程既偶然又难得。

〖关联文字〗

【唯唯诺诺】【阿谀奉承】【相去】【几何】【善恶】【众人】【熙熙攘攘】【登台】【婴儿】【有余】【愚人】【愚钝】【异于】

5. 第二十二章　抱一为式心无自

〖原文〗

曲（qǔ）则全，枉则直［中］，洼则盈，敝则新，少则得，多则惑。

圣人抱一为天下式。不自见，故明；不自是，故彰；不自伐，故有功；不自矜，故长。夫唯不争，故天下莫能与之争。

古之所谓"曲则全"者，岂虚言哉。诚全而归之，希言自，然。

〖文字选注〗

曲（弯、不直）则（连词，表因果，就能）全（保全），枉（屈）则直（伸开、挺直）；洼（低凹）则盈（充满），敝（破旧）则新（更新）；少（缺少）则得（得到、获取），多（多余、过分）则惑（迷惑）。

圣人（跟随道的高人）抱（心存）一（大道）为（当作）天下（人间）式（法式、榜样）。不自（以己之）见（见识），故（所以）明（明白、贤明）；不自是（肯定、判断、正确），故彰（明显、彰显）；不自伐（夸耀），故有功（业绩）；不自矜（骄傲），故长（长久）。夫唯（独）不争（争夺），故天下（人间）莫（没有谁）能（能够）与之（圣人）争。

古之所谓"曲则全"者（的人），岂（难道）虚（虚假）言（言论）哉（吗）。诚（真诚、如果）全（完全）而归（返回、结局、死）之（本源，助词，调整音节），希（少、祈求）言（表达、谈论）自（自己、亲自），然（对、赞同）。

〖解读〗

"曲则全"是说，树木长得不直而避免早期被人选用砍伐，因此能保全其成长为参天大树；"枉则直"是说，草木枝条能够承受弯曲而不折断，才有机会恢复原状生存；"洼则盈"是说，只有低洼地的坑槽，才有存满

137

水的可能;"敝则新"是说,当器物破旧到不堪应用,才有机会被新的代替的机会;"少则得"是说,需要用的东西不够时,才会优先得到补充;"多则惑"是说,拥有丰厚的贮存,就会犯疏于对其关注而引发的错误。显然,这些比喻其实也用来思考人生中面临的问题,看似不利的局面后面还隐藏着向有利转圜的可能,好的条件也可能带来坏的后果。用现代哲学语言来说,就是要用辩证的、发展的眼光来看待一切,所有事物的某一特质都有两面性,偏向极端就可能出现相反的情况。

老子在第四十二章开头有"道生一"的文字,这说明,在古人的哲学思想中,"一"字代表"物"的开始,"道"具有创造一切的伟大地位。"圣人抱一为天下式"中的"圣人抱一",就是特指崇拜"道"的高人,他们只将本源"道"的创造,即真实的"物"作为看待一切事物的依据,来思考和面对事物,并以此确定并指导自己的行动,即今天所说的"实事求是"。基于"道"创造的事物都具有两面性,一个人无论有多么高的智慧或者经验,但是终归"道"的"理"不是自己能够完全把握的,所以,高人首先会用一些符合"道"的基本行为规范来把握自身,规避犯错。

"不自见,故明;不自是,故彰;不自伐,故有功;不自矜,故长"一句中的这几种行为分别是说,不以自己有过的经历——见,就认定是准确的,所以,对每个具体情况都要开展单独的详细调查,这样才能避免错误而得出正确的判断——明;不以自己认定的方法和成功的经验就一定适用——是,所以,针对事情的具体情况,集思广益研究优选适合的解决办法,这样才能做出好的成果——彰;不要取得了一些成绩就自我夸耀——伐,而只有在众人心目中得到公认的拥戴,这样才可以做出真正的业绩——功;不要比旁人多些本领和成就后就骄傲自满——矜,旁人都在看着你的表现,只有谦虚谨慎,不断提高本领才能保持自己的地位长久不衰——长。这段话告诉人们,懂得行事要收敛、谨慎的道理,是人处世的基本规律,否则,好事就可能变为坏事。"夫唯不争,故天下莫能与之争"一句是说,绝不去和常人争抢名利,不因自己的错误行为使周围共事的人不快,这样,身边就会少很多不该有的敌手。

"古之所谓'曲则全'者,岂虚言哉"一句是说,本章开始的那些古训警句,绝对不是没有根据的说教。道理虽然是通过各种例证表述的,但是应用于人间具有普遍现实的意义。最后是总结,"诚全而归之,希言自,然"，本文的整体内容可以说明，此句的含义应该是：如果真想自己人生有个好的过程和结局，就不要以自己的喜好随性而为，对一切事物都要实事求是，放弃自我表现，约束自己的言行。"然"字与第二十五章结尾有同样的含义，即以上所说的道理是不容置疑的。

〖译文〗

抱一为式心无自

不直的树木避免早被砍伐；能承受弯曲才有伸展的机会；低洼位置会有更多的蓄水；破旧的东西会获得更换；不足的用品会得到优先补充；过多的储蓄会产生麻痹大意。

得道的高人只依据道来标示天下。不以自己的所见为准，因此能够辨明真相；不以自己的判断为正确，因此能够广纳有益的谏言；不夸耀自己的成就，因此能得到大家认同的功绩；不骄傲自满于所得，因此能长久地保持进取。不争名夺利，也就不会到处树敌。

古人"曲则全"的说法，绝非不实之词。人生若想顺利，就不要炫耀自己，切记。

〖随想〗

本文以某些事物的因果关系为例，说明了"道"的一个哲理：事物都有两面性，缺陷之中往往隐藏着有益的一面。所以，得"道"修养的高人能够以实事求是的态度对待一切事物，从实践中将自己的行为后果考虑得更远，为避免后面的不利结果，提早养成约束自己不当行为的习性。

人的自私本性中最常见的表现就是与旁人横向比较——当自己的地位处于优势时就会感到宽慰，当自己的地位处于低下时就会感觉紧张。在这种心理作用的压力下，人们常常不自觉地显示自己的优点、地位、财富等，以此来获得心理宽慰，于是免不了吹嘘、炫耀、争夺，以此来保持自己的地位优势。这样就会给旁人带来同样不舒服的感受，在他们心中埋下芥蒂，结果，将来就可能成为祸害的种子。而隐忍、控制欲望、不去攀比、不争名夺利、不自以为是、不骄傲自满、不炫耀自夸、遇事学习研究、广泛听取他人意见等，就会获得旁人的好感。我们要谨记这些人性特点中的"道"，修炼自己的言谈举止，控制欲望心态，使自己在生存过程中处于一个符合人性环境的有利地位,为完成更大的事业打好基础。这些都是高人所拥有的非常重要的"德"的素养。

在《道德经》中,老子在多处章节中描述真正心中有"道",并按照"道"的指引行事的高人,他们的思想方法和行为特点就是"德"的集中表达,本章应该是其中之一。然而,常言道:"说起来容易做起来难。"解决的办法,首先是心中信仰"道",要懂"道"的理,不断用"道"的规律、法则修炼自己内心的思想,不断用行为实践养成符合"德"行为规范的习惯,直至骨子里成为真正的有"道"者。这样,在本性善良、心态向上的人生过程中,就解决了"做起来难"的问题。那么,有"德"者的这些品行不仅对他们个人的人生有很好的影响和推动,同时也会对所处的社会起到良好的示范作用,他们的言行会成为榜样,会对社会发展方向产生正面的影响。

〖**关联文字**〗

【是非曲直】【委曲求全】【有功】【自矜】

6. 第二十四章　万物憎恶自是者

〖原文〗

企者不立，跨者不行。自见者不明，自是者不彰，自伐者无功，自矜者不长。其在道也。

曰："余食赘形，物或恶之。"故有道者不处。

〖文字选注〗

企（抬起后脚跟、踮脚）者（人）不（不能久）立（站立），跨（跨越、跨跳）者不（不能远）行（行走）。自（以自己）见（看到、见解、见识）者不（不能辨）明（明辨、明白），自是（肯定、认为正确）者不（不能全）彰（显著、宣扬、公认），自（自我）伐（夸耀）者无功（功劳、成就），自矜（骄傲）者不长（长久）。其（原因）在（在于）道也（表示肯定）。

曰（有说）：余（剩下）食赘（瘊子、多余的）形（相貌），物（众人、外界环境）或（或者、疑怪）恶（讨厌、憎恨）之。故有道者不处（安、存）。

〖解读〗

"企者不立"是说，踮起脚尖站着，不可能长时间保持直立；"跨者不行"是说，跨步跳跃行进，不可能走完远距离路途。随性而为的事例还有："自见者不明"是说，仅仅以自己的观察，就对一件事物下结论则必然片面，只有多人从不同角度观察，才能得到全面正确的认识。"自是者不彰"是说，对要做的事，不集思广益，而仅凭自己的想象或经验就判定并采取行动，则难以有顺利的过程和结局。"自伐者无功"是说，参与的事情结束后，就急忙吹嘘自己的作用和功劳，结果往往不会被众人认同，只有经过众人客观的评价后，个人的功绩才会被认定。"自矜者不长"是说，自己有点特长或有点成绩后就骄傲自大、目中无人，必然导致大家对其敬而远之，离开集体的人难以成就大事。

世上有许多与上述表现相似的人，本应该通过碰壁对自己的不恰当行为有所察觉，但却不愿承认，或不愿改正，继续坚持自己为私的本性或不良的性格习惯，导致对自己或对所做事情产生不利的影响。有一定阅历和行为谨慎的人，都会悟出这个道理：以自己的好恶，用不合理的方式做事，就难有好的结局。于是，懂"道"的高人会告诉人们："余食赘形，物或恶之。"意思是说，对于上述自以为是、以自我为中心、不顾旁人感受的行为，就像口中吐掉的食物残渣，也就是"余食"，或身体长出的肿瘤脓疮，也就是"赘形"一样，被"物"，也就是被人间憎恶，终将被环境排斥。所以，有"道"的人不会带有这些恶习，即"有道者不处"。

【译文】

万物憎恶自是者

踮脚无法久站，跨跳不能远行。只凭自己的所见描述事物，不能得出准确的认知；单靠自己的判断做出决策，不如集思广益更能成功；仅以自我夸耀的成就业绩，难以被众人认同其属实；自高自大的傲娇态度，必将失去人心，走向没落。这些都是"道"的规则使然。

人们说：呕吐的食物和身上的疮痛，都被万物所憎恶。因此，遵循"道"的人不会容忍恶劣品行附在身上。

【随想】

本章与第二十二章的内容相呼应，在那章中说的是懂"道"的人应该有的行为和结果，而本章说的是不懂"道"的人的行为和结局。那些不懂"道"的人，常常按照自己个人习性或想法做事，试图争取得到好处，而结果往往事与愿违。仔细思量，不良结局实际就是错误行为导致周围民众的恶劣口碑和不屑态度，以及他们用行动对这种人做出的反馈。我们从中可以得出这样的结论："道"在人间的体现，往往就是民众意愿的表达。

人的某些行为表现会被周围的人所讨厌，这些行为不仅对自己有害，而且会连累更多的人，甚至是更大的事业。但是，这些行为却又常常发生在许多人身上，因为这些人常常将人品标准放在他人身上去衡量，而自己却不懂得自律。如果是不由自主的表现还只是会让人感觉遗憾，但是，如果是明知故犯，即放任自己为了个人的私利而有意为之，就是有意占有，是一种不"德"的行为。许多人在生存环境中，由于没有言行的修养与约束，对别人要求高，对自己要求低，归根结底还是自私自利的一种表现，与"己所不欲，勿施于人"一句表述的言行完全相反。

不懂得按照公德约束自己的言行，通常被认为是社会文明落后和道德教育低下的结果。"素质低"是民众对这种人的评价。大家虽然都对不顾别人、放任自己的行为非常不满，但是要想解决却不容易。按照老子的哲学观念，解决这个问题还要从研究此问题产生的根源开始。"素质低"的起源是，生命进化过程中首先"有"了自私的本性，而人类复杂的思想和能力导致自私行为向原本自然环境所不允许的范围外扩张，从原来自然中没有的"无"中产生了新的"有"。而"道"让这些"有"的行为到环境中检验，以事实证明其是否应存在下去。显然，这些行为是否应该存在，需要人类自己通过实践、认识、反思，以判定其是应当继续，还是找到解决的方法，抵制这种反"道"的行为。这就是人类的使命之一。

问题是社会性的，因此，需要全社会的民众共同来解决。首先，要解决温饱问题，如果连生存都无法保证，那就是符合自然本性的条件都尚未实现，就不存在自私放大的问题。社会经济发展水平是一条线，对于社会中的不同民众，应该有本性相对合理的线和本性放大后不合理的线，这样就建立了不同的"德"的标准；其次，要用自然法则来教育民众，创造该社会认同的氛围和环境，在全体民众普遍认同的舆论环境中，对不道德行为进行批评甚至挤压，以和平的方式引导社会民众自觉遵守"德"的标准；最后，必须采取措施，对某些极端不"德"的行为要用强制手段进行整治。另外，各个地区应有适合自己的尊"道"领袖，引导有共同理念的人建立组织，形成坚定的信念和力量，坚持调整执行下去。只有这样，合理公平的社会才能安宁进步。

〖关联文字〗
【自以为是】【有道】

7. 第三十三章　人生在世显格局

〖原文〗

知人者智，自知者明。胜人者有力，自胜者强。知足者富，强（qiǎng）行者有志。不失其所者久，死而不亡者寿。

〖文字选注〗

知（了解、猜透）人（他人）者（的人）智（有心机、智慧），自（自我）知（了解）者明（高明、聪明）。胜（制服）人者有力（力量），自（自我）胜（约束、改正）者强（强大）。知（知、懂得）足（满足）者富（富有），强（竭力）行（做、实施）者有志（志向）。不失（丢掉、离开）其所（处所、位置）者久（时间长久、稳定），死（生命结束）而不亡（被忘记、消失）者寿（长寿）。

〖解读〗

本章从心智、能力、追求、成就四个方面，对人生格局表现突出的作为进行点评，在每个方面，又按照修养水平分成不俗和优秀两个层级。

首先，是对一个人心智的评价。《老子》全篇多处用到"智"这个字，读者不难发现，"愚"和"智"这一对反义词都被赋予了与今天人们的应用习惯完全相反的意义。经过对出现两字的文章内容进行分析可见，"智"显然被用于贬义，常指人群中那些动用心机扰乱社会安定的人。比如，第三章中说的"使夫智者不敢为也"，是指在社会和谐安定时，民众情绪稳定，喜好搬弄是非的人就不敢挑动百姓闹事。"愚"显然被用于褒义，常指那些心地纯朴、不争名夺利的好人，反而被俗人视为愚笨。比如，第二十章的"我愚人之心也哉，沌沌兮"，是指身怀"道"的品行，反而被世人评价为不知争取利益的愚笨之人。而本章"知人者"的"智"与随后的"自知者"的"明"相比，应含有一定的积极之意。为此，将"知人者智"解读为一个能深度评价和成功揣摩他人内心的人，拥有为维护和获取自己利益占得先机的本领。人都是在群体中生活，为了维护自身利益，人一生中的许多脑力难免会用在这个方面，这种能力无疑非常重要。在识别和揣测别人方面虽然很有心得，但是凡事如果只站在自己立场上考虑问题，不能正确评价自己，就难免犯错。所以，"自知者明"就是说，对自己的品行弱点有清醒认识的人，在心智层面比"知人者"有本质上的提升。与人打交道是双方面的事情，只有知彼知己，既看透对方，又准确定位自己，才有可能在交往中扬长避短，占据有利地位。

其次，是对一个人能力的评价。"胜人者有力"是说，一个人能够在人群比拼中胜过他人时，说明其有超过一般人的力量。但是，如果这种胜利是依赖他人的弱点取得的，那么，自身的弱点也会大大降低获胜的概率。许多"自知者"通过经验教训，虽然明明知道自己的优点和缺点，却不能改掉缺点，重复因缺点导致的错误，于是这些缺点使其只发挥了部分"胜人"的实力，限制了取得更大胜利的可能。缺点往往与人自身性格和对自私本性的把控有关，要想改掉缺点，对于常人来说是件非常困难的事情，尤其对那些思想成熟、有一定能力的人而言，通常更是比较困难。所以，只有那些懂得提醒和约束自己，不断进行自我修炼的"自胜者"，他们既能认识自己的缺点，又有恒心和毅力去战胜自己的性格缺陷，将那些错误行为彻底改掉，拥有更多的优点，可以发挥更大的能量和取得更多的胜利，成为人群中少有的"强者"。

再次，是评价人的愿望和追求。每个人都有愿望，这是"道"赋予人的本性，就是在环境中要能生存，并生存得更好。但是，如果追求的是无止境的、好高骛远的愿望，通常是难以实现的，常使人陷入其中而不能自拔，烦恼也就会经常伴随着自己。但是，有些人还是能够在努力过后，发现愿望无法实现，或者在最初就主动放弃愿望，成为"知足者"。他们不会让自己因此陷入纠结和烦恼，而是保持平和的心态，相比那些因不能实现愿望而烦恼的人来说，生活就过得轻松，能够不为名利而烦恼，也就在境界上超出了许多人。可是，如果一生总是满足现状，没有新的奋斗目标，这样的人生就会流于平庸。所以，文中又指出那些懂得"道"，并为此建立自己的理想、为自己设定更高目标的"强行者"，总是瞄准需要努力的方向，坚持补充知识、锻炼身体、磨炼性格，勇于攀登，他们的人生就会进入更高境界，无论过程有多艰险，但生命过程因"有志"而变得辉煌。这也是"道"赋予人类强者的特殊使命。此处可见，那些将老子主张的"无为"解读成什么都不做，坐等结果到来是不符合其本意的。"无为"有时被用于告诫人类社会中负有特殊使命者，即不要有那些违背"道"而不该有的目标或行动；有时被用于表示"道"自发的品行，就是没有自私的欲望，他们从不干预生命个体的独立思考和行动，而是用其自主行动的结果证明，为了通过环境的检验，不惜允许反复试错，不断改进成功后建立新的规则；这也是"有道"者经过修炼而反复不懈努力的一种异于常人的"无为"行为。许多从事科学研究的人一生都在实验室度过，也许就为了证明一个猜想，如果他们只是为了个人的成功，就不会忍受无数次的失败，这种"无为"的精神令人惊叹。

最后，是对人一生的总体评价。"不失其所者久"中的"所"字，应该含有现代汉语"拥有"之意，与"一无所有"中的"所有"类似。此句指那些能够正确认识自己、懂得知足，并维护好自己拥有的生存条件，在一个安定的环境中"长久"生活的人。相比那些因过于痴迷名利而不自量力、投入人间争夺、失去生存条件，甚至丧失性命的人，他们能规避漫长一生中的各种风险，顺利完成自然赋予普通生命的使命，因此，应该对其给予肯定。但是，在人的一生中，这还仅仅属于完成基本使命的层次，如果人生能够像"道"那样，毫无保留地奉献自己，为身边的人，为更多的社会民众，甚至为未来的子孙，付出许多使人无法忘记的辛劳，留下对自然、对社会的功绩，留下为世人所尊崇的思想，那么，无论寿命长短，这样的人都是伟大的，会达到人生更高的层次。所以，文中所说的"死而不亡者"中，"死"的含义是，肉体失去生机而回归自然，"亡"的含义是，随着一个人的死去，不仅包括肉体，其精神也彻底消亡了，其在自然中的存在意义彻底消失了。而"不亡"是指人虽然生命结束了，肉体回归自然了，但是其名声和贡献、思想和精神并未消失，还活在人们心中。在人类历史中，在对自然的探索解读和推动社会发展过程中做出杰出贡献的人，留下了被后人记住的宝贵遗产，他们才是真正的"长寿"者。

肆　做人之道

〖译文〗
人生在世显格局
　　能猜透别人所想是心机，而能识别自己的优缺点是高明。能打败对手是力量，而能战胜自身的缺点是强大。能懂得满足是富有，而能坚持奔向目标是志气。能维护已有条件可保持长久，而死后能活在世人心中是真正的长寿。

〖随想〗
　　这一章是老子对人生格局的评价，分四个方面展开讨论，每个方面又分两个层次。第一个层次，是少数普通人可以达到的最好境界；而第二个层次，是极少数怀有更高人生理想的奋斗者追求的高级境界。一个人该如何生活，应该尽早熟知本章这几句话，并在一生中不断用它来检讨自己的思想和行为，调整自己未来的生活方向，完成更多自然赋予的使命。
　　"人为什么活着？"这是许多人在人生过程中曾经思考过的问题，在不同的时期或不同的心境下会有不同的答案，也许根本得不出什么有说服力的结果。今天，多数人都知道，人是由无数原子、分子组成并按规则运转的，由生到死的物体，是宇宙中粒子运动、组合、变化、不断运动演化的结果。生命不过是"道"主宰下的物质运动过程中的一种独立形态，是周转中的过客，生命体外的一切都是身外之物，"生不带来，死不带去"。在生命的过程中，自己无论利用能力或智力积累了多少财富，如果不是用于有意义的事业，则对自己身体的需要本质上没有实际意义，只不过是在生活过程中多享受一些快乐，挥霍和浪费更多资源而已。一个人即将死去的时候，可能会想通这个道理，那时才认识到，自己并非过得有意义。我们每一个人如果能够早些知道并理解老子所指出的人生意义，那么，在人生的过程中就会少做许多不应有的行为。
　　"道"创造了生命的本性，就是为了具备接受和通过环境筛选而具有主动性，以产生更有益生存的进化物。因此，为自己活着就是首要使命，为使种群生存而繁育后代也是使命，这都是一切生命努力完成的使命。自从生命进化到了人类的阶段，具有了高于其他生命的智能，这种智能不应只是停留在与其他生命相同的利己层次，更不应将利己本性无限制地扩张。我们可以看到，这种扩张已经导致人类的生存受到极大的伤害，说明已经受到自然的反制。人类历史进程中的众多冲突事实可以证明，利己本性的无限扩张会受到广大渴望和平的民众的反对，人类相互之间反复出现争夺、杀戮的行为本身，就是"道"在不断用试错的方式警告人类的这种错误。科学家至今未发现其他星球上有生命，可见，我们人类在浩瀚的宇宙中如此孤独，又如此幸运，成为宇宙物质中最为独特的宠儿。显然，"道"创造人类，就是为了赋予人类肩负使命而需要的能力。基于这种推论，从自身是宇宙中的过客角度来看，人就是宇宙创造的一种独特物质形式，人是为万物解读自己的使命而活的，这也是每个人活着的最大意义。

人类智能产生的唯一可以被自然接受的使命，除了解读物质世界外，当然还包括解读人类社会自身，并利用顺应自然的各种技术，以便生存得更好、更长久。对于每个人来说，承担自然赋予所有生命的一般任务是其基本使命，如果能够在解读物质世界中有所作为，那无疑是在人类使命的浩瀚海洋中做出了自己的成绩。因此，一个人如果在解读物质和精神世界的学说中做出成绩，那么其就活得更有意义。本章从最初的"知人者智"，到"死而不亡者寿"，其实想告诉我们的就是这个道理。人一生取得的成就大小，不在于你生前获得了多少名利或享受，也不在于寿命长短，而在于你离开生命世界、回到物质的原来形态——"根"——的时候，你为世界留下了多少称得上被人类整体之"道"所需要的"使命"。

按照老子的思想来看，人类社会即便发展到今天这个看起来更先进的阶段，也还有许多本质性的不足。那些能够揭示自然奥秘的伟大科学家、符合自然法则的技术发明者，他们所获得的财富和尊重，还不能与运用资本的优势，以及提供享乐刺激技能的那些人相比；甚至还有可能受到成就落后的同行，以及被触犯利益的掌权者们的嫉妒和排挤。这说明，人类在许多领域还处在本性的迷失途中，还在为积累财富和追求享乐而放纵，或者说还处在社会发展过程中较低级的阶段。显然，人类社会任重道远，人民还需要自己领袖的正确引领，回归为自然使命而生存的"天道"之路。

【关联文字】

【明智】【自知之明】【心知肚明】【自强不息】【知足】【知足者富】【有志】【所有】【死亡】【亡命】

8. 第四十四章　知足不愧可长久

〖原文〗

名与身孰亲？身与货孰多？得与亡孰病？甚爱必大费，多藏必厚亡。知足不辱，知止不殆，可以长久。

〖文字选注〗

名（名望）与身（自身、身体）孰亲（爱、重）？身与货（财物）孰多（多、胜过）？得（获取）与亡（失去、死去）孰病（忧虑、担心）？甚（非常）爱（喜爱之物）必（必然）大（大笔）费（花费），多（大量）藏（储存、收藏）必厚（大量财宝）亡（失去、无踪影）。

知（懂得）足（满足）不辱（可耻、羞辱），知止（到、停）不（无、没有）殆（危险），可以（能够、"以"字表述凭借的介词作用，此处被虚化）长久。

〖解读〗

无论生活在哪一个时代，人间多数人都会不自觉地将自己的生活状况与他人比较，于是，为了更高地位的"名"和更多财富的"货"，也就是以"名利"超过他人成为人生努力的目标。人们在自然生存竞争法则的推动下，有向更好的生存条件而努力的心性。这本来不是件错事，但是，过度地追逐名利其实是在追求"身"外之物，当身体离开这个世界以后，一切"利"都必将归于他人，所有"名"都会被世人淡忘。而且，如果为了名利，不惜将自己置于无序争夺的险境，甚至丢掉性命，那么，对于自己还有什么意义呢？所以，文中以反问的方式提示人们："名与身孰亲？身与货孰多？得与亡孰病？"也就是说，将自己生命的"身"与地位的"名"和财富的"货"相比，为各种欲望争夺所获取的"得"，与失去的"亡"

相比，哪个更重要呢？无数事例证明，许多争夺名利的人在死到临头时才醒悟：如果能保住性命，原来自己所获取的一切名利和享乐，此时都可以放弃。人生有得必有失，得到越是喜欢的珍奇东西——甚爱，为此愿意付出的代价一定越大——必大费；无休无止聚敛的财富越多——多藏，临终时失去的将越多——必厚亡。即便将财富留给子孙，如果你没有正确的教养子女理念，又因忙于事业而对他们疏于管教，放任其在优越的条件下娇生惯养，他们继承大量财富花费时就不会珍惜；不经过自身辛苦劳动就得到财富，不用努力就能生存，通常会使不懂人生意义的子孙变得懒惰，缺乏生存能力，由此种种而产生的未来的灾祸，就是由留下财富的祖先造成的。人间地位最高者不过是君王，除了极个别国家还存在名义上的君王，当今世界哪还有不经过历练就能成为国家领导者的人呢？将显赫地位和权力传给不经风雨考验而接班的子孙，本质就是一种背"道"行为。

有了上述道理，文中最后说："知足不辱，知止不殆，可以长久。"这一句是说，那些认清自己能力的人，懂得普通人毕竟属于人间多数，知道适时保有满足的感觉，并不是一种不求上进的耻辱，而是一种有益的心态。在这种心态下，人就会在名利面前适可而止，放弃不恰当的争夺，也就不会有危及生存的险境，而有更长久安宁的人生。在这个世界上，获取超额名利的人总是存在的，无休无止地与他人比，想要达到并超过他们的欲望永远不会停止。要学会用自己的现在与过去比，有进步就值得高兴；学会正确定位自己，按自己的实际能力大小努力，就会有收获，就值得庆幸，心情与生活都会得到长久的平和与安宁。

〖译文〗

知足不愧可长久

名望与生命哪个更珍贵？财宝与身体哪个更贵重？争得与失去哪个更堪忧？痴迷的宝物要付巨资换取，丰厚的收藏终将归属他人。

懂得满足不会受到羞辱，适可而止不会陷入险境，可保长久安康。

〖随想〗

利己的本性与能力结合后，欲望被不断地放大，并导致争夺和混乱，这几乎是人类社会经济发展进步面对的最大负能量。由此可以看出，探索

肆　做人之道

和寻找解决这个难题的方法，是老子在他的五千言著作中讲解"道"和"德"的最大目的。本章以非常直白的方式告诉人们，为了本性的欲望而过度索取，对于人生不会增添多少益处，反而会带来祸患。老子对"道"的论述告诉人们，那些违反"道"的法则的行为——或早或晚——这代不会——未来的后代也将承受被各种方式惩罚的后果。研究历史过程，总结历史教训，学习历史经验，就是在通过历史来验证并读懂"道"在社会运动中的法则。

私有财产不可侵犯，是人类在现代社会普遍认同并实施的原则，而且也是鼓励人们努力劳动、维持社会稳定所必须拥有的制度。但是，社会的主流思想，如果建立在鼓励和追求可以无限获取更多个人财富的基础之上，就会放纵和鼓励人们不顾道德、不择手段地处理个人与他人之间的关系。产生于本性需要的市场经济社会，如果放弃人类"道"的使命，就会以个人欲望为追求目标，推动资本向这些目标流动。人类的劳动者获得收益，虽然都需要付出全身心的劳动和智慧，但是效果是不同的。比如，为人类未来做出重大贡献的科学家，或者将科技知识转化为成果的工程师，只能得到较多的工资或某种名誉；而利用资本技能获取更多财富的人等，会不断获得和积累巨大财富。财产、地位的差距被拉大到无法想象的程度后，社会必然逐步进入不稳定的状况。大多数人的内心，如果还是被实现个人攀比目标所左右，前赴后继地加入各种争夺，社会动荡局面就不可能产生根本性的改变。

解决的办法只能从根源着手，应该按照科学的原理，建立对人类社会的根本认识，并以此为基础建立科学的思想精神体系，使广大民众形成既懂得努力，又懂得适时满足的人生观念；同时，也要逐渐克服由本性造成的控制自身欲望的困难。因此，为自己进行未来定位是非常重要的。为了人们有正确合理的定位，首先要对"道"的法则有一定了解，知道人在自然中的地位和作用，思想上有所准备，在社会初期经过历练、反思、评估，有初步的定位，在以后的生活中不断调整，保持合理适度的自私本性，同时逐步接受在一定情况下的"知足"，学会控制欲望的无限制扩张。此外，在人们尚未达到高标准的精神境界时，社会管理机构应适时建立相应的制度，限制那些将财富无度挥霍和不能将财富正确应用于推动社会进步的行为，以保持社会的稳定。在世界各种文明中，中华文明拥有的文化内核，应该被继承和发扬，以形成一种对全人类的示范。

懂得了生命宝贵的道理，反过来可以用它来不断反省自己的欲望是否适度，从而主动避免不适当的目标，避免将自己、他人和未来的后代置于险境。无论什么时候，这都是我们每个人应该不断反思和提醒自己的重要事项。人就是"道"创造的一种有知觉和复杂思想的物质形态，一个自然的过客，财富生不带来，死不带去。人生过程中为名利纠结或无法解脱，只能作茧自缚，使自己活得难受，最终对于自身和后代都不会有合乎自然法则的意义。

〖关联文字〗

【知足】【知止不殆】【可以】【长久】

9. 第五十章　善摄生者无死地

〖原文〗

出生入死。生之徒，十有三；死之徒，十有三；人之生，动之死地，亦十有三。夫何故？以其生生之厚。

盖闻善摄生者，陆行不遇兕（sì）虎，入军不被甲兵，兕无所投其角，虎无所措其爪，兵无所容其刃。夫何故？以其无死地。

〖文字选注〗

出（人的生产、诞生）生（生存期间）入（入土、直至）死（生命终结）。生（能活下去）之徒（同一类人），十（所有，十成）有（占有、含）三（三成）；死（短命）之徒，十有三；人之生（生存期间），动（活动、涉足）之（到……地方）死（险境、死亡）地（场所、处境），亦（也、还）十有三。夫（那是）何（什么）故（原因）？以（因）其（他在）生（生活期间对待）生（生命、性命）之厚（看重、厚重）。

盖（助词，引出下面的说明）闻（听说）善（擅长、懂得）摄（聚集、管理）生（生命）者（之人），陆（陆路）行（行走）不遇兕（独角犀牛）虎（猛虎），入（从）军不（无须）被（同"披"，披挂）甲（铠甲）兵（兵器），兕无所（处）投（投入、对）其角，虎无所措（运用）其爪，兵（武器）无所（处）容（容纳、允许）其刃。夫何故（原因）？以其（自己）无死（致命）地（境地）。

〖解读〗

"出生入死"一句是说，人的一生都要经历从出生开始到生命结束的过程。人总是要死的，在所有死者中，除去少数由特殊原因造成之外，老子将其他死因归纳为三种类型。第一种是"生之徒"，指身体健康而且生

153

活安定的人，最后因衰老、疾病而死，寿命会较长；第二种是"死之徒"，指先天体质条件不好，未等衰老就经受疾病而早亡，寿命必然有限；第三种是本应属于身体条件好的"生之徒"一类，但是"动之死地"，就是说自己不知深浅，过度消耗身体或置身险境而中途丧失性命。对于身体和生存条件都较好，本应活得长久，但是有人长寿，有人却短命，究其原因，文中的解答是"以其生生之厚"。其中第一个"生"表示此人的活法，第二个"生"表示其生命，即在生存过程中对待自己的生命是否重视。能否爱惜自己的生命、避免靠近危险、保持良好的精神状态和生活习惯等，都应该引起充分的重视。根据上述情况估算，春秋以前活到年龄较大的，十人中也不过是二到三人而已。

　　本章第二段提到的"盖闻"，是指引用了民间流传的一些经验之谈。"善摄生者"是指那些善于管理自己，能在生存过程中规避险境的人。"陆行不遇兕虎，入军不被甲兵，兕无所投其角，虎无所措其爪，兵无所容其刃。"这种人表现为，行走时不会遭遇到有尖角的犀牛和有利爪的猛虎，在从军过程中也不必披挂盔甲和手持兵器，犀角、虎爪、刀剑这些伤及生命的利器远离这样的人。"夫何故？以其无死地。"一句就是告诫人们要懂得这个道理，设法远离有生命危险的境地，才能使本应活得更长久的愿望得以实现。人生过程中不利长寿的因素比比皆是，对于多数人来说，最大的险境就是对名利欲望无所节制，以及由此推动的奸诈、莽撞等争夺与冲突的行为；而能小心谨慎，善于遵循"道"的法则、规律，设法避免身处危险的情境之中，身体条件就好，危及生命的情况就较少出现，寿命自然就会长久。此道理小到适用于个人，大到适用于国家。

〖译文〗

善摄生者无死地

　　出世为生，入地为死。人生一世，长寿者三成，短命者三成，本应长寿但身赴死地者三成。为什么？是其能否认真对待自己的生命。

　　据称，善于保护自己性命的人，行进路上不遇猛兽，军中不需要盔甲兵器，犀牛的尖角无处顶，猛虎的利爪无处抓，敌兵刀刃无处砍。为什么？原因是能避免生命处于险境。

〖随想〗

　　本章从分析人生寿命的长短来引出"道"的法则，除了先天无法抗拒的因素外，要想活得更长久一些，就要懂得规避危险境地。寿命长的人也必然经历许多险境，无非是天灾和人祸，其中有外在因素造成的，要事先对可能发生的情况有所预判，防患于未然；也有内在因素造成的，要懂得什么事情可以做，什么事情应该坚决摒弃。此法则被推广到社会也是同样的道理。

　　人生一世，每个人都想活得长久一些。由于生活水平的原因，古人平均寿命很短，自古就有"人生七十古来稀"的说法，可见，与现代人的平均寿命相比，能够活到七十岁已经非常不容易了。古代医学著作中有"圣人不治已病，治未病"的一句话，说的就是明智的人将防病作为首选，将治病作为其后面的选项。在医疗水平和条件很差的条件下，人们几乎全凭加强自身的体质来承受生活环境的考验，能够避免、扛住劳累和疾病的人就能继续活下去，否则就会被淘汰掉。另外，不良的生活方式，也是导致身体受到损害和得病的重要因素，比如暴饮暴食导致的脾胃疾病，即使通过治疗与调养而痊愈，或者靠自身年轻，能将疾病扛过去，但损害已经遗留在身体内，会潜移默化地发生作用，同样会降低生活的质量和寿命。

　　随着人类生存条件的逐步改善，人本应能够活得更长一些，但是还有许多因素导致短命，那就是将自己置于某种危险的境地。危险的境地不仅是野兽和战争，其实有许多享受也隐含着危险，沉迷享乐使人快活，但同时也在破坏体内平衡，过度消耗身体同样损耗寿命，即所谓的乐极生悲。人在生活中要避免过度享乐和刺激，避免含有危险的无把握行为，平淡规律才能平安过好一生。今天，世界多姿多彩，许多人总想感受或尝试自己没有经历过的享乐和刺激，痴迷于某种不利于身心的爱好，有些社会甚至无法禁止吃喝嫖赌毒等恶习。事实证明，放纵恶习的结果都会使自己陷入险恶的境地。为此，每个人都应该远离放纵自己的享乐和刺激，而选择健康的生活方式。另外，个性张扬放纵也是一种常见的危险行为，因为其极易造成不必要的冲突和仇恨，等于自作自受。从每个人都有选择自己生活方式的角度看，一些不良生活方式都是自己的事，但是，从社会的角度看，从整体民众"道"的角度看，这是危害自然物种的"不道"行为，应该被纳入国家的管理范围进行治理。所以，少数人的不健康自由行为应该受到

"德"的控制。

　　对于一个国家来说，其领导者除了应该向民众主张和宣扬健康的生活方式外，更重要的就是避免动用武力进行战争，这是基于珍爱自己和民众生命的重要理念。而避免动武的理念，要从基本的思想文化中建立，也就是在遵从"道"的哲学思想中，不断总结和建立对事物发展的规则和规律的认识，作为思考解决各种关乎广大民间和国家事务问题的基础。如果在相应范围内，仅仅以自我的、小团体的、某集团的、本国家的，以及局部的、短视的利益为出发点思考或决策，常常是不符合自然法则的。即便符合世界广大民众的利益，符合自然发展规律，但是时机尚未成熟，也不能操之过急，因为"道"常常需要逐步积累，试图轻率地以动武的方式尽快解决问题，同样也违背了"生生之厚"的原则。

〖**关联文字**〗
　　【出入】【生死】【出生入死】【不知所措】【手足无措】【生生不息】

10. 第五十二章　见小守柔无祸殃

〖原文〗

天下有始，以为天下母。既得其母，以知其子；既知其子，复守其母，没身不殆。

塞其兑，闭其门，终身不勤。开其兑，济其事，终身不救。

见（xiàn）小曰明，守柔曰强。用其光，复归其明，无遗身殃，是谓袭常。

〖文字选注〗

天下（物、生命、人类）有（事物的存在）始（开头、当初、根源），以（表示动作的目的）为（变为、成为）天下母（不断重复事物的根本、准则）。既（已经、既然）得（得到、知道）其（天下）母，以（而）知其子；既知其子，复（返回、再）守（遵守、保持）其母，没（终）身（自身）不殆（危险）。

塞（堵住）其（指子）兑（孔洞），闭其门，终身不勤（辛苦）。开其兑，济（成就、帮助）其事（不尽欲望），终身不救（阻止、治疗、纠正）。

见（显露）小（微小、低微）曰明（聪明、贤明），守（保持、守护）柔（安抚、软）曰强（刚强）。用（采用）其（准则）光（光照），复（返回）归（归附）其明（智慧），无遗（失去）身（生命）殃（灾祸），是谓袭（迎合）常（恒久）。

〖解读〗

"天下有始"中的"天下"，是指天地之间的所有生命，这些生命都是"道"用自己作为材料的造"物"，在适当时期开创和推动下产生、繁衍并不断演化来到世界，于是就有以"始""为天下母"之说，即"道"

当然是有资格被所有生命视为"母"的伟大的孕育者。"既得其母,以知其子"一句是说,既然都知道是"母"不断重复养育,才有了今天的每个生命,那么每个生命自己就是"母"的一个"孩子";"既知其子,复守其母"一句是说,自己既然是"母"的"孩子",那么就应该遵守"母"安排的行为规则。于是,只有遵守"母"建立的规则,才能保证自身的完整和存在过程,也就是"没身不殆"。本段以"母"与"子"的关系来比喻"道"文化的合理性,以及人类传承与坚守的重要性,告诫人们要遵循"道"的法则和"德"的规范,这才是生命的正道。

"塞其兑,闭其门,终身不勤"一句是说,如果自身能够遵守"道"的法则,堵塞那偏离"正道"洞口的"兑",关闭邪门歪道房间的"门",那么就会有平安的人生过程,而不必为走错道路而经受坎坷与辛苦,甚至为此付出巨大代价。反之,"开其兑,济其事,终身不救"一句是说,背离应该行走的"正道",无休止地谋取名利,沉迷于放纵享乐,一生就总会有难以解脱的凶险伴随。选择"尊道贵德"度过一生还是"离经叛道"度过一生,有完全不同的结局。

华夏大地的民众通过数千年的处世经验总结出"道"的文化,极具"母"与"子"之间的关系特征,坚守并遵循这种关系成为特有的行为方式。"见小曰明,守柔曰强"一句是说,凡事谦虚谨慎、处事不张扬的"见小",才称得上是真正的"高明";凡事和缓收敛、低姿态待人的"守柔",才称得上是真正的"强大"。这些行为的特征就是内心坚忍、思维缜密,不图一时之快,不争一时之得,从长远考虑,用人的本性愿意接受的方式解决问题。"用其光,复归其明,无遗身殃"一句是说,用光来比喻"道"在人间的规则,用光下的"明"来揭示事物的真相,找出和制定解决问题的方法,这样才能获得好的结果,避免错误甚至灾难。遵循上面所述的规则行事,就是"袭常",也就是能够加入"大道"的滚滚洪流之中,享有自己的使命和成功位置。

【译文】

见小守柔无祸殃

一切生命来到世界,皆因本源"道"——母——的创造。既知自己有"母",便知自己为其"子";既知为其"子",便应守护自己"母"的规矩，则终生远离危险。

堵住贪欲的洞口，关闭名利的邪门，一生远离苦恼；反之，追求无尽的享乐，争夺无止的名利，一生无可救药。

表现低微是贤明，坚守柔和是刚强。焕发"道"的光芒，照亮天下是非，则没有失去生命意义的祸患，这是遵循永恒的使命。

〖随想〗

本章是一篇从生命与物质本源来阐述遵循"道"法则的必要性的文字。人类通过其特有的生命演化方式形成并存在于当今，这段时间虽然很长，但是，与最初地球形成的时间相比，还是微不足道的。老子看待世界的重要观点是，一切事物都是来自宇宙的最基本的物质，即"道"，是"道"创造了一切，同时也为一切事物制定了运行的规则，也就是通过反复演化，用环境来试错，检验并决定事物的存留。"道"就是我们人类的存在之"母"，守护母亲，遵循母亲为人类制定的生存规则，才是我们继续繁衍存在的根本。进化过程使人类产生了超越其他生命的特殊能力，许多人为了躲避或者反抗自然的检验，用这种能力把个人生存的非必要的需求进行扩展，成为对抗自然法则的错误行为，形成了人生的烦恼和精神负担，甚至演变成人类相互争夺的灾难。

"德"是一种当下社会符合对"道"理解的行为规范，只有不断调整和遵循"德"的规范，人类社会才能按照自然赋予的使命繁衍生息，文明才能不断进步，自然的奥秘才能被不断揭示，完成"道"要通过人类解释自己的使命。老子用了一些人类应有的行为方式来描述"德"的部分特征，比如本章中的"见小曰明，守柔曰强"。这与"柔胜刚，弱胜强"一样，即无论做任何事情都要谨慎仔细，避免采用强硬激进的手段，在适当时机用柔和的方式行动，取得哪怕微小的进步，也胜于因激进而起相反作用的倒退。又如，"重为轻根，静为燥君"一句，即内心强大才会有深谋远虑的眼光，才能控制自己的冲动，为逐步取得成功采取正确的行动。而"知足者富""知足之足，常足"，即要自觉地控制个人欲望的膨胀，不要毫无止境地超出自然赋予生命适当的需求。否则，不仅会在自身生命过程中遇到不必要的烦恼，而且还将导致不利于人间和平环境的情况发生。还有"下德不失德，是以无德"一句，是指那些假借"德"的名义来试图实现自己私利的行为，小范围的会导致尔虞我诈的人际关系，大范围的甚至会导致国家之间的战争，人们应警惕被这种欺骗式的说教和道德绑架。这些都是中华古人留给后人的思想，形成中华文化的重要精神财富。

〖关联文字〗

【终身】【复归】【光明】【既得】【没身不殆】【闭门】【济事】【无济于事】

11. 第五十六章　亲疏贵贱不可移

〖原文〗

知者不言，言者不知。塞其兑，闭其门，挫其锐，解其纷，和其光，同其尘，是谓玄同。

故不可得而亲，不可得而疏，不可得而贵，不可得而贱。故为天下贵。

〖文字选注〗

知（有真知、懂）者不言（宣说、议论），言者不知。塞（堵住）其兑（孔洞），闭（关闭）其门，挫（折断、消耗）其锐（尖），解（解除）其纷（纷乱），和（平和）其光（光芒），同（相同、统一）其尘（业绩），是谓玄（深奥、最）同（和谐、安定）。

故不可（应该）得（获得）而亲（爱、亲密），不可（能够）得而疏（疏远），不可（应该）得而贵（崇尚、敬），不可（能够）得而贱（卑下、轻视）。故为（是）天下（人间）贵（崇尚、可贵）。

〖解读〗

人们在相互交流中会发现，那些令人敬佩、有丰富专业知识和造诣的人，反而不轻易发表见解。他们往往从经历中懂得，能够真正掌握某个事物的本质和规律是非常不容易的，因此，对于没有认识深刻的事物，也就不会说三道四；即使对自己理解深刻且不断耕耘的领域，除非可以清晰地向能接受的听众表达出来，否则也不会轻易发表见解。"知者不言"说的就是这种人。而从"言者不知"一句可见，两千多年前的那个时代也像今天一样，知其然而不知其所以然的人，常常随意发表见解，其实他们的言论往往是浅薄的，夸夸其谈或许为了表现自己，或许与性格有关。此句说明：每个人对世界的了解都是有限的，不要因为对某件事情略知皮毛就自以为是。正确的态度应该从对事物的本质和规律的认识开始，不断加深对该事物的理解，并以此来反复通过实践验证，建立做事的规范，把事情做好。一句话，就是要慎言。

后面再次使用的第五十二章的六个字"塞其兑，闭其门"是说，堵住不应存在的孔洞，关闭不应敞开的门户。这实际是告诫人们应该收敛心中的欲望，不要追随那些急功近利的歪门邪道。接着还有与第四章的一段同样的文字："挫其锐，解其纷，和其光，同其尘"，这一句是说，磨去锐利的锋芒，调和争执的纷乱，遮挡耀眼的光芒，一切终将归于平淡。这实际是再次强调，执着于走邪路谋取名利不是人生最有意义的事情，因为在"道"看来，一切事物，无论是多么尖锐的矛盾冲突，多么巨大的交往纷争，多么光耀的丰功伟绩，都会通过时间逐步使其归于平淡，最终成为过眼云烟，化为历史长河的尘埃。这是"道"的运行法则，是事物发展的必然归宿，其中也包括人类之间的各种关系，终究要回到历史长河的"玄同"中去，这些事物的表现不过是"道"为了检验事物的存留而设定的过程而已，完成其使命后作为尘埃被扫入历史。人们应该懂得事事争强好胜、激化矛盾其实于事无补的道理，通常应该采取的行动是，检讨自己的思想，约束自己的行为，用平和的方式处理人间常有的矛盾关系。

下一段根据上一段所述的人间现象和背后的道理，引出人们在人际交往中涉及个人利益时应该采取的立场和行动，也就是"德"的规范。"不可得"后面的"亲与疏""贵与贱"的两个说法似乎是矛盾的，其实抓住文章所要表达的观点，再将句子进行适当分割之后，还是可以解读通的。"不可得而亲"应断句为："不可，得而亲"，此句的含义是，不应该在得到他人给予的好处后，完全对其信任追随；而"不可得而疏"就应断句为："不可得，而疏"，此句的含义是，当没有获取他人应给予的回报时，也不该因此而对其疏远。用同样的分割方式解读"不可，得而贵；不可得，而贱。"一句，其含义就是，不能因获取他人的赏赐而对其遵从效忠，也不该因没有获得报答而对其鄙视排斥。因为"道"将使一切事物获取的名利归于平淡的法则告诉我们，以名利获得的多少为做人标准，会导致人际关系和心态出现违背"德"的问题，而不为名利争夺会使人相处轻松，也会使人保持正常的关系和尊严。所以，放弃不应有的欲念与对名利的争夺，给予他人帮助后不事张扬，是受周围人们广泛珍视的品行。这种内心好恶

肆　做人之道

体现了广大民众心中的"道",或者说广大民众的内心就代表了"道"。于是"故为天下贵",即这种品行受到民众的敬重——贵。这虽然对于那些为了追逐名利而行事的"智"者来说不会认同,但这却是普天下民众心中的真实愿望,因此,这是尊"道"而行"德"者的做人方式。

〖译文〗

亲疏贵贱不可移

　　有真知者不会随意言表,夸夸其谈者往往浅薄。堵塞逐利的洞口,关闭欲念的心门,磨掉锐利的锋芒,消解争执的纷扰,收敛耀眼的光芒,融入人间的平凡,这就叫最深奥的和谐。

　　因此,不应得到馈赠而与其亲近,也不应得不到回报而与其疏远;不应被授予名利而盲目对其遵从,也不应得不到供奉而对其鄙视。人间宝贵的品行是淡泊名利。

〖随想〗

　　老子在本章首先以人的谈吐为例告诉人们,看人不能只看表面和言语,要看其内涵和本质。夸夸其谈的人为自身利益驱动更注重表现,而对事物有深刻的理解,并看淡名利的人通常沉默寡言;经常夸海口的人常抛弃曾经的承诺,而谨慎应承的人往往能够兑现诺言。事物是在不断变化的,所以,有"德"者对自己在人群中是否获利并不在意,看重的是以和谐与平淡相处,因为"道"会将世间的一切都化为尘埃,实现大同。

　　人们应该及早懂得,世间事物无数,能真正深刻懂得某一具体事物都非常不易,所以,一个人不可能掌握所有知识。这个道理提示我们,在日常活动中要时刻检点自己的言行,不要随便引用或传播道听途说的消息或评论,以片面认识来发表见解,甚至草率参与不明目标或加入扰乱秩序的行动。通常,正确的方法是多听取从事该领域专业人士的分析判断,认真倾听其建议,观察其采取的行动,并给予一定的时间和次数来验证效果,辨别是否符合"道"的规律。事物的发展和变化是需要时间检验的,急于求成往往于事无补,对于那些曾经以片面之见鼓动民众异动的人应格外警惕,吸取教训,不再上当。"道"总是用时间来对待许多不符合法则的事物,一切轰动人间的光焰都不足以被永久述说,都会在时间的长河中归于平淡，在历史洪流中被湮灭。认识到这个道理的人，就会在生存过程中学会放弃或控制本性所推动的名利欲望向不合理的方向发展，学会以平淡的心态对待自己所取得的人生成就。所以，一个人的品行修养达到一定境界，"德"的积累达到一定厚度时，就会将人们普遍追求的名利看淡，人际关系也就会有如古人所说的那样，是"淡如水"的"君子之交"。

但是，人来到世界后很快就投入为生存而忙碌的过程，社会文明水平导致缺少"道"和"德"的教育，耳濡目染人间社会的不"德"现象，加上与生俱来的本能所推动的欲望追求与行动，所以，多数人的大部分时间是在迷茫的忙碌中度过的，即使能在其中逐步感悟和积累正确的认识，也需要长时间逐渐形成。人生最悲哀的是，将一切看淡往往在一生走到后期时方能感悟。此时的人，知道自己时日不多，一切都是浮云，纠结一生的名利追求得到的财富丝毫都不可能被带走，留给后代的财富或地位所造成的结果，也未必是对他们有益的福祉或动力。为了避免在晚年对自己的人生过程懊悔，老子主张人们应懂"道"，或者说应该懂得自然的法则，越早懂得，越早在思想和行动中不断修炼，提高自己"德"的水平，那么，人的一生就会活得明白，心地坦然，过得充实。同时，越早开始用"德"的行动来影响他人，就会越多地留给世界正确的思想和能量，这样的人生就不是虚度的一生，不会被后人忘记，即可称为"死而不亡者寿"的境界。

〖关联文字〗
【知道】【闭门】【不可】【亲疏】【贵贱】

12. 第七十一章　有道病病者不病

〖原文〗

知不知，上；不知知，病。夫唯病病，是以不病。

是以圣人不病，以其病病，是以不病。

〖文字选注〗

知（懂得、知道）不（自己不）知（真正掌握的知识），上（高明、正确）；不（自己不）知（掌握的知识）知（自认为懂得），病（愚蠢、错误）。夫唯（只有）病（忧虑、担心）病（犯错误），是以（才能）不病（犯错）。

是以（所以）圣人（有自知之明的高人）不病（犯错），以（因、用）其病（重视、避免）病（犯错），是以（因此）不（不、少）病（犯错误）。

〖解读〗

在"知不知，上"一句中，第一个"知"是"懂得"的意思，第二个"知"是指对客观事物的了解程度和掌控能力。前三个字合在一起就明确指出，一些人懂得这样一个道理：掌握一种知识或技能非常不容易，难以达到很高的水平；"上"，就是对这些有自知之明的人的夸赞，他们知道，即使是自己擅长的事，也不会做到绝对完美，其中总有还未完全掌握的细节；他们即使胸中有真知灼见，通常也会谨言慎行；而对其他领域的事情更是采取谨慎的态度，避免随意发表见解。"不知知，病"，前两个"知"字与上句两个"知"字的解释顺序相同，是指那些对事物本来就不懂，或者只是一知半解，却自我感觉良好，言谈表现得像是个行家里手，甚至凭借有一点经验，就认为自己能全部掌控而自信满满；"病"，就是对这种人的批评，他们经常犯错误，与前面所说"上"的人做事形成完全相反的表现。在"夫唯病病，是以不病"一句中，第一个"病"是忌惮的意思，第二个和第三个"病"都是说做事出现了错误。因此，全句是说只有忌惮并避免做事过程中发生错误，认真谨慎对待做事的过程和细节，才少犯或不犯错误。

最后一句是结论。"圣人不病，以其病病，是以不病"这一句中，除了第二个"病"是忌惮和认真对待的意思，其他四个"病"的意思是犯错误。就像前面一段说的那样，真正高明的人之所以不犯或少犯错误，就是为了避免过程中犯错，事前谨慎对待，认真研究，找出难点，制定对策，做好准备，把问题控制在发生之前，或按照事前备案及时解决，于是，他们才能把事情做好，经常取得成功。

〖译文〗

有道病病者不病

知道什么是自己真正不掌握的知识，那是高人；本来不懂却装懂炫耀，那是蠢人。只有忌惮并防止出错，才能少犯或不犯错误。

高明的人不犯错，是因其预防出错，所以才很少犯错。

〖随想〗

本章告诫人们，若想做事成功，首先要谨慎低调。懂"道"的高人通常会遵循"德"的规范，做事细致严谨，对做事过程中可能出现的问题预先准备对策，以便在问题出现时从容解决，确保善始善终。人的一生会面对无数要处理的事情，小到个人、家庭，大到工作、事业，甚至关系到国家和世界的宏大决策行动。老子在本章中所说的几句极其简单，但却涵盖了所有人类活动的基本之"道"，具有普遍的指导意义。第一章和第二章指出的自然法则告诉人们，一切事物都有不同之处，即使是相类同的事物，由于时间、地点、人物的不同，也会有区别。所以，对于每件事情的处理，都离不开根据具体情况的分析和判断，根据不同情况采取不同的对策和方式，才能找到合理的解决办法和获得更好的结果。为此，事先调查研究，实事求是，才是正确认识和解决问题的方法。推广应用的过程也不应该一成不变，而要根据事物的变化和情况的变化采取具体的对策。

人从小学习知识，长大走上社会，一生都处在学习、成长、成熟的过程之中。一个人如果从小就懂得老子在书中所教导的这些"道"理，养成不仅仅凭借自己现有的知识和经验做事，不断在一生的生活、工作、行动中更深入地研究，寻找事物的本质与变化，选择更适当的行动，做到精益求精，那么，其必将在一生中获得非常大的收益。随着掌控事物规模的扩大，个人受益、家庭受益、组织受益、社会受益、国家受益、世界受益，直至自然受益。所有人都以此为准，人类就会行进在"道"的路上。而面对不是自己专长，但感兴趣或关乎个人利益的事情，则应不断学习，通过读专业书籍、听专家讲解、交流讨论、积累成功范例、思考归纳加工，逐步提高水平，就会具有更成熟的辨别能力，做出相应的个人行动。道听途说、随意传播和发表见解和盲目听从他人指引是不可取的行为；事情发展的结果证明自己的见解是错误的时，暴露出自己知识和思想的浅薄，以及当时行为产生对社会，甚至对自己的不当影响，则后悔莫及。

〖关联文字〗

【知道】懂得"道"才是最重要的"知"。可见，中华语言创造中对"道"的地位的尊崇。"知晓"等词语虽然也有，但是都与前者不可相比。

13. 第七十六章　柔弱生刚硬早亡

〖原文〗

人之生也柔弱，其死也坚强。万物草木之生也柔脆，其死也枯槁。

故坚强者死之徒，柔弱者生之徒。是以兵强则不胜，木强则共。强大处下，柔弱处上。

〖文字选注〗

人之生（生存、生命）也（在句中表示停顿）柔（软、温和）弱（差），其死（死后）也（会变）坚（牢固、坚定）强（强大、硬）。万物草木之生也柔（顺从）脆（鲜嫩），其死也枯（干瘪）槁（禾秆、硬干）。

故坚强（强硬）者死（找死）之（的）徒（同一类），柔弱（温和）者生（生存）之徒。是以兵（军队）强（恃强）则不胜，木强（好材料）则共（被选择使用）。强大处下（低级、差的、向灾祸），柔弱处上（高级、好的、向安康）。

〖解读〗

"人之生也柔弱"一句是说，人在活着的时候，肉体柔软，筋骨弯曲自如；反之，"其死也坚强"是说，死后肉体僵硬，筋骨强直。与人身体的生死变化一样，"万物草木之生也柔脆，其死也枯槁"一句是说，草木在活着的时候柔顺鲜活，一旦脱离枝干或者死去，将变得枯干。

与生命同样的是人生的活法。"坚强者死之徒"，所谓坚强者，是指那些对他人以强势作风或态度的人，比如欺压民众的官府衙役、搅扰百姓的黑恶暴徒、挑动人间冲突的阴险狡诈之徒、欺骗顾客的奸商、压榨劳力的监工等，做了坏事就属于自己找死的一类人。"柔弱者生之徒"一句是说，所谓柔弱者，是指那些以柔和方式处事的人，为人诚恳善良，比如，说话态度能照顾对方感受，处事能替对方着想，以协商共赢的方式合作，有了权力和财富还是能够平等待人，等等，这样的人通常不会树敌，因而属于少有生命危险的一类人。其后，又用其他例子来说同样的观点，"兵强则不胜"，即在战争中不管情况怎样，总是以逞强斗狠的方式行动，就难以取得胜利；"木强则共"，即在林中生长得高大粗壮的树木，一定早被人们看中而伐倒使用。综上所述，就有"强大处下，柔弱处上"的结论，这与全篇许多文章的表述是一致的，就是一贯采用强硬傲慢的方式与人交往，定会树敌而引出祸患，致使自己提早衰落灭亡；如果采取柔和的方式交往，不但能逐步使问题更好得到解决，而且还能避免树敌，在和谐的过程中道路更加宽广，使自己变得更加强大。这实际也是"道"的法则在人间的体现。

〖译文〗

柔弱生刚硬早亡

活着的人肉体温润柔软，死后则变得冰冷僵硬；活着的草木枝叶摇曳翠嫩，死后则变得干枯脆硬。

所以，强硬霸道属于找死的一方，温柔平和属于平安的一方。战场上鲁莽强横的军队不会取胜，树林中高大的树木先被伐倒。为此，强横者处于劣势，而柔和者处于优势。

〖随想〗

本章再次强调人在生存过程中"柔弱胜刚强"的"道"的法则。"强横"者不断给自己设置人生的危险，于是早亡与恶名伴随；"和顺"者不断为自己扫清路途的障碍，长寿与被后人缅怀伴随。草木同样，战场同样，万物同样。

人一生最难改变的是自己的性格，有的人天生蛮横无理，一切按自己的需求，依靠粗暴或冷酷的方式行事；有的人生来理性温和，避免与他人发生不必要的冲突，遇到分歧以互利的方式协商解决。显然，两种性格的人做事结果，前者不如后者，蛮横者就会树敌过多，和善者就会获得通融。经验多了以后，人们几乎知道或理解这些道理，但是，那些难以控制自己不良情绪的人，真正能将上述道理用于自己的思想和行动却很难。除非这样的人能够首先认识到自己的问题，即先要有自知之明，然后懂得做事需要改掉这些缺点，在平时不断进行自我反省，遇事修炼性情，在要犯错误的时候及时发现并控制自己，也就是要强大到能够战胜自己，如老子说过的"自胜者强"。这个要求对于普通人很难，但不是不可能实现，就看能否自律。老子说过"强行者有志"，即能坚持不懈地向正确目标不断努力，当然，其中也包括自我性格形成的目标在内。

在世界上，国家之间的关系也是如此，恃强凌弱的国家和将自身利益绝对合理化的国家终将自食恶果，原因就是"得道多助，失道寡助"。"道"就是老子所表述的那些能够用与人合作的和平方式，寻找和平的国家矛盾处理的方式，而不是以一方的武力压服另外一方的方式。当然，近代史与近代国家秩序的产生，是通过国家或国家集团用强国方式建立的，而且被证明在当今人类以利益为主导的关系发展阶段中，必须通过自身的强大才能立足，同时也能够起到维持国际秩序的作用。但是，这终究不是全人类多数民众所向往的"道"。现阶段的社会形态只属于人类走向符合自然法则的探索过程，世界终将在国与国关系的实践中发现，解决问题的最好方法是什么，会逐步走上正确的"道路"。和平的方式会得到"多助"，对抗的方式会受到"寡助"。这种国家之间关系的认同与建立，需要懂"道"的国家通过行动示范，使更多的国家认同。

〖关联文字〗
【人生】【柔弱】【坚强】【草木】【枯槁】

伍

人间之道

1. 第二章　事无绝对宜欣然

〖原文〗

　　天下皆知美之为美，斯恶已。皆知善之为善，斯不善矣。故有无相生，难易相成，长短相形，高下相倾，音声相和（hè），前后相随（恒也）。是以圣人处（chǔ）无为（wèi）之事，行不言之教。

　　万物作而不辞，生而不有，为（wéi）而不恃，功成而弗（fú）居。夫唯弗居，是以不去。

〖文字选注〗

　　天（自然、天空）下（低处、人间范围）皆（全、相同）知（知道、感觉）美（美貌、美好）之（连词）为（是、当作）美（称赞），斯（就、乃、感叹词）恶（丑、坏）已（表示确定语气、在）。皆知善（善良、擅长）之为善（赞赏），斯不善已（表示肯定、必然）。故有无相（相伴）生（产生），难易相成（成就），长短相形（表现），高下相倾（倾斜），音（声的回荡）声（发声）相和（附和、响应），前后相随（跟着）。是（这）以（所以）圣（品德智慧极高）人处（办理）无（没有、不）为（表示确定要达到的、为了）之（的）事（事情），行（做、实施）不言（宣说、议论）之教（传授）。

　　万（表示数量多）物（客观存在的生命）作（劳作）而不辞（言辞、告诉），生（生育）而不有（占有），为（做）而不恃（依赖、凭借），功（功劳、业绩）成（完成、实现）而弗（不）居（占据）。夫唯（独、只、仅）弗居，是以（所以）不去（失去）。

〖解读〗

　　"天下皆知"显然说的是后面举出的所有对比例证，它们都是人世间非常熟悉的事。首先,"美之为美,斯恶已"是说,美好之所以被人们喜爱,就是因为有丑陋被人们嫌弃。同样,"善之为善,斯不善已",是对两人的心地善恶进行比较后,出现的一对相反的评价。接下来的是相互关联形成的对照:"有"与"无",即某一种事物存在与否,两者必然是非此即彼,相伴而生;同样,"难"与"易",即处理事情时,不同的人或者不同的事,会因难度比较而产生的一对相对关系;"长"与"短",即将两个事物的长度进行比较时,必然产生的一对相对关系;"高"与"低",即将两个事物的高度进行比较时,必然产生的一对相对关系;"声"与"音",前者为声源的发动,后者是前者在空气中的回荡,这是因相伴相随而产生的一对相对关系;"前"与"后",即两个事物在同一个方向上的位置进行比较之后,必然会出现的一对相对关系。显然,所有这些成对的概念既是独立的,又是相互依存的,没有其中一个,就不会有另外一个;如果从同类事物中任意选出两者用同一个条件比较,就会有差距,要看比较对象是谁,结果不会是绝对的,只能是相对的。可见,对立的结果,在同一个事物之中都存在。本章这一段以非常流畅、漂亮的文字,表明一切事物都具有两面性的哲学观点。

同"天下"一样,《老子》中常常出现"圣人"两字的连用,在不同的句子中会有不同的指向,一般通过上下文即可分析出要表述的是什么样的人。有的是指有掌控他人权力的强人,有的是指聪慧或才干超常的能人,通常是指"德"与"才干"兼备的能人。此处的"圣人",应该是指那些懂得事物都具有两面性的道理后,思想方法和做事更高明的人。这里引出了这样一个观点,就是"无为"。全篇的文章中常常用到"为"字,现代语言中的"为"字,常用于两个字义,一个"为"是去"做",比如"事在人为";另一个"为"是"想要的",比如"为了什么目的"中的"为",古代文言文中的"为"字也同样存在这样两个字义,选择哪一个要看语句应用的需要。在古代文言文中,每个字通常都是独立的,在应用上要难免一字多义,为此,应该根据文章的整体思想来解读才对。此处用了"无为",将这两个字连用,如果按"做"来解释"为"字,意义就成了"不需要做"或"什么也不做"。但是,《老子》中通篇都是在讨论为什么去做和应该怎样做,而不是盲目地做,不是只等待就可以。因此,"无为"这两个字的连用,所要表达的不应简单地解读成不去做事,而是应该通过上下文的内容来发现它的意义。比如，"为而不恃"的句子中的"为"，就是"去做了，但是不将成果占有"的意思。于是，此处的"圣人处无为之事"，应理解为高明的人懂得做事不可能存在绝对完美的道理，因而对事物结果保持正确的期望值。其意思就包括：不去做那些主观想要而实际上并不可行的事，或者要怀着平和的心态去做事，不要为结果是否完满而纠结。也就是说，这里的"为"字是不现实的目标，应该与现代的"想要的完满结果"，即"为"字的含义一致。人们在做事的过程中常常发现，当一个人做其他人不会做的事情时，通常其他人不会有异议，并会按照他提出的方法去实施；但是，一旦遇到不止一个人会做的事情时，通常实施的方法就难以统一，每个人都会倾向于自己熟悉的方法而争执不下，认为按照自己的想法做才是合理的。如果懂得世上没有绝对的事物，那么，就不应设定绝对完美的方法，只要认真努力地沿着选择后认定可行的路去做了，就应该接受最终的结果。而且，只有实施的过程和结果出来后，无论成功还是有遗憾，才是对所有人最有说服力的证明和教育，即文中所说的"行不言之教"。

自然中所有事物都有两面性，这就是"道"的法则，是它迫使事物通过比较而不断筛选并改进演化的需要。面对这项法则时，自然界的所有生命，当然要接受并参与这种筛选。于是，后面就有了这样的一段文字："万物作而不辞，生而不有，为而不恃，功成而弗居。夫唯弗居，是以不去。"此处的"万物"，是指自然界中遵循"道"生存的生命。这句可以解读为："万物都为迎接筛选而努力，但从不表白自己的付出；生养子女成人，但不限制他们自己的选择；取得做事经验，但不坚持自己的观念；获得做事的成就，但不占有取得的功名财富。因为心中没有占有的欲念，所以，万物接受一切结果，一生活得心安理得，不会有失去什么的苦恼。"这其实是有"德"者的至高品行。仔细想想，真正能够这样想、这样做的人还真是不多见。

〖译文〗

事无绝对宜欣然

人们都知道，美好是因与丑陋相对照而被大家所喜爱，善良是因与不善良相比而被大家所钦敬。同样，有与无是因相互排斥而存在，困难与容易是因能力的比较而存在，长与短是因尺寸的比较而存在，高与低是因顶端的差距而存在，声与音是因发出与响应的跟随而存在，前与后是因同向位置的不同而存在。所以，明智的人做事不会设定无法实现的目标，而是以能够实现的结果来说服他人。

世间生命遵从自然的安排，完成使命却不张扬，生养后代却不占有，施展技能却不把持，成就功绩却不居守。没有居守的欲念，就没有失去的烦恼。

〖 **随想** 〗

本章用人们常见的对比事例，引出其中隐含的"道"的哲理，即世上任何事物，在相互比较后会出现两种结果，即"比上不足比下有余"，没有绝对完美的事物。所以，对事物的评判都要正反两面去看，不能绝对化。为此，在人间处世，也要时刻注意用这种思维方式来思考和处理问题，做事不要追求目标的完全实现，说教不如以人们经历的结果使人信服。

人，也是自然创造的一种生命形式，也应该像其他生命一样，或以其他生命为榜样，为了自然的创造去完成自己在世上仅存一次的使命，做自己应该或有能力做到的事情。只有这样，才不枉生命的历程。人的使命首先是对待自己的身体。身体是自然给予的，为此，首先应完成保护好自己身体这一基本使命，爱护自己身体是爱护自然创造的物质形式；其次是为了所接触的其他人和事，包括亲人、朋友及世界上的其他的人，也包括其他生命、自然环境，就是对一切所接触到的，做力所能及的合理的事情。自然既然创造并给予人类特殊的能力和资源，如何反哺自然，就是人类的责任。人类是通过其他形式的生命不断进化而来的，按照生命繁衍的法则，无论最初的生命以什么形式开始，一直到今天每个人的身体，所有的成长和繁殖环节都必须是成功的。为此，每个人的身体里必然保留着进化过程中，所有祖先经过自然筛选后保留的成功本能和品质。生命最重要的是什么？一定是遵循自然为生命建立的各种本能，以便在周围的竞争的环境中存活下来，并留下自己的后代，否则，就不会有今天的每个人。可以说，为了能够生存，维护自身在环境中的地位是所有生命成功的本能，这是完全合理的。遗憾的是，在人以外的其他生命身上普遍存在的本性表现，却在人类中被不合理地放大了，致使人类超出纯自然允许的范围，互相争夺和自相残杀。

所以，老子的告诫才出现，即人类应该回归万物在自然中的合理行为。首先应该学会调整心态，接受合理的需求，不仅个人的索取应该适可而止，同时也要接受与他人之间的合理差距，即"比上不足，比下有余"；同时，以平和的心态来努力做事，完成自然选择来到世间的使命，接受生活过程不完美的结果，也就不会失望。基于这些思想理念的熏陶，中华大地产生并崇尚"和"的文化，保持并推动几千年的文明生生不息地传承至今。

本章第二段的文字与第十章中的最后一段基本相同。这段文字明确指出，人应该为完成自然赋予的使命去作为，也就是去"为"，去经历人生做事的过程，而不是占有做事的结果。这是人生的至高品德——玄德。可见，老子明确地指出这是"道"的法则，是人应该遵循"道"去想、去做的事情。《老子》通篇都在讲解"道"的"理"，以及这些理与人间各种现象的关系。而用"道"对人间行为的评判或主张，通常是对"德"的宣讲。

〖**关联文字**〗

【天下】【有无】【难易】【高下】【声音】【长短】【前后】【圣人】【万物】

2. 第八章　上善若水者无忧

〖原文〗

上善若水，水善利万物而不争，处众人之所恶（wù），故几（jī）于道。居善地，心善渊，与善仁（人），言善信，正善治，事善能，动善时。夫唯不争，故无尤。

〖文字选注〗

上（高的、好的、真正）善（好、善良、擅长、正确）若（如同）水，水善利（有利）万物而不争（争夺），处（停留）众人之所恶（讨厌），故几（接近）于道。

居（处于）善地（处境），心（思想）善渊（深），与（结交、共事）善仁（仁爱）（人），言（言语）善信（信用），正（公正）善治（治理、管理），事（做、从事）善能（能力、才能），动（行动）善时（时机）。夫唯（独、仅）不争，故无尤（忧患）。

〖解读〗

在《道德经》的整篇著作中，除了第五十三章中见到一个"好"字外，其他地方没有出现此字，这个后来被广泛使用的汉字当时并未常用，而且，也仅仅是用于表达选择倾向的意思。而在本书许多文章中用到了"善"这个字，通过具体应用场合，可以看出是表示美好、善良、擅长、正确等意的褒义字。

如何来表达高尚的品行，老子选择了人们最常见、最普通，生命中最不可缺少的物质——水，用来形象地比喻自然界中最美好、最珍贵，可能也是最重要的品行——上善；而"上"字含有"真正的"和"极高的"意思，于是，"上善若水"就是说，最优秀的品行就像水的特性一样。通过"水善利万物而不争"一句，我们从中看出老子深刻的洞察力和高超的语言表达能力。人们都从自然界中无偿取用生存中不可或缺的水，许多人不知感恩，还认为理所当然；水不但不谋求回报，反而还选择流向更低下的位置驻留，这都与常人追求利益回报或厌恶地位低下的本性完全相反。甚至人们还抱怨洪水给生活带来灾难，如文中所说的"处众人之所恶"。人们将自然界的洪水称为猛兽，殊不知洪水也是天地造就的一种不随生灵喜好的自然现象，客观起到检验生物生存场所的选择和生存能力的一种方式，洪水还根据河道泥沙淤积情况，开辟一条更宽更深的水道，避免河流泛滥造成更大的灾害。"故几于道"是说，无私、奉献与检验校正生命的行为，就是"道"的伟大品行，"水"不过是接近于它而已。

在第二段中，老子用了一系列的"善"字，转为多方面描述人的品德之美和能力之高。"居善地"，从字面看是选择安全、有利的环境作为居住地点，比如孟母为了孩子有一个好的成长环境而三次搬家；其实，"善地"还可以包含其他内容，比如人在社会中找对自己的位置，安心在此处付出努力，完成人生的理想和使命。"心善渊"，是指人的能力出自头脑，爱学习，善思考，能将问题想透彻，从而得出相对正确的结论和解决问题的方法；另外，能够以正确的思想来管理自己的行动，也是取得人生成功的重要条件。"与善仁"，是说在面对他人和与人交往时，都能以真诚友善之心对待并给予帮助，从而获得可信赖的挚友。"言善信"是告诉人们，说话算数是人际交往中最常见，也是最重要的行为标准，而那些不守承诺，言而无信的人，都会使他人避而远之，难以被人接受。"正善治"是说若要在群体中获得普遍的认同和追随，公正处世是前提，这样会建立威信；人间的许多事情是需要众人合力来完成的，能够做到秉持公正，就能获得众人的信赖与拥戴，人们围绕在公平处世而树立威望者的周围，形成团体的合力，是成大事的重要条件。"事善能"是说，那些有能力把承担的事情办好的人是受众人尊重的，而每种能力都需要通过学习和实践培养，只有在生活中不断积累知识和能力，在事前有充分的准备，善始善终才能把事情做好。"动善时"是说，有实践经验的人们都知道，轻举妄动往往是做事失败的开始，选择最佳的行动时机，也就是当事情的进展达到需要行动的时候，果断挺身而出是成功的重要保证。总之，本段所展示的"善"，是一个人几乎达到完美时所具备的素养。

其实，所有的"善"中都含有规律和法则的作用，也就是都与"道"有关联的结果，"善"的成果不过是尊"道"而行之后的体现。"夫唯不争，故无尤"一句是说，"善"的核心素养是能够像"道"一样，坚守无私的观念，甘于地位的低下。在人群中能够"不争"，就会有更好的人际关系，使自己处于"无尤"的良好环境中，可以潜心学好做事的本领，做事的过程就会顺利。总之，将精力放在全面提高"道"的修养水平上，做人做事才可能遵循客观规律，最终取得应有的成就。

〖译文〗

上善若水者无忧

最好的品行像水一样。水将自己奉献给万物，可从不争夺名利；它流向更低处，甘愿处于低下的地位。因此，水的品行近乎"道"。

有水一样品行的人心态平和，置自身于适当地位；遇事沉着冷静，深思后行动；对待弱者，怀揣仁爱，热心扶助；与人交往，言行一致恪守诺言；引领民众，秉持公正，紧密团结；勤于钻研，做事严谨，善始善终；时刻准备，在天下需要时挺身而出。

就因不争名夺利，也就少有后顾之忧。

〖随想〗

老子在本章用水来比喻"道"的行为，那就是无私奉献自己所做的一切，完成之后又保持沉默，甘居无名又低下的地位，这是"道"的境界。人是"道"创造的，也是"道"的一部分，就应该遵循"道"的方式生存和行动。《老子》中绝大多数篇章其实都是在讨论这个问题，老子通过人间基本认同的事例，揭示其中含有的"道"之"理"，并引导人们懂得，只有自觉遵循"道"的理念，去按照"德"的规范行动，才能解决人类生存中遇到的各种问题。

自然的筛选造就了生命的各种本性，本性即"道"的体现。爱护、保护自己生存条件的本性，其本身没有错误，但是，将生存本性的基本需求不合理地放大之后，那就"过"了，也就不再符合"道"的本意了。人有了大脑，有了想法，在没有正确思想的控制下，利用狡诈的心智和手段将个人利益不断放大，就会演变成无止境的索取和占有。大量占有影响到周围的人时，就会使旁人感到差距而本能地产生"羡慕"；旁人无法通过通常的劳作获得与富有者同样的利益和荣耀时，进而演变成"嫉妒"；嫉妒的不断累积就会转化成心理的纠结，长期的纠结让人内心受到折磨，于是，自己对这种感觉产生的源头变成了"恨"，由于"恨"的积累而孕育了争斗。对此不加疏导和解决，社会自此将走向混乱。

老子认为，人的本性在错误思维和能力的结合下，过度索取并偏离了自然赋予的范围，造成人类在发展进步过程中相互争夺，而产生了既普遍又难解的问题，然而，这不应该是"道"的本意。"道"创造了高级生命，显然不是为了让人类因生存条件的差别过大而产生不可调和的争端。按照"道"对事物自主变化、反复实施试错、检验的法则，地球的大环境只要还未改变，人类只要付出足够的耐心和努力，终究会遵循"道"的规则解决这些问题。当前，人类需要在经济增长与文明进步的过程中，尽快认识这种产生于自然本性的东西，使其不发展成人类生存的巨大噩梦。老子在社会文明进步过程中的那个时代，已经清楚地看到这个问题，主张用各种方式来教育人们，限制人们的无休止的欲望，保证社会安全和进步。为此，解决上述问题还要人类自己通过认识而觉悟，用科学的思想来揭示"道"的法则与人类无视法则而导致的问题，论证其违反自然的本质，从而找出解决的方法。

区别于其他哺乳动物，"道"让灵长类中的类人猿在进化过程中成为高智商的人类。随着人类文明的发展进步，不断揭示自然的奥秘，实际就是将物质进化到能够解读物质自身及运动规律的阶段。只有通过科学研究，揭示自然界的奥妙，才是人类存在于自然界的价值和最高使命，当然也包括揭示和解决人类自身面临的生存与争夺的课题。科学家应该是世界上最受尊重，并获得最多报酬、享受最好生活的人，其中包括揭示人类社会不断产生争夺和杀戮苦难根源的社会科学家，当然也包括揭示"道"的哲学思想家。而更可贵的是，那些懂得了这些道理，那些甘愿放弃自身利益和奉献生命、有志引领人类前进的领袖，通过制订适当的方法和行动计划，持续不断地实施下去，直至帮助人类逐步走出本性超出自然规则而产生的困境。

除了上述的感悟外，对"善"也应有更多的随想，比如"居善地"，就是要正确选择适合自己生存的位置。首先是通过一段时间的历练后，正确认识和评估自己的认知水平和思想深度，包括性格和情商，人际关系，领导协调力，从事工作或劳动的知识、经验与对成功的把握程度，对事情的判断和决断的勇气，等等，这样才能判断自己应该选择什么样的环境和位置，包括在社会中参加的群体组织、在群体组织中所处的地位、应该起到的作用等；除了要有正确的判断外，还要调整好处于这个地位的心态，而不正常的心态，将导致不正确的行为，都将带来不良的后果，人生之所以碰壁，常常在于不能摆正和选好自己的位置，以及调整好自己的心态。"事善能"应包括从事各种劳动，其中，脑力劳动中最复杂的要数尚未被人类发现的"道"，也就是未解的和未发现的各种自然科学和社会科学之谜。此外，所有以体力和技能为主的劳动都与相应行业的"道"有关，那就是各行有各行的科学知识和规律，只不过其中多是人与物之间的关系，变化相对来说较小，只要不断在头脑中补充新的知识，动手参与实践，还是可以达到一定水平的。总之，"善"是在"道"指引下的各种能力，最终要体现在符合事物规律的"德"的行动中。"善"是没有止境的，只有那些不计个人名利、肯潜心钻研，并为热爱的事业不懈努力的人，一生才坦荡无忧，并有所建树。

〖关联文字〗
【与人为善】【言必信】【信守诺言】【众人】【唯独】

3. 第十二章　圣人为腹不为目

〖原文〗

　　五色令人目盲，五音令人耳聋，五味令人口爽，驰骋畋（tián）猎令人心发狂，难得之货令人行妨。

　　是以圣人为腹不为目，故去彼取此。

〖文字选注〗

　　五（表示多种）色令（使得、驱使）人目（眼）盲（失明），五音令人耳聋（失聪），五味令人口爽（损伤、败坏）。驰（奔跑）骋（纵马）畋（猎场）猎（打猎）令人心发（产生、发作）狂（纵情、发疯），难得之货（财宝）令人行（去做）妨（伤害、坏事）。

　　是以圣人为腹（内心）不为目（观看、外表），故去（离开、除去）彼（它、别的）取（选择）此（代词，这）。

〖解读〗

　　"五色令人目盲,五音令人耳聋,五味令人口爽。"这一句中的"五"字，在中华语言中通常指某类事物的全体或大多数，而此处的"五色""五音""五味"分别是指"目""耳""口"等感觉器官因过度享乐而受到的刺激。人在有一定经济条件，欲望、虚荣的目标可以实现时，最难控制的事情就是享乐，也是那些富豪们攀比追求的生活方式。所以，"盲""聋""爽"分别是指在享乐刺激之后，对眼、耳、嘴等器官产生的有害结果，视力变得昏花不清，耳朵丧失对音色细节的分辨，口舌丧失对美味的喜爱。此外，"驰骋畋猎令人心发狂，难得之货令人行妨"一句是说，痴迷纵马猎杀动物，就会使内心习惯对杀戮的"疯狂"和对生命的漠视；痴迷于珍稀的宝物"货"，就会为了在众多迷恋者中，自己能独自占有，于是不惜采用各种卑劣的手段去获取。

人的生命应该有张有弛，享受生命过程的快乐是应该的，包括某种使人兴奋的正面感受和激励。但是，人生更多的过程应该是平和的，应该维护自身这个属于自然界的过客能平安并有所作为地度过一生。《老子》中，常常将"圣"与"人"连用，在许多篇章里可以看出，"圣人"其实就是泛指那种思想和行为超出常人、能够正确认识事物规律，并能采取行动的高人，并非与现代语言中特指具有伟大历史功绩或名望的"圣人"等同。为此，高明有"道"的人，应该保持"为腹不为目"的平凡生活，也就是更注重自身肌体的健康和内在心灵的修养，而不迷恋人间犬马声色的感官刺激。人世间只有那些将需求放到合理的、基本水平的人能"去彼取此"，不去追求过度名利和享乐方式——去彼，而是保持健康生活方式——取此。所谓"圣人"，其本质是抱持"道"的理念，遵循"德"的操守而度过一生。

〖译文〗

圣人为腹不为目

过度绚烂耀眼的光色会使人失明，震耳欲聋的乐声会使人失聪，顿顿刺激口舌的美食会使人丧失味觉，放纵猎杀动物会使人性情狂暴，无视生命的可贵，痴迷稀有财宝会使人图谋不轨，想去占有。

懂得上述利弊的圣明者，会将需求放在身心健康上，回避感官刺激的享乐。即取健康，避享乐。

〖随想〗

生命的本性之一，就是在获得基本的生存条件后，享受生活过程的美好与感受，动物是这样，人类也不例外。但是，由于灵巧双手加上聪明才能的配合，人类创造出许多超出基本生存需要的物质条件和不健康享受，当这些享受在生存环境中与其他人进行横向比较，再与不甘落后的竞争本性叠加之后，追逐享受常被失去理性的、无止境地放大。

老子所处的时代，物质文明已经达到了相当高的水平，吃、穿、住、行、娱乐，都有了令现代人惊叹的成就，而不受控制的享乐之风已经成为时尚与追求，或至少在贵族中已经普遍泛滥，并向社会扩散，成为各个阶层向往和追逐的目标。这种现象所带来的不良后果，应该非常普遍，老子从不断反复出现的教训中总结并告诫人们，不要过度追求享乐、追求财富，宣扬拥有，因为这不仅对自己不利，还败坏社会风气，影响社会安定。老子用"物极必反"的"道"理引出人生不应以享乐为目标，而失去"道"赋予人的高尚使命；建立满足生存基本需要和有限享受的生活方式，就应该是一种"德"。

两千多年过去了，今天的世界还在重复发生着历史的惨痛教训。可见，多数人还不知道，或者没有真正想通老子给予人们的告诫，没有很好地接受和宣传他的告诫，大多数人还处于混沌之中，还是依靠本性中那些竞争动力的驱使来选择生存的方式，用不健康、不正当的方式处理各种事情。老子的告诫虽然正确，但是，他的告诫需要有人理解、有人宣传，同时，他的结论应该上升到今天人们普遍能够接受的、属于科学范畴的解释，也就是我们人类要建立如何对待自身生命和一生使命的科学思想理论。否则，没有让人们信服的理念和主动自我约束的自律行动，将无法与本性在不良环境下无理性的放纵相抗衡，困扰人类的难题就难以获得真正有效的解决。

〖**关联文字**〗

【五色】【五音】【五味】【令人】【耳聋】【口爽】【驰骋】【发狂】【难得】【彼此】

4. 第十八章　大难之乱见英豪

〖原文〗

大道废，有仁义。慧智出，有大伪。六亲不和，有孝慈。国家昏乱，有忠臣。

〖文字选注〗

大（道的名、敬辞）道废（倒塌、衰败、丢弃），有（彰显）仁（仁爱）义（忠实、承诺）。慧（狡黠）智（谋略）出（发生），有（发生）大伪（颠覆、非正统的行动）。六（一种：父、母、兄、弟、妻、子）亲（亲属、血缘关系）不和（和睦），有（彰显）孝（孝敬）慈（长对幼的慈爱）。国（侯王的封地）家（人、统治）昏（昏暗、昏聩）乱（混乱、动荡），有（挺身而出）忠（为君王尽心尽责）臣（君王之下的官员）。

〖解读〗

"大道"两字是"道"的名和字（见第二十五章），合在一起是人间对"道"的尊称，此处代表人间的正义。"大道废，有仁义"一句是说，当社会迷失方向，普遍背离了"道"的法则和"德"的行为规范时，个人利益至上就会导致社会混乱，人间的正义与邪恶就会分化明显，此时会涌现出许多充满仁爱和正义行动的人，他们受到赞扬、尊崇，成为民众的榜样。下句的"慧"与"智"两字应与许多章节中用于贬义是一致的，分别有"狡黠"和"奸谋"的意思；"大伪"是突破常规官场规则的行为。当官场奸臣当道，致使国家危亡时，就会有人站出来，用计谋手段扭转危机。同时，这也符合本文表述的邪恶当道之时，必有正义出现的因果关系。所以，"慧智出，有大伪"这一句是说，当统治上层动用心机理政而导致国家危亡时，此时将有人站出，动用计谋和政变，扭转国家政权危机。"六亲不和，有孝慈"一句是说，家族中出现因相互关系或利益分歧，而不和或争夺时，就会有人站出来，用尊老爱幼的言行来缓和关系，协调解决矛盾，恢复家族的和谐安定。"国家昏乱，有忠臣"一句是说，统治者昏庸无能，各级官府迷失方向，官员不务正业，国家政务无法正常运转时，就会有为国为民的忠贞臣子，敢于站出来向君王谏言，辅佐君王扭转混乱局面，引导国政回归正常秩序。

　　社会之所以在混乱现象发生后，会有拨乱反正回归正"道"的行为，就是因为种种乱象是广大有良知的民众所不能接受的，而符合"道"的法则，趋向公认"德"的规范，是普通大众所向往的。所以，社会的丑恶乱象发展到一定程度时，必然会有人站出来，为改变错误的社会环境和方向而行动，使社会回归到符合人类普遍向往的正确道路上来。这种现象显示出"道"在人类社会的运转过程中，通过试错检验，推动社会实践反复进行，建立法则的行动方式。

〖译文〗

大难之乱见英豪

　　社会道德沦丧，会有仁爱正义凸显；奸邪狡诈当政，会有翻转谋划到来；家族亲情不和，会有慈父孝子现身；国政昏庸混乱，会有忠臣拯救社稷。

〖随想〗

　　本章告诫人们，人类社会中的基本道德观念败坏后，将出现各种丑恶现象；同时，也必将有人站出来与丑恶做斗争，使社会回归正确的方向。这也说明人类必将以正义显现"道"的作用，而与丑恶斗争就是"德"的行动。

　　一切事物都有两面性，某种现象的背后，一定有与之相对的另一面。人间都热衷于努力获取更多财富时，就会出现一些人为了占有而推动非道德的行为逐渐泛滥；人间出现的不安定因素造成难以解决的社会问题时，也会有修补或纠正错误行为的人物出现。这都是"道"的法则在发挥作用。许多所谓"智者"，在不受控制的自私本性驱动下，为了个人不应得到的利益，采取善良人所不齿的卑鄙手段，他们一旦得逞，通常是无法收手的，甚至还会引发更多的人效仿。然而，这些人不懂得"道"的威力，他们是短视的，一旦坏事做到一定程度，或早或晚，必将受到"道"所推动的正义人的惩罚。比如在历史上，有些所谓"智者"，就会悟出或看到"升官发财"的捷径，并设法通过各种手段谋得一官半职，然后编织关系网络，互相照应，盘踞一方，继而借用职位搜刮民众，聚敛钱财，甚至欺压百姓。然而，他们必将受到惩罚，或者他们的行为败露而被制裁，或者使承接他们不义之财的后代生活无忧而不知奋斗，变成只能挥霍的纨绔子弟，最终败坏掉家产后，成为人间无所事事的蛆虫。

做坏事，会被民众和历史所不齿，早晚会遭到报应。这是人民之"道"，也就是"天之道"。

〖关联文字〗

【仁义】【慧智】【六亲不和】【孝慈】【国家】【昏乱】【忠臣】

5. 第二十七章　尊师任劳组团队

〖原文〗

善行无辙迹；善言无瑕谪（zhé）；善数不用筹策；善闭无关楗而不可开；善结无绳约而不可解。

是以圣人常善救人，故无弃人；常善救物，故无弃物。是谓袭明。故善人者不善人之师，不善人者善人之资。不贵其师，不爱其资，虽智大迷，是谓要妙。

〖文字选注〗

善（擅长）行（驾车行走）无（没有、不见）辙（车辙）迹（痕迹）；善言（说话、表达）无瑕（缺点、过失）谪（谴责、批评）；善数（计算）不用筹（算、竹签）策（计算用的筹子）；善闭（关闭）无关（门闩）楗（竖直的木闩）而不可开；善结（捆绑）无绳约（解扣提示）而不可解（解开、分开）。

是以圣人常（日常、经常）善（善于）救（纠正、救助）人，故无弃（抛弃、废弃）人；常善救物，故无弃物。是谓袭（重复、焕发）明（光亮）。故善（擅长用）人者不善人之师（指挥官、老师），不善人者善人之资（下属、凭借、材料）。不贵（敬）其师，不爱其资，虽（虽然）智（有本领）大（极）迷（迷惑），是谓要（重要、关键）妙（奇巧、精妙）。

〖解读〗

本章第一段用了一系列带"善"字的语句，描述那些有特殊才干、做事常有好结果的能人。举出的几个例证如下：擅长选择最佳行车方法的驾车人，不会出现因陷车而留下行驶的轨迹，即所谓"善行无辙迹"；擅长用语言与他人沟通的人，不会因话题或言辞不当而使对方责怪和记恨，即所谓"善言无瑕谪";擅长数字计算的人,不必使用筹码和竹签,就能得出正确答案,即所谓"善数不用筹策";擅长紧闭房门的人,不必安装门闩,就可以避免外人把门打开,即所谓"善闭无关楗而不可开";擅长捆绑结扣的人,如不提供方法,外人就无法解开绳扣,即所谓"善结无绳约而不可解"。这些例证都是描述有特别专长的"善"者之表现,也可以说是对某件事物其中的"道"有了深刻理解后的体现。

上述事例也说明,人们在做事能力方面的差异是普遍存在的,经过操作比较后,所有结果不可能都一致,而是各有各自擅长的"道"法。于是,老子在下面说出更重要的普遍规律,真正具有领袖才干的所谓"圣人",总是能够挖掘人的长处,回避其短处,从而调动那些不被看好的或闲置的人,派上有用的职位,即所谓"常善救人,故无弃人";真正具有工匠才干的所谓"圣人",总是能够将被人放弃的材料或工具,找出它的价值和作用而派上用场,即所谓"常善救物,故无弃物"。这种"救人"和"救物"的能力被称为"希明",也就是使那些被弃用的人和物,找到并焕发他们身上的光和热,为所做的事情增添资源和力量。

由此,在众多人员组成的团体中,有识人善用能力的"善人者",应从事领导者的职位,没有此能力的"不善人者",应该服从指挥,去从事具体执行或操作岗位,即所谓"善人者,不善人之师;不善人者,善人之资"。领导者发现和爱惜人才,懂得正确使用并鼓励被领导者;被领导者遵从领导者的指挥,完成自己的工作任务,这样才能发挥各自的优势,使团队整体的力量实现最大化。如果不能懂得这些道理,劳作者不遵从领导者的管理指挥,领导者对下属成员不尊重而任意驱使,即所谓"不贵其师,不爱其资",对于团队组织来说是极大的忧患,即使每人都拥有独特的能力,但组合起来后的力量将无法凝聚到一起,甚至相互掣肘,即所谓"虽智大迷"。对于任何需要集体行动的团队来说,懂得上述道理和能够协调配合是最为关键的素质,即所谓"要妙"。这其实也是在团体行动中的"道",团体中的每个岗位应该遵循的"德"。为此,每个人都应通过正确分析自我能力而找准自己的位置,调整好心态,全身心专注并承担起自己在团体中岗位的作用。

〖译文〗
尊师任劳组团队

善于驾车的人，行驶不会留下明显的车辙；善于交谈的人，不会因言语惹恼对方；善于算数的人，不必使用竹签筹码可得出结果；善于紧固房门的人，不用门闩也可防人开启；善于捆绑的人，无绳索他人就无法解开。

善于做事的高人，总能扶助各种人，也就没有被放弃的人；总能给器物派上用场，也就没有被丢弃的东西。这是焕发事物光热的能力。为此，善于用人的人，应该做不会用人者的师长；不会用人者，应该安心做师长的下属。如果下属不服从师长的指引，而师长又不爱惜并带动下属，即使个人能力再大也将陷入迷乱。这是高深奥妙的道理。

〖随想〗

本章告诉我们，每个人都有各自的长处和短处，这是"道"通过繁衍过程创造的先天差异，当然还有通过后天的学习与实践积累导致能力的区别。人类社会需要各种有才干的人，如何发挥每个人的长处，回避短处，对于推动社会快速发展非常重要。另外，对那些容易走上邪路的人如何引导、对将要触犯法律的人如何制止、对已经发生问题的人如何改造等，都是极为重要的事情。

对于某种技能的学习和运用，人与人之间是有差异的，即对于事物理解的深度和对操作的把握不可能一致。然而，要将这个道理用在自己身上，往往不能正确对待，人们常常喜欢对其他人职责范围内的事情品头论足，并认为自己说的是正确的，但事实证明这些说法通常是片面的，甚至是错误的。而那些真正了解事物规律的人，通常是对事物接触最多、经验最多、理解最深的专业人员；特别是涉及范围广、牵扯利益多、过程曲折复杂、难度特别大的事情，绝非旁观者能够凭借自己的片面看法就可以理解和操作的。为此，对于那些与我们有利益关系，但是由别人做的事情，我们应该保持观察和等待的态度，看看一个阶段后的结果是否有向好的趋势，是否有一定的进步，一定要给做事的人适当的时间和氛围，让他们能够将眼光放远，瞄准更长期的目标。否则的话，自己在旁边用了不少心思，就会产生许多想不通的问题，伴随着情绪的波动和不安，甚至说出一些不当的言论，这不仅于事无补，还会产生一些负面的作用。我们应该从本章中懂得，凡事要找准自己的位置。在浩如烟海的各种事情中，我们应该是"资"而不是"师"，要当好被领导者；同时，在自己的专业特长范围内做事，一旦有需要就挺身而出，当好其他人的"师"，甚至是领导者专长之外的"师"，以配合自己的"师"起到应起的作用，这才是有"德"的态度和行为。

人类文明不断进步，当今的世界，除了某些少数由个人完成的事情以外，大多数事情都非常复杂。一个人的知识再多、本领再大，单打独斗的事情也极少，即便是最终由单人出场完成的事情，往往也需要有一个由多人组成的团队来从各方面支持推动，否则不可能有良好的效果，比如单人体育运动比赛等。当今世界，几乎所有组织机构内都有一次性的事项，事项本身的目标、方法、过程等，几乎都是独一无二的，甚至由人员组成的团队都是临时的。这种情况下，就需要组建能够很好配合的工作班子，其中领导者起着决定性的作用，他的能力往往对事项的完成时间、完成质量、消耗的财力和物力，以及该项目需求者是否满意等最终结果起到关键作用。而领导者的能力中，最重要的就是组建工作班子，发挥班子成员的优点，回避其缺点，团结和调动每个成员，使其处于最佳的工作状态，达到最大的工作效能，使所有人的特长能力组合之后，能够实现期望。每个初次走上社会或者新的工作岗位的人，都应该记住和遵循老子告诉人们的道理，就是要尽快懂得自己的长处和短处，找准自己在一个团队中的位置，也就是要懂得"居善地"的道理，做好前期必要的思想和心理准备，进而调整好心态，踏实专注于自己的事情。本文同时也告诉人们，不是每个人对各种事物的观察和判断都是正确的。在一个良性社会制度环境中，人们应像老子所告诫的那样，将事情的处理委托给那些擅长做此项事务的人来做；而受到委托的人，应该对广大信赖自己的人们有解答疑惑的责任，以便整个社会群体能够和谐相处，快速向正确的工作方向行进。

西方近代文明与强大的形成，有其历史原因。科学的发展、技术的进步与资本的结合，产生了以自身权利为主导的信仰认同与制度的认同。以保护本区域主要财富持有者和普通民众利益为目标，排斥其他不同发展阶段社会制度的合理性，成为某些国家的行为方式。然而，世界上几乎所有人都怀有改善自身生存状况的愿望，要为生活和尊严的提高有所行动，社会混乱、科技与经济水平落后的区域也终将会向先进的区域靠近。而某些区域少数人，以占有绝大多数人类进步利益的方式，只维持自身拥有的最好生活，这是不符合自然法则的。已经发达的富裕区域民众，与正在谋求改善区域民众之间的矛盾，终会通过某种形式的斗争向新的平等靠近。阻碍经济落后区域的发展，与"道"的法则是背离的，而促进经济水平靠近是社会进步的方向，是符合"道"的法则的，突破这种阻碍的斗争必将持续下去。"道"的法则不可以改变，这是中华文化所认同并且遵循的道路，也应该是包括经济技术发达地区国家的领袖和政治精英们都需要思考的问题。百花齐放的文明是自然现象，也是社会发展需要受到自然法则检验的要求，最终要走向求同存异。只要不与自然的法则背道而驰，就不应该制造冲突，更不应以丛林法则为借口，使用残酷的现代杀伤武器作为手段来威胁他人、压制他人。包括人类在内的自然界生命憎恶无"道"的杀戮行为。

〖**关联文字**〗
【善行】【善言】【关键】【救人】

6. 第三十五章　执大象处安平太

〖原文〗

执大象，天下往。往而不害，安平太。乐与饵，过客止。

道之出口，淡乎其无味。视之不足见，听之不足闻，用之不足既。

〖文字选注〗

执（施行、坚持）大（道）象（形象、象征、相貌、仿效、相似、大象，指事物的本源），天下（生灵）往（随、去）。往而不（无）害（祸患），安（安定）平（公平）太（泰祥）。乐（音乐）与饵（食物），过客止（停留、栖息）。

道之（的）出（讲出）口，淡（平淡）乎（句中停顿）其无味（意义）。视之不足（足以）见（看到），听之不足闻（耳闻），用之不足既（终了、完整）。

〖解读〗

在本章，老子描绘了一个国家或地域的美好场景，用它来表现遵循"道"的法则和"德"的规范后，在人类社会所产生的效果。

"大"是"道"的"名"（第二十五章），它是构成宇宙中一切的本源，到目前为止，如果"道"是指量子力学所说的基本粒子，那么，"道"就是基本粒子从一生二开始（第四十二章），经历一百多亿年的无数次演化创造了万物，中华古人用"帝"字来命名创造生命的造物主，又将其用自然生命中力量和形象最大的"象"来比喻，于是，就有了第四章说过的"象帝"。从宇宙物质出现的顺序来看，显然，"象帝"只能是"道"之后出现的事物。不过，因为"道"的概念太过虚幻，于是，"大象"就成为古代中华文明在人间建立的最伟大的偶像。本文的"执大象"中的"大象"，应该特指"道"的外在表现和内在品质，"执"就是遵循它的法则，于是就有了第一段开始描述的"执大象，天下往"一句，是说人间若遵循"道"的法则办事，天下的生命就会向往这里。"往而不害，安平太"一句是说，这样的地方，必然不会有因自私泛滥而引发的许多人间祸患，可以享受安定、公平、康泰的生活；"乐与饵，过客止"一句是说，这里衣食无忧，处处歌舞娱乐，这些人类天性喜爱的快乐就会吸引过客止步驻留。

　　从古至今，关于"道"的解释，除去深奥难懂的部分，其他能看得懂的内容，又实在太过平凡，平凡得让人感到与自己的需求和利益没有什么关系；有时甚至会觉得按"道"行事，将使自己失去应该有的或者已经有的利益，这背离常人的本性，于是才有了"道之出口，淡乎其无味"这样的描述。由于没有真实形象的画面，而且无论如何讲解或描述，人们都难以在头脑中建立"道"的实在概念，从感官来理解"道"，确实"视之不足见，听之不足闻"。如果不能对"道"有真正的理解和崇拜，人们从本性和现实两个方面都会对"道"的理念忽略或排斥。可是，许多"道"的哲理的信仰者都会告诫世人，遵循"道"的法则行事，就会成功，过程就会顺利；而"不道"的行为会受到"报应"。其实，这些行为不仅是自然所不允许的，也是广大民众心中隐含的"道"在发生作用。在"不道"的坏事多次发生之后，在人心中必然有与这些坏事相抵触而产生的后果，这就是"道"的规律。"道"不是不存在，而是通过潜移默化的方式，通过民众、时间、直接或间接地永不停歇地行使自己的法则，也就是"用之不足既"。时至今日，社会现实过度专注对自己利益的追求，使许多本来认同"道"的人，难以坚持自己的观念，难以按照"道"的法则来行事。这也和其他许多信仰宗教的人们一样，在处理实际事情时，难以遵循教义。其实，"道"就像老子揭示的那样，就隐藏在我们身边，只有我们理解了，想开了，放弃那些不应该有的欲念，才会焕发出生命活力，可以过得有价值，也可以得到同样的或意想不到的好处，既包括物质，也包括心灵，还能减少灾难。

〖译文〗

执大象处安平太

　　尊"道"行"德"的地方，会吸引百姓前往。那里没有祸害，呈现安定、公平、祥和的氛围。娱乐和美食使游人驻留。

对"道"的讲解似乎平淡乏味。能看到的不足以重视，能听到的不足以记住，可应用起来长久不衰。

〖随想〗

两千多年前，百姓的流动与定居，与这些诸侯国社会和百姓生存环境的好坏有很大关系。自然环境是无法左右的，不过随着人类生产技能的提高，对于不良的自然条件也会因人类的努力而逐步改善，成为易于生存的环境。社会治理环境的好坏，却往往随着统治者的人为因素而改变。政府管理的腐败是最具破坏力的因素，一个世袭的君王往往不懂得政权来之不易，他们只按照自私本性，追逐自身和少数亲信的利益与享乐，社会也会自上而下地跟随、效仿、攀比、争夺。于是，各种腐败与不择手段的社会祸患出现，甚至导致人间的战争，结果是民不聊生，矛盾加剧，甚至政权更迭不可避免地发生。腐败与贪婪的泛滥，还会导致无休止地从自然掠夺资源，环境随之也被破坏，使得本来能够生存的环境变得无法继续下去，不得不逃亡迁徙。

事情的过程实际很简单，研究过历史、生活在频繁战乱年代的人一般能看清，历史的教训不断循环出现，使人能够懂得上述道理，可是人类社会就是不断重复这些错误，无法改变。追求更好的生活是自然赋予人的本性，难道本性是错误的吗？老子认识事物的思想方法是，人们要把从旧事物蜕变而来的新事物与旧事物进行比较，两者的差别就是新旧事物之间的本质的区别。如果将有限使用资源的生活，与过度占有和挥霍资源的生活对比后，实际就追踪到了人的欲望超出了自然许可这个本质性的问题上，也就是找到了社会不断重复混乱的根源及如何对症解决的方法。那就是从道理和制度着手，回到自然允许的有限资源使用标准。

对于本性行为超出自然允许范围的问题如果不能正确地认识和处理，其行为会在人与人之间、家庭之间、组织之间、群体之间、国家之间，甚至在宗教信仰之间到处出现。不过，随着人类文化的进步，随着科技，特别是社会科学理论的进步，人类终究会懂得"道"，也就是大自然对人类使命的要求，最终会懂得，"道"的方向是不可以违背的，直至找到正确的方法，走上正确的道路。老子在文章的开始，就为我们描绘了这样的一个场景，以及实现这个场景应该做的事情，那就是"执大象"，要懂得"道"，要按"道"的法则行事。回归"本源"，实际就是回归自然赋予的本性，去掉那些反"道"而滋生的过度欲望，将人生的目标放在其他物种所不能做而人类有能力做的事情上，保护自然，探索自然奥秘，并与其他生命共享自然。

〖**关联文字**〗
【过客】【视而不见】【听而不闻】【用之不竭】【出口成章】

7. 第四十五章　大成若缺天下正

〖原文〗

大成若缺，其用不敝。大盈若冲，其用不穷。大直若屈，大巧若拙，大辩若讷（nè），大赢若绌（chù）。

躁胜寒，静胜热。清静，为天下正。

〖文字选注〗

大（尊崇、极）成（成果、成就）若缺（缺少、缺陷），其用不敝（衰败、害处）。大盈（饱满、富裕）若冲（空虚），其用不穷（完结、尽头）。大直（正直、坦率）若屈（屈从、委屈），大巧（灵巧、擅长）若拙（笨），大辩（辩解、善言）若讷（言语迟钝），大赢（获利、得到）若绌（短缺、不足）。躁（动）胜（战胜、制服）寒（冷），静（平静）胜热，清（清晰、公正）静，为（是）天下正（合标准、正当）。

〖解读〗

老子说过（《老子》第二十五章），古人也用"大"字为"道"命名，可见，本章第一段的"大"既表示"道"，也表示对事务完成结果满意的评价，即像"道"一样不追求"极致"，而是立足于具有现实和长远意义的双重效果。

人们把一件事做完之后，通过对过程和结果的评估，常常发现如下这样一些规律：那些结果看似没有达到完美目标的"若缺"，却由于可以"其用不敝"，即可以不断重复应用这个方法，而积累成为巨大好处的"大成"；那些在当下没有取得所有收益的"若冲"，却由于可以"其用不穷"，即双方可以长期合作，而得到长期回报的"大盈"。产生同样效果的还有：因待人直率，似乎失去对方报答的"若屈"，而最终因真诚而得到对方信赖和长久合作的"大直";一丝不苟地遵循严谨的工艺过程,看似过于笨拙费力的"若拙",却终将打造成功完美精品的"大巧";用简洁语句陈述自己的看法,看似没有充分说清观点的"若讷",精准表达让人更能理解的"大辩";为满足对方的需求而失去一些己方利益的"若绌",既解决了本方当务之急,还使己方能持续获利的"大赢"。"道"的本质和法则都说明,世上没有绝对的完美,能获取有限的成就,使事物继续向好发展才是可取的结果。

激烈运动时的"躁",能抵御低温天气的"寒";反之,心平气和时的"静",能平息高温天气的"热"。总而言之,面对各种事情时,保持内心的平和——静,通过缜密的思考——清,是世间做一切事情的良好素养——为天下正。显然,所有这些人类活动顺利的结果,都离不开"清静",也就是都有"道"法在隐蔽中发挥着作用。

〖译文〗

大成若缺天下正

大的成果似带缺憾,但可常用无害。持续的收获似有不足,但可受用不尽。坦诚的交往似有谦让;精巧的工艺似显笨拙;真理的表述似过于简短;共赢的交易似伴随吃亏。

躁动能抵御寒冷,平静能克服炎热。清醒镇定是人间处世的正道。

〖随想〗

本章说明了"道"的一个法则:通常情况下,事物的运行要和谐,发展过程要渐进。因此,理想的结果不可能快速实现,而不断积累有益的进步、向目标的方向靠近才是正确的选择。要达到这样的结果,就需要以平和、冷静的心态思考,以谦虚、包容的方式协调,以长远、规矩的方式推动。长此以往,这就形成中华文化中特别重视的理念,"不偏激","不急于求成",以"和谐"的方式推动事物不断发展,积少成多,经过多次检验,最终形成公认的行动规范。

老子用文字描述的是那种待人诚实守信、能换位思考、善于交流、思维缜密、做事严谨的人的特征,他们思想和能力俱佳,总是能够取得超出常人的成就,归根结底,这是"道"和"德"在这种人身上的体现。在本章中，老子还告诉人们得与失的关系，在交往中，只有能"舍"，才会有"得"。许多人都懂得"舍得"是件利他利己的好事，但是，自私的本性却时时阻碍人们真正做到这一点，于是失去了许多成功的机会。当然，市场经济中的交易应该采取这种方式，而在友人关系中，除了礼节交往外，在物质利益面前保持"淡如水"一样的"君子之交"更可取，否则就会成为隐含自私目的的不"德"行为。

在《老子》一书中，凡是主张人的思想行为的内容，其实都是老子根据"道"的法则，应用到人的思想与行为的教导，也是"德"应该有的表现。只有社会普遍认同"道"，并建立"道"和"德"的教育，培养人们用"道"的规则和"德"的规范检验自己的思想和行为，通过不断地修炼，进入更高的境界，人类未来的方向才是正确的。当这个世界的人们普遍拥有正确的思想方法和行为方式，这个世界才能获得真正的和平和持续的发展进步。人们虽然难以控制自私本性的过度扩张，理想的人类社会的确难以实现，但是人类毕竟是"道"法则下的一种物质，无法通过检验的人类，只有逐步摸索向前，走回只有一条"道"的路上。人类认识世界的科学的发展，加上治理技术的改进，终将能够建立科学的社会思想和行动方向，道路虽然曲折而艰难，甚至还要反复，但是一定能在不断变化的环境条件下找到方向和方法，向着符合"道"的目标逐步靠近。这，也是"道"的法则在无形中推动人类有识之士的使命。

〖关联文字〗
【清净】【弄巧成拙】

8. 第四十六章　知足之足则常足

〖原文〗

天下有道，却走马以粪；天下无道，戎马生于郊。

罪莫大于可欲；祸莫大于不知足；咎莫大于欲得。故知足之足，常足矣。

〖文字选注〗

天下（人间）有（具有、表示发生、遵循）道，却（表示强调、则有）走（步行）马以（而、承接关系）粪（施肥）；天下无道，戎（军务）马生于郊（野外）。

罪（罪恶）莫（没有什么能）大于可（放纵）欲（贪欲）；祸（祸患、过失）莫大于不知（懂得）足（满足）；咎（灾难）莫大于欲得（获取）。故知（懂得、知道）足（如何满足）之足（知足），常（才能保持长久）足矣（表示肯定，了）。

〖解读〗

在生产力水平低下的古代，占有更多人口、土地和自然资源，可能是当时个人最大的贪欲。从春秋时期到战国，各个诸侯大国都在忙于如何继续扩大自己的疆土，控制更多的资源和人口，而小国也都以搜刮百姓、扩充军队并联合其他国家的力量获得安全，这使得占有与反占有的战争连绵不绝。如何面对这种局面，既是弱国君王最关心，也是许多心系国家的有识之士都在研究的问题。老子这样的思想家根据自己认识世界的方法，分析出现这种情况的根本原因，就是当时的许多君王和他们的继承者只知放纵自己的欲望，并为了欲望去争夺，而这完全是"反道"的行为，从而给社会带来战乱，给百姓带来痛苦和无谓的牺牲。本文用马匹的生存来表达这种状况，当"天下有道"，也就是遵从人民需要和平安宁的生活时，避免争夺和战乱，其结果必然是多数马匹被用于"走"，即拉车出行、驮运货物或田间耕作，"马粪"被以农耕为主的广大百姓收集、运送到田间，用来改善土壤，充作肥料；相反，当"天下无道"，也就是连年的征战，大量战场的"戎马"被用于拉战车，奔跑在战场和征途中，马驹都在"荒郊"野外出生。此时，战场上不仅会无使大量青壮年男人无辜死亡，而且家中的老弱妇孺为躲避战乱，只能过着食不果腹、颠沛流离的悲惨生活。

老子对于这种社会状况进行分析，将其追究为统治者的本性。在"罪莫大于可欲；祸莫大于不知足；咎莫大于欲得"这一句中，老子几乎用近乎最严厉的字眼来痛斥那些发动战争的统治者：放纵贪欲——"可欲"超过大罪；无节制占有——"不知足"超过大祸，为不断获取的实现——"欲得"超过大灾。同时，这也是对世间所有人提出的告诫，即过度放纵欲望是反"道"的，如果不主动控制，最终会发展成为各种罪孽。解决这种现象的办法只有从懂得"道"开始，并懂得放纵"欲"的结果是有害而无益的；在这样的思想基础之上，逐步调整，不断修炼，从思想的起点开始，在内心使自己获得合理的满足感，即"知足之足，常足矣"。结尾这句话，可以说是第四十四章的结尾的延续。首先，秉性知足的人在世间并不感到耻辱，因为懂得自己是物质的一种生命形态，是自然的过客，再多的财富终归不属于自己，也就不会卷入世间为名利的纷争而危及生存；其次，如果能够"知"，即彻底想通人生满"足"的道理，从而设定新的进步目标，经过努力之后，总结获得的新成果，主动引导自己不断获得那个"足"的心态，才可以获得一生不断满足的快乐——长足，这才是更高的、持久的"足"的境界。可见，知足不等于放弃"有志"，这就全凭"自知"，找到合适的人生定位，设定合理目标，为目标的实现去努力，但不纠结成果是否完美，即"圣人处无为之事"。对此结果"知足"后，再考虑下一步的合理的志向，实现人生更高层次的使命。

〖译文〗

知足之足则常足

人间行于大道，役马粪便肥沃农田；人间背离大道，戎马产驹于征途。没有比放纵贪婪的罪过更大，没有比永不知足的祸害更大，没有比为私欲争夺的灾难更大。懂得如何使内心满足,才会获得真正长久的满足。

〖随想〗

　　人类从荒蛮走向文明,每时每刻都要面对各种问题,其中最普遍的、最难解决的问题,就是人的欲望本性会随社会财富的不断变大,而前赴后继争夺这些财富,最终带来困扰。本章便是借用战争的结果来说明这个问题。老子之所以要宣传"道",让人们懂得"道",其中一个非常重要的原因就是要告诉人们,不受控制的欲望是违背自然法则的,如果不去弄懂这个道理,并设法解决它,最终人类要受到自然的惩罚,甚至导致自我毁灭。在《老子》一书中,总在讨论和说明这个问题。尊"道"行"德"的一个最重要的任务,就是要解决这个关乎人类命运的关键问题。

　　直到今天,人类利用科学原理所发明创造的各种技术应用,可以说是高度发达,而从自然中获得的好处也数不胜数。但是,关于如何解决无法控制欲望这个违反自然法则的人类弊病,仍然在困扰着世界。随着科学研究的进步,科学知识的运用不断催生更强大的技术,这不仅推动了生产力的发展,而且创造了巨大的财富。但是,多数财富被懂得增值财富技术的少数人所拥有,并且被其主导建立的制度所规范。不容否认的是,运用资本技术是推动社会进步的重要动力,但是,社会进步不仅仅是运用资本技术的功劳,所有被运用的基础科学研究成果和其他各种技术发明都做出了重要的贡献,这中间还包括所有运用技术的脑力劳动者和运用技能的体力劳动者。事实证明,资本被用于各种社会活动时,会与人性欲望的弱点相结合,使过程中出现腐败、贪婪,甚至是血泪。这也揭示了事物的两面性,即资本运用的技术中也含有不利的方面。

　　如何分配因生产力进步而创造的超额财富,是一个社会能否稳定的重要课题,因为,欲望是人的本性,财富分配中占有比例越少的人,知足感就越难以实现,这种现象不单单存在于个体,同样被放大到群体之中、种族之中、国家之中、信仰之中……总之,一切人们相互之间有利益差别的地方,总会涉及利益分配方面的问题。不幸的是,当技术被应用到战争和防止战争时,问题会变得越发严重和惨烈。今天,人类拥有的战争技术,已经达到能够大规模消灭甚至几乎毁灭人类自己的水平。随着更多的国家和人群,从发展中掌握了更加强大的军事技术,随着军事技术的扩散,毁灭性的战争将更加难以控制，为了某种欲望、尊严或某个误判，一个偶然的擦枪走火，也许都可能导致全面战争的爆发。当今人类世界何去何从，人类已经走到了一个重要的关头，应该尽快寻找解决问题的方法。这是自然给人类社会所有人提出的课题，每个人都应该为人类的将来和自己的子孙后代将面对一个什么样的世界考虑。是留下一个祥和安宁的世界，还是一个危机四伏、令人提心吊胆的世界，甚至是一个在相互杀戮的恐怖中最终毁灭人类的世界，已经迫切需要解决的问题。

老子提出了问题解决的方向，具体方法是要尊"道"行"德"。但是这个思想观点经过两千多年一直没有被世界所普遍传播推行，其原因就是道理的抽象和它与欲望之间的矛盾，难以被社会接受和推广。当代文明是多样性的，用某一种文明的方式来解决上述难题，几乎是不可能实现的目标。也许，解决问题的方法只有采用世界上被广泛认同的方式。比如，中华文明就主张要解释清楚"道"，要真正懂得自然的法则，也就是用科学的方式来解答上述课题。可以用人类文明中那些被广泛认同的科学结论，逐步说明生命产生和进化到人类今天的过程，并以此来解释人的本性中的优点和缺点，以及这些本性是如何符合自然法则，又逐步被不合理地偏向极端而违反了自然法则的，以至于最终会产生什么样的结果。以此为基础，继而找到为了人类未来的生存，应该采取什么样的方式来认识世界，应该用什么行为来规范自己和组织团体的行动。要达到这样的愿景，应该首先从已经拥有比较科学的思想的有识之士、社会领袖开始，逐步使拥有稳定生活条件的中产阶层的人们认识和行动起来，提供示范的效应；逐步向上影响和限制少数拥有巨大财产，但还在无休止地盲目敛财的富豪，使其收敛不当行为；逐步向下推广到更广泛的普通民众之中，使其懂得努力生活，焕发自身的潜质，提高生活水平，并适当找到自身的社会位置，从而形成适时知足的心态，形成稳定的人类社会基层。

老子给出的答案就是，人懂得并达到符合"道"的，即合理的需求后，就能获得发自内心的满足。只有这时，人类社会才会得到永久的和平与安宁。也许中华文明的"和"，就是在这种深刻思考和实践中逐步建立的，"和"中就包含合理分配的思维，比如"舍"与"得"，以及由此产生的有益于社会稳定的行为方式。所以，中华文明能在中华大地传承几千年，其中就有这种"和"的思想和行为方式的影响结果。"和"虽然也许不是最科学的、能根本解决"欲"的问题的方法，但是，这应该是当今社会缓解矛盾、避免冲突的一种非常有效可行的方式。

〖**关联文字**〗

【道路】【无道】【走马】【戎马】【大于】【知足】【有道】

9. 第五十三章　大道坦荡远邪径

〖原文〗

　　使我介然有知，行于大道，唯施（yí）是畏。大道甚夷，而人好（hào）径。朝甚除，田甚芜，仓甚虚；服文彩，带利剑，厌饮食，财货（资财）有余，是谓盗夸。非道也哉！

〖文字选注〗

　　使（让、如果）我介（微小）然（就）有（取得）知（见解、知识），行（走、行动）于（在）大（道、尊贵、重要）道（路上），唯（只、独）施（逶迤、斜行）是（肯定）畏（忧虑、担心）。大道甚（极其）夷（平坦），而（可是）人（他人）好（喜好）径（简捷）。

　　朝（日、早晨）甚（过分、非常、超过）除（除去），田（耕地）甚芜（荒芜），仓（谷仓）甚虚（空虚）；服（穿着）文（花纹）彩（彩色丝绸），带（配、挂）利剑，厌（饱足）饮（喝、饮料）食（食物、吃），财（钱财）货（物资、财宝）有余（超过合理），是（被）谓（称作）盗（偷盗、强盗）夸（奢侈、炫耀）。非（不）道也（断定）哉（感叹）！

〖解读〗

　　文章开头的一句"使我介然有知，行于大道，唯施是畏"，就是告诉人们：一个人如果从童年开始就获得"道"的知识教育，懂得按照"道"的指引去思考、做事，从此就会对那些偏离"大道"的行为持有怀疑的态度，在涉及社会前途的行动之前，就会带着诚惶诚恐的心态，避免偏离正道而走上邪路；在对待个人名利追求方面，也会懂得三思而后行。"大道甚夷，而人好径"一句是说，"大道"虽然是美好宽阔的，但能够把握自己不偏离其边界的人还是比较难得，普遍的现象是，人们以自私的本性和

205

心态，偏好名利和享乐，模仿他人或选择能快速实现这些欲望的邪路，结果往往是实现了眼前利益，却失去了能够长久平安的人间正道。

那些走上偏离人间"正道"的"施"，放弃经过"大道"的必要路程而走上"径"的人，一旦行为得逞，通常会把欲望的丑陋作为荣耀展示。"朝甚除，田甚芜，仓甚虚"一句是说，这些人早晨不起，夜不归宿，沉迷享乐场所；放弃了正常的劳作，任田地荒芜；不思补充粮食和钱财，只取用而日渐空虚。"服文彩，带利剑，厌饮食，财货有余"一句是说，他们身着华丽纹饰的绸缎，佩带显示身份地位的宝剑，挥霍享用不掉的美酒佳肴，炫耀自己拥有的财宝和玩物。老子将这些表现称为"盗夸"，即他们通过邪路获取的财富并非取之有道，这种炫耀就是对偷窃所得的自夸。显然，按照当时的社会生产水平，必然需要通过剥削强占和智谋窃取，才能过上这样的享乐生活，所以文中痛斥这一社会现象是"非道也哉"，也就是不"道"的所得，是强盗式的行为。这种炫耀，与自然界通过劳动和才干检验生命存在的意义是完全背离的，是"非道"的丑陋表现。

〖译文〗

大道坦荡远邪径

若我从小接受"道"的教育，人生会沿"大道"前行，且时时忌惮偏离方向。"大道"平坦宽阔，但世人喜好"大道"外的斜路。

走斜路者昼伏夜出去挥霍，田地弃耕而荒芜，粮仓不补而空虚，身着华服去招摇，佩带利剑以显赫，挥霍美酒与佳肴，展示无数财物珍宝，好比强盗炫耀掠夺。此绝非人间的"正道"！

〖随想〗

本章是老子对那些只凭借动用心机巧取豪夺，就能够获取财富的人所进行的质疑，同时也是对这种人炫耀奢靡生活进行的批判。从老子的思想方法来看，这种社会现象是一种违背"道"的，并逐步引发社会走向混乱的行为原因之一。因此他指出，为避免此种丑恶现象泛滥成灾，从小时候就应该对每个人进行"道"和"德"的教育，以便在他们以后的人生中懂得选择正确的生活道路。

中华文化的发展过程中，一定有许多有识之士继承了关于"道"和

伍　人间之道

"德"的思想，在语言的发展过程中，不断将"道"和"德"与其他字结合应用而形成众多词语，其中"道德"两字，在众多中华词语中，获得了普遍的应用。从古人与老子对"道"和"德"的宣扬中，我们可以清楚地看到这两个字的重大意义。而在现代社会，道德一词逐渐成为仅仅是对那些法律制裁范围之外的人们的社会品行的标示，缺乏严谨的、有层次的标准。对道德品行好的，人们会推崇，会赞赏；对于道德品行差的，人们会议论，但常因无法惩戒，只能采取说服教育，实在无力解决时只能摇头，甚至不得不采取敬而远之的态度；更有甚者，他们对道德的概念偷换应用，绑架人间的正当合理行为。研读《老子》一书后，将"道""德""道德"三个概念分开说清，是当代非常重要的事情。

老子在文中所描绘的春秋时期那些走邪路致富者的表现，与当今许多通过邪路致富后炫耀财富者的表现如出一辙，不仅没受到抵制，甚至被作为吹捧目标跟随模仿而快速扩散。可见，从古至今，人间的那些低俗趣味和行为基本相同，只不过是物质表现形式和程度有所不同而已。因为这种邪路致富与挥霍享乐行为没有触犯法律，社会就不能用合法的手段控制他们的行为，所以，对于这些道德水平低劣的人，他们如果不提高自身的道德修养，不进行反思与忏悔，就不可能改变自己的不道德行为。如果社会上没有引导人们有道德约束的信仰，人们将跟随自身本性的推动，逐步任由自私的不道德行为泛滥而将社会推向混乱，就像老子在第三十七章表述的那样，一个遵"道"的社会由朴素安宁的"化"，逐步走向"化而欲作"之路，社会无法继续前行。于是，"道"不得不出现，用"吾将镇以无名之朴，夫亦将无欲。无欲以静，天下将自定"，完成试错检验后重来的循环。

许多宗教信仰虽然有助于规范人生道路，但是，不同教义之间的差别，往往会导致不同宗教之间难以相容。为此，本应规范人们思想的行为，反而因其他差异导致信教者之间发生冲突，甚至引发社会动荡。解决的方法是，必须有一种人类普遍认同的、能够用科学道理解释的信仰，也就是在各种合法的信仰中，提取其中符合自然界各种生命和人类社会共同利益的内核，形成大家都能接受的共识，并能包容相互的差异。有了这种共识，全世界就可以推动所有人在共同标准下开展的教育。老子总结中华文化给我们留下"人类"与"道"的"天人合一"思想，不仅是保证中华民族凝聚数千年的根基，也含有许多可以借鉴的、用来建立人类共同信仰标准的

207

精神财富。

　　人类群体中总有少数人因自己的观念与社会普遍共识不同，他们因在群体中感到精神压抑而不满并尽力呐喊，以获取社会的关注。这种现象会受到某些利益集团的重视和利用，全然不顾这些人的主张是否符合自然界生存的基本法则，助长并实现其愿望，以获得这部分人的政治归属。而多数民众忙于自己的正常生活，无暇顾及或漠视这些有别于大众的观念，于是，这种人就获得或挤占了多数人的正当利益。其实，这也是违反"道"的社会现象，人类应该警惕被少数人绑架并走上这样的邪路。有些说法认为，人间因竞争而产生的地位差异，也符合自然界弱肉强食的丛林法则，因此，贫富的极大差距就不容置疑，而这是对法则的曲解，事实是，丛林中位于食物链最顶端的动物，也要通过自己的努力和拼搏才能获取食物和繁衍的权力，自然用给予它们占有生存资源的稀缺来筛选考察它们，否则也会被自然生命洪流所淘汰。

〖 **关联文字** 〗
　　【知道】【利剑】【饮食】

10. 第六十四章　人生超然而谨慎

〖原文〗

其安易持，其未兆易谋，其脆易泮（pàn），其微易散。为之于未有，治之于未乱。合抱之木，生于毫末；九层之台，起于累土；千里之行，始于足下。

为者败之，执者失之。是以圣人无为故无败，无执故无失。

民之从事，常于几成而败之。慎终如始，则无败事。是以圣人欲不欲，不贵难得之货；学不学，复众人之所过。

以辅万物之自然，而不敢为。

〖文字选注〗

其（表示指代，这、那、在……情况下）安（安稳）易（容易）持（托、保持），其未兆（显现、开始）易谋（谋划、考虑），其脆（易碎、脆弱）易泮（分解），其微（微小、卑贱）易散（离散、纷乱）。为（做）之于（从）未（没有）有（存在、发生），治（治理、管理）之于未乱（混乱、叛乱）。合抱之木，生于毫（细小、千分之一寸）末（开端）；九层之台，起（建）于累（累积）土；千里之行，始于足下。

为（做、取）者败之，执（控制、掌握）者失之。是以圣人无为故无败，无执故无失。民之（调整音节用）从（做、参与）事，常（经常）于几（接近）成而败（失败）之。慎（谨慎、小心）终如始，则无败事。是以圣人欲（想的）不（去除）欲（贪欲），不贵难得之货；学（懂、学识）不学（仿效），复（恢复、返回）众人之所过（过错）。

以（动作的目的）辅（辅助）万物之自（自己）然（表示断定），而不敢为（做、干预）。

〖解读〗

"其安易持,其未兆易谋,其脆易泮,其微易散。"开头这段文字表述了一些生活中常见的现象:幼童安静的时候,就可长久搂抱不累;一件事情没有发生时,容易谋划简洁有效的对策;脆硬的陶瓷被使用时,不小心就会破碎;细微的粉末散落时,就难以完全收集。这些事例都说明"为之于未有,治之于未乱"这个"道理",就是无论做什么事,首先要做的"为",就是要研究并掌握事物的特性,按照其规律,在做事之前就谋划、演练好过程,特别是对可能出现的不利局面,要准备相应的对策,避免事发突然而应接不暇,导致事态扩大后造成损失。世间一切事情开始之前都应经历这个过程,不可操之过急,应遵循这个规律,于是就有"合抱之木,生于毫末;九层之台,起于累土;千里之行,始于足下"这样一句比喻,即大树是从幼苗开始长成的,九层高台是从第一筐夯土开始堆积的,千里路程是从第一步开始走完的。国家治理也要先这样去"为",就是在民生安定时期,不断总结历史经验,从小事观察社会动向和未来可能出现的社会问题,要有对策、办法、准备,事情一旦出现苗头,在发生之前要立即有行动来"治",避免问题发生之后再处理而演变成难以处理的混乱。

"为者败之,执者失之"是第二十九章中出现过的一句话,用于一国对其他国家的失"道"之"为"。当时由周朝天子分封的诸侯国君王,都是有血缘关系的宗亲,但只是为了贪得无厌的欲望和占有土地及人口资源的野心,发动了对他国的侵略战争。战乱不利于两国民众的生存,必定损耗国力,导致衰败。这种混乱时期从春秋开始发展到战国,而且愈演愈烈,持续了几百年,百姓不堪其扰。直至秦国的君王嬴政,以改革治理为手段,提高国力和战力,以结束割据统一天下为己任,采取各种手段统一了分裂的中华大地,混乱才得以结束。在春秋时期,老子就根据对诸侯国之间的争夺和"道"的法则的分析,得出这样的结论:为了自己的欲望而"为",以牺牲国力和人心的侵略方式占有他国资源的百姓,终将失败;即使一时得逞,但是要想长久占有别国百姓的利益,也终将被受欺压的百姓所抵制并推翻。所以有下句"圣人无为故无败,无执故无失"。此处的圣人是指明智的诸侯国统治者,如果他们不带着违反"道"法则的目标行事,就不存在失败;不占有不应得的利益,就不存在失去。

"民之从事，常于几成而败之。慎终如始，则无败事"一句，其中"民"是指那些做事虎头蛇尾、不严谨的普通人。这些人常常由于不能认真细致地将所有的事情做好，使本应完成的事情中途停顿或夭折，即现在人们所说的那种做事不能善始善终的人，因此，做事自始至终都谨慎的人，才会少有失败结局。"圣人欲不欲，不贵难得之货；学不学，复众人之所过"一句是说，真正高明的人懂得除掉心中的贪欲，不去追逐稀有的财宝；懂得不模仿那些投机取巧的人，也就不会重复那些人所犯过的错误和祸患。

最后，"以辅万物之自然，而不敢为"是全章的总结之语，即人类应该和其他生灵一样，以自然法则限制的本性去生存，而不妄图占有超出自然提供的合理资源，才是正确的生命态度。懂得了这个道理，就不敢"胡作非为"。

〖译文〗

人生超然而谨慎

安静者易于把控，事发前易于谋划，脆硬的物品易碎，细微的物品易失。分析策划于坏事未发生，治理平定于坏事未动乱。参天大树长于幼苗，九级高台成于累积，千里行程始于起步。

背离"道"的谋取将失败，非正"道"的占有将失去。英明君王不放纵则无失败，不占则无失去。

人间做事常中途夭折，若全程谨慎如初则不败。所以，高人的成功不以完美目标行事，不以占有宝物为追求，不以巧取者为榜样，也就不会重复失败者的过错。

截断无限欲望的妄为，回归"天道"。

〖随想〗

人的一生，时光有限，如何能够在生命行将结束时，反思一生的经历？本章实际就是给出了一面镜子，可以以此来对照自己。为了少些遗憾，每个人应该早些用这面镜子来对照自己，不断检讨自己的思想和行动是否行使在正确的"大道"上。一个人早早信仰了"道"，并按照其法则修炼自己的身心，以"德"来规范自己的行为，最终就会被"天"

所认同和接纳。

老子曾经写过"为而不恃"和"知足者富",是说人们如果对做事的结果不把持、不依赖,则会以良好的心态获得满足和富有的感觉。同时,他还写过"强行者有志",是说人生的目标与行动是关联的,人生不应该没有行动,而是应该"为了"某个目标而付诸行动,去"为",坚持做符合"道"法则的"强行者",将"为"的过程当作目的,而不是为了占有成果,于是,他们的"志"是受人间敬重的。因为懂得对行动过程的满足,于是对结果是否完美就不在意;同时,努力进取也是符合"道"需要对事物通过实践试错检验,所必须有的行动。因此,那些说只要等待事物的结果形成,而什么也不必做的"无为"是高明的人,其说法不符合老子思想的本意,也不符合"道"的法则。

人生之路,在懵懂少年时期,就应该接受一些有助于未来理解"道"的经典语句,以便在身体、思想成长逐步进入青年及以后一生,能够运用经典的警句,来探讨周围的一切。这样,我们就可以知道自己在自然中究竟是什么,在面对世界和社会时,应该充当什么角色,应该怎样对待其他一切事物。当然,这是一个漫长的过程,应该伴随整个人生。首先,应该逐步将个人的欲望控制在合理范围之内,要控制无休无止的嫉妒和攀比之心,不做超越自然法则界限的事情。在做事的过程中要不断检讨自己是否理智冷静地对待事情,是否在做事之前对过程有切合实际的详细谋划,是否在做事的过程中不因意外而冲动莽撞,是否能够抓住主要矛盾而做出决策,是否能够正确认识自己的能力,避免好高骛远的目标,是否从起点开始一步一个脚印地努力向前行进。总之,要不想也不做违反自然对生命所建立的共同规则的事情,而努力去做一个真正尊"道"并行"德"的人。

老子在《老子》许多章节中讲解尊"道"行"德"的做人的基本方法,这些对于人生都是非常有益的。第一,它使我们能够知道个人在自然中的由来和位置,逐步降低自身的欲望,对人间虚华的东西不致过于纠结,对于生存或做事的结果有一个超然的心态;第二,它使我们懂得自身应该进行道德的修养与磨炼,而有道德情操才符合自然的要求,才能遵从"天道";第三,它使我们懂得做人不仅要活得知足快乐,同时还要有追求,从而做一个符合自然使命的有为之士,努力为历史长河留下一点闪亮的浪花；第四，它使我们学会分析世界上各种事物的思考方法，找出事物的本质和规律；第五，它使我们懂得做事的基本规则，掌握某种取得成就的技能。

〖**关联文字**〗

【合抱之木，生于毫末】【九层之台，起于累土】【千里之行，始于足下】【始终】【善始善终】【难得】【失败】

陆

军事之道

1. 第三十章　以道谋胜非兵强

〖原文〗

以道佐人主者，不以兵强于天下。其事好还。师之所处，荆棘生焉。大军之后，必有凶年。

善者果而已，不敢以取强。果而勿矜，果而勿伐，果而勿骄，果而不得已，果而勿强。

物壮则老，是谓不道，不道早已（亡）。

〖文字选注〗

以（用）道（天道）佐（辅佐）人主（国君）者（的人），不以（依靠）兵（军力）强（强迫、强大）于（对）天下（其他国家）。其事（此事结果）好（完成、可以）还（报应、偿还、解答）。师（军队）之所处（停留地方），荆棘（丛生多刺的灌木）生（长出、发生）焉（语气词）。大军（大规模的军队出征）之（经过）后，必（一定）有凶（不吉祥、不幸）年（年景）。

善（处理好、赞许、能）者（人）果（实现）而已（停止），不敢（敢于、冒昧）以（而、认为）取（采取、得到）强（增强、胜过）。果而勿（不得）矜（骄傲），果而勿伐（自夸），果而勿骄（放纵），果而不得已（没其他选择），果而勿强（增强）。

物（事物）壮（大、成年、强壮）则（表转折）老（衰老），是谓不道（不遵循"道"），不道早已（亡）（停止、完毕）。

〖解读〗

这一章是运用"道"的观点，专门针对诸侯国发动战争进行的论述。"以道佐人主者，不以兵强于天下"一句是说，以"道"的法则辅佐王侯

陆 军事之道

的文武官员，是不会轻易主张用武力去与其他国家较量的。"其事好还"是说，这个主张是容易被理解的。"师之所处，荆棘生焉。大军之后，必有凶年。"这一句说明了有"道"者不主张动用武力的原因，无数战争后的事实证明，百姓因躲避战乱四散逃亡避难，战场双方拼杀导致大量青壮劳力伤亡，军队驻扎过的地方和赖以生存的田地随即会变得荒芜而长满荆棘，经济遭到破坏，饥饿、贫困、疾病和死亡导致"凶年"的出现。这样的结果不仅使被占领的国家一片凋零，占领者也难以利用得到的土地和民众，大量资源的消耗还导致自己的国家也出现种种困难，即使能够保持一段和平稳定时期，但需要很长时间才能恢复到战前的经济水平。

可是，时代环境趋势导致的战争又无法完全避免，毕竟还有符合"道义"的反侵略战事。所以，后面一段文字说明了使用武力也应持有的正确态度："善者果而已，不敢以取强。"这就是说，那些以"道"行事的大臣或将帅们，一定要对军事行动的目标有所控制，反对穷兵黩武和不断征战，尽快恢复民生和国力。"果而勿矜，果而勿伐，果而勿骄"一句是说，不可在既定目标实现后就忘乎所以，不可自傲，不可自夸，不可骄纵；"果而不得已，果而勿强"一句是说，要懂得用武力行动获取必要的结果其实是不得已而为之，不可以将眼前的胜利作为继续征战的依据或借口。"道"就是民众对和平生活的需要，也是未来国家社稷发展的需要，为此要审时度势，适时终止战事，这才是有"德"的行为。

最后一句"物壮则老，是谓不道，不道早已"，老子再次用"道"的法则告诫世人：无论什么个人或组织团体，无度地谋求强大，以霸道之态对外处事，终将随着登峰造极之后，不懂自律和收敛，因为武装力量的分散和能力不足等各种因素而力不从心，提早走向衰败。老子用"道"的法则反对消耗人民生命和物质资源的战争，严厉警告那些持续追求无限强大、诉诸武力征服他国的人，其行为必将自取灭亡。

【译文】

以道谋胜非兵强

尊"道"辅佐君王的臣子，不会主张以武力征服天下。战争必有报应：军队驻扎之地，将布满荆棘；大军征战之后，必有多灾多难的岁月。

高明的君臣将帅，达到获胜目标后立即停战，不敢继续恃强征伐。战胜不自傲,不自夸,不骄横,通过战争获胜是不得已的结果,不应再继续扩军征伐。

事物强盛后转向衰落,这就叫不"道",不"道"则早亡。

〖随想〗

经历夏、商之后的周朝,生产技术达到更高水平,雕刻在龟背和兽骨上的文字,也转为用墨汁书写在竹简和丝织物上,这项进步大大便于中华文化和历史有更好的记载和传播。社会由于产出了更多财富,当朝的权贵自然都想得到。周天子用分封诸侯的方式,缓和皇族内因对权力和利益渴望而发生的矛盾,并试图以此巩固自己的地位。但是,各诸侯与世间普通人一样,并不满足,于是相互攀比,产生了以超过占有他国资源而动用智谋和武力占有的企图,华夏大地开始进入动乱的春秋时期。为应对复杂的诸侯之争,各个诸侯国的君王都网罗一些足智多谋的人,为自己出谋划策,应对时局。与此同时,一大批研究社也催生了一批思想家,他们从社会现实中总结提炼出更加抽象的、内涵更加丰富的哲学思想,于是造就了中华文化成果最为丰富辉煌的时期,并为中华大地后来两千多年文明奠定了思想基础。老子面对这样的社会,作为一个无任何实际军政权力的史官,只能通过历史经验和依据古人思想文化传承,通过他伟大的思辨,总结出一套完整的看待世界的方法,于是就有了他的思想精华著作《老子》一书。

战争的结果,无论对胜利的一方,还是失败的一方,都会有某种损伤。失败的一方,会将失败后的烂摊子留给获得胜利的一方,布满疮痍的土地和失去家园的民众必须面对。也许胜利者会从中获取一些心中的骄傲,但是,俗话说,"打江山易,守江山难",它就是要告诉世人这样的规律:治理国家往往比夺取国家政权更难,而且,胜利者也由于战争而付出相当多的资源,从而使自己也变得虚弱,为了恢复元气不仅要付出,甚至会为新的失败埋下伏笔。真正懂"道"的政治、军事领导者,会正确地应用军事力量,达到目标之后就停止不必要的军事行动,用谈判来解决争端,以选择双方都能够接受的符合"道"的结果;或者搁置争议,经过岁月的锤炼后,以全新的治理事实证明谁是正确的一方,这比诉诸武力是更好的选择。世上没有绝对完美的东西,相对合理的才是大家容易接受的结果,中华文化秉承的就是这种理念。为此,中华民族对外使用军事手段,通常都是以反抗欺凌、防御外敌为出发点，几乎没有依仗强大国力对外不断远途征战殖民的历史。直至今天，守卫好自己的家园，付出辛勤的劳动，过上和平的生活，这种理念仍扎根于中华各民族的心中。

武力的使用，不仅助长霸道行为和引发外部反抗的态势，还使自身失去正常的生存方向和前进动力，所以，信奉所谓"丛林法则"，并不符合"道"的本质。随着时间的推移，"道"必将推动弱小的群体对强大一方的欺压进行反抗。此时，不懂"道"而且缺乏政治艺术的统治者将使恃强凌弱的争端走向无法调和的边缘，一旦走向战争，结果对于任何一方百姓都是损害，酿成无法挽回的灾难，甚至是人类前途的倒退。

〖**关联文字**〗
【荆棘】【大军】【必有】【不得已】【不敢】【物壮则老】

2. 第三十一章　以器取胜不得已

【原文】

兵者，不祥之器，非君子之器。不得已而用之，恬淡为上。胜而不美，而美之乐（lè）者是乐（yào）杀人。夫乐杀人者，则不可以得志于天下矣。夫佳兵者，不祥之器，物或恶（wù）之，故有道者不处。

君子居则贵左，用兵则贵右。吉事尚左，凶事尚右；偏将军居左，上将军居右，言以丧礼处也；杀人之众，以哀悲莅（lì）之；战胜，以丧（sāng）礼处之。

【文字选注】

兵（武器）者（表示判断），不（非）祥（吉祥）之器（器具），非（不是）君子（有道德的人）之（惯用的）器。不得（能、获得）已（完成时）而用之（它），恬（平静）淡（微弱、平淡）为上（好）。胜（战胜）而不美（美好），而美（称赞）之（它）乐（快乐）者是乐（喜好）杀人。夫（彼）乐（喜好）杀人者，则不可以（得用来）得（取得）志（志向、欲望）于（至）天下（江山）矣。夫（那、彼）佳（上好的）兵（武器）者，不祥之器，物（道、客观物质）或（又、疑怪）恶（憎恨）之，故有道者不处（存、交往、相处）。

君子居（占位）则贵（想要、偏爱）左（方位），用（指挥）兵（战事）则贵右（方位）。吉（吉祥）事尚（尊崇）左，凶（不幸）事尚右；偏（侧、副）将（率领）军（军队）居（处于、任）左，上（主、上）将军居右，言（规矩）以（用）丧（不幸的、丧事）礼（礼节）处（表达）也；杀（杀死的）人之众（众人、许多），以哀（悼念）悲（悲伤）莅（临、敬）之；战胜，以丧礼处（对待）之。

〖**解读**〗

随着技术的发明与进步，诉诸武力的更强兵器必然伴随战争的需要不断出现，而且向更高水平迈进。除了人类社会，自然界的生命环境中本不存在兵器，只有人类为欲望相互争夺才创造出了迅速置对方于死地的器物。所以，老子认为："兵者，不祥之器，非君子之器。"用于杀人的兵器在自然界是"不吉祥"的东西，懂得"道"的"君子"选择避开使用武器来解决人间的事端。可是，无"道"的人为利益争夺，推动人间使兵器不断进步是客观现实，使用这些武器也就不可避免；在这种情况下，为维护和平安全秉持"道义"的人，在万不得已时也不得不使用它，而且应该是必要的、适可而止地使用，也就是"不得已而用之，恬淡为上"。情感正常的人对杀死对手不会感到快慰，因为战场上对方的死者不过是一些为实现战争目标的工具；那些喜好使用杀戮兵器的人，特别是那些将投降的俘虏集体杀掉的指挥者，其实是嗜血而乐的人，且"不可以得志于天下"，也就是说，不可以让他们取得或被授予掌管发动战争的权力，因为他们毫不考虑人间生灵涂炭的惨烈，必然成为人类灾难的源头。"夫佳兵者，不祥之器，物或恶之，故有道者不处。"一句是说，对于大规模高效置人于死地的武器，更是不吉祥的器物，自然界的生命万物都"憎恶"这种因自私需要而产生的身外器物，与所有生命为在食物链中获取必要生存食物而捕杀有本质的不同。自然创造了人类这种高级生灵，不是让他们相互杀戮的，战争白白耗费了自然创造的物质资源和生命的力量。其实，上天对兵器的反对，是通过人类的爱憎表达出来的，也就是人民热爱和平，反对战争，特别是反对大规模杀伤性武器的使用。所以，懂得"道"的有识之士，不会乐于使用它，或用它来威胁恐吓他人，而只会为了避免战争，维护和平，用它作为平衡敌我双方战力的工具。

在中华民族的文化中，"左"位是处于辅佐者的地位，是副手，"右"位是处于决策者的地位，是首脑。这里的"君子"是指懂得"道"、心怀正义的有识之士，他们平时情愿处于名誉低下的地位，辅助首脑做出正确决策，即"君子居则贵左"；在有关生死、必须使用武力的重要时期，他们会站出来勇于承担首脑的位置，即"用兵则贵右"。在祥和的环境中，他们会选择次要的位置，即"吉事尚左"；在凶险的环境中会选择重要位置，即"凶事尚右"。在战争时期，不具备决策权的"偏将军"处于辅佐者的

"左"位，而有战场行动最后决策权力的"上将军"则处于指挥者的"右"位。也就是说，自古以来，涉及人们生死行动的人，被放在至高的地位，这是中华文化将生命放在第一位而形成的规矩，即"言以丧礼处也"。此外，无论是因胜利还是失败，对于战场所有的死亡者，我们都应表示哀悼致敬，即"杀人之众，以哀悲莅之"；即使获胜的一方也应该用"丧礼"的形式对待战事的结束，同时以相应的礼节埋葬祭奠所有的战亡人员，即"战胜，以丧礼处之"。从使用武力的统领者的角度看，战争中选择使用强大兵器会导致大量战士死亡，所以应该是极其慎重的行为。因此，在选择有生死权的决策者时，考察他们对待战争的态度是非常重要的。

  凡是战争都要死人，那些死于兵器之下的人是可悲的，他们的肉体都是"道"所创造并经过很多努力带到这个世界上来的，而且身体还是"道"自己的一部分。他们还没有完成自己的自然使命就夭折了，甚至究竟是否为了正义事业而死，通常他们自己都无法说清，比如诸侯国相互之间争夺土地和百姓的战争。

〖译文〗
以器取胜不得已

  兵器是不祥之物，不是以德服人的君子喜欢使用的，不得已时才动用，且适可而止。用武器战胜对方不应高兴，凡用武器杀人而快慰者，是喜好杀戮。对喜好杀戮者，不可让其染指天下的大权。对于极具杀伤力的武器，更是被万物所憎恶。因此，尊"道"的人不会主动采用它。

  君子的礼节，平时选择左位，战时选择右位；吉祥的事项选择左位，凶险的事项选择右位。战场上，副将坐在左位，主将坐在右位。礼节规制表明，事关生死发生的决策人，被给予最高的右位礼遇。对战场上的双方死者，都应以怜悯之心对待；获得胜利，也应低调宣示。

〖随想〗

  老子在两千多年前就指出，通过发明制造和不分缘由滥用兵器来解决人间纠纷，是违反"道"的行为。在自然界其他生命的生存竞争中，只限于依靠身体的力量，用肢体或牙、脚等身体器官作为武器；即使是食肉动物，它们也基本是以能够吃饱维持生命的延续为止，不会让无止境的杀戮发生；而且，身体在争斗的同时，也兼有选择身体强健方的基因，回避身体虚弱方的优胜劣汰作用。

本章中，对于兵器的使用是否符合"道"进行了讲解，指出使用快速置对手于死地的兵器，是不"道"的选择，特别是大规模杀人的武器更是反自然的。纵观人类历史，凡是在战场上的将士，多数是为了与个人利益无关的冲突而参与搏杀的，丧失生命均为不得已，甚至是无意义的结果。对于"道"创造的生命来说，这都不是符合规则的死亡方式，特别是同时葬送众多人员的集体杀戮，本质上是毫无意义的。因此，中华文明在产生的过程中，对于战场将士的生死有着严格的理念和规则。即使发生战争，正确掌控战事的指挥者，也就是文中所说的"君子"，是减少死伤发生的关键人物，他们能在关键时刻挺身而出，人间给予他们最高的礼遇和使用军事手段的最终权限。对于失去战斗能力放下武器的人不再以敌手对待，对于死者的尸骨应让其有尊严地回归自然。发动战争之前，应该对后果进行深入的分析，不能只看眼前的需要或利益，而应尽量避免难以恢复的长期战乱。否则，不仅使当地百姓痛苦，还会导致仇恨的加深，甚至加重难以解决的文明冲突和灾难。

自从人类有了聪明的大脑和灵巧的双手，在发明和制造生产工具的过程中，也不可避免地将维护或争夺利益的斗争需要，应用到武器的研究与制造方面。随着科学和技术的发展进步，武器的威力越来越大，从早期的刀剑等冷兵器，发展到后来的火药、炸弹、枪炮、军舰、战机、导弹；到了今天，原子能科学的研究和技术成果，被用于制造原子弹和氢弹等大规模杀伤武器。人类从原始的面对面的地面战争，发展到今日的立体战争，大量储备的核武器将人类笼罩在被毁灭的阴影之下。老子警告人类，不可以将权力交给那些喜好杀戮的狂人手中。此事变得如此重要，否则，核弹等各种高科技武器的扩散与不可预知行为的战争狂人结合后，都会将这些武器使用的概率大大增加。不管目前是先进还是落后，不同国家和地区的经济技术终究会向前发展，利益与安全的需求，使核武器的技术被许多国家研究和掌握，用防核扩散等手段难以解决根本性问题，因为与自身的利益挂钩后，防备谁、不防备谁，都可能发生错误判断或疏漏。

从根本上找到解决原子弹等武器所带来的人类难题，就应该从根源来研究并采取措施。按照"道"的法则，也就是要保障人性中向上努力的有益本性，控制不可节制的欲望的泛滥，合理限制财富的过度聚集，扶助广大贫困人口生活的改善，加强对他们的教育，使他们彻底放弃懒惰和自暴自弃的恶习，懂得人生和遵守道德的意义，依靠自食其力，活得更有尊严；对不同的文明和文化要尊重，并用人类在自然界存在的科学的使命观点，来建立共同的价值、理想和目标，以此教育和引导人们的思想和精神活动，使人类自觉维护和创造安全的生存环境。显然，掌握"道"的理念，正确应用其适用于人间思想道德水平的法则，建立适合具体时间、地点、环境的制度，推动社会向着所有生命共有的欲望标准看齐。只有这样，放弃使用原子弹等既无益于自身，也无益于人类未来的武器，才是从根本上解决问题的方法。老子所处时代仅有弓箭和刀枪剑戟等武器，尚需要解决这个违背自然的问题，何况今日人类面对的是大规模杀伤武器。由此可见，老子的观点尤其应引起人们的重视。

〖关联文字〗

【不详】【君子】【不得已】【得以】【恬淡】【杀人】【可以】【得志】【有道】【君子】【用兵】【偏将军】【将军】【上将军】【战胜】【丧礼】

3. 第三十六章　先虚后实柔胜刚

〖原文〗

将欲翕（xī）之，必固张之。将欲弱之，必固强之。将欲废之，必固兴之。将欲夺之，必固与之。是谓微明。

柔弱胜刚强。鱼不可脱于渊，国之利器不可以示人。

〖文字选注〗

将（将帅）欲（想要）翕（同歙，收敛、和顺）之（代词，那个），必（必然）固（坚持、反复、先）张（伸展、夸张）之。将欲弱（削弱、丧失）之，必固强（增强）之。将欲废（衰败、废弃）之，必固兴（兴起、兴盛）之。将欲夺（剥夺）之，必固与（给予、授予）之。是谓微（精妙、深奥）明（精于道）。

柔（柔软）弱（势力小）胜（胜过）刚（坚硬）强（强悍）。鱼不可脱（脱离）于（在）渊（深水），国之利（锐利、重）器（器具、能力）不可以（用来）示（显示）人（他人、敌方）。

〖解读〗

军中的将领要想在战场上取得胜利，首先要统领一支善战的队伍，队伍中的下属必须服从指挥，团结在自己的周围。而队伍往往是为了战时需要而建立的，必须在集中训练期间解决；其次，还要在战场面对自己的对手，也要以非正常的谋略对待以取胜。下面以解决内部问题为例，来解读老子对待此类问题的军中之"道"。第一段中的各个"之"字，是指将领要管控不当行为的下属，但是为了稳定队伍，将领往往不宜直说或立即解除其职务。文中用四个对比："翕和张""弱和强"，"废和兴""夺和与"来概况和揭示精于此"道"的将领，是如何以迂回的方式改变下属的

225

不当行为，或解除他们职务的。

　　"将欲禽之，必固张之"一句是说，军中多为习武之人，常有性格张扬、行为猛撞有余的下属，将领若想使下属收敛其不当言行，就先使其"张"，也就是放任其继续强悍，造成不当结果，不得不收敛其张扬跋扈的性情。"将欲弱之，必固强之"一句是说，将领若要下属"弱"，也就是想要下属服从指挥，与同僚关系和谐，就先使其"强"，也就是任其恃强专横，使同僚与他疏远而出错，于是懂得收敛自己的强势作风。"将欲废之，必固兴之"一句是说，将领若要想将下属"废"掉，也就是想要下属失去权力或地位，就先使其"兴"，也就是设法让他得到更多权力或更高的职位，因其管控范围过大而顾此失彼导致失职的错误，此时即可顺理成章废除其原有的权力。"将欲夺之，必固与之"一句是说，将领若要想收回下属的所得，也就是想要剥夺其已经获取的名利，就应先"与"他，也就是让其获得更多的荣耀，其必然因张狂而露出更多破绽，从而依次从其薄弱处下手收回其原有名利。由于军队都是逐级拥有相应的权力，并培植可以信赖的下属，因此，对他们的管束必须谨慎对待。为此，对于许多事情，军中的将领若急于用强制的方式解决，会因实力不足或理由不充分而无法实现想要的目标，反而产生不利于队伍整体或战场大局的要求，更恰当的方式是回避直接交锋，让不称职的下属的不当行为继续扩大，达到极致后会向对其不利的方向转化，消磨其锐气，形成破绽之后，再施以合乎情理的手段，达到将领所要的结果。这种谋略也同样可以应用在其他领域，"是谓微明"就是指那些有能力运用这些谋略的人，真正懂得"道"作用在其中的奥妙。

　　"柔弱胜刚强"一句中的"柔"是和缓、迂回的行动方式，"弱"是规避锋芒的行动方式，两者分别与"刚"的硬碰硬的方式和"强"的不计后果投入较量的方式不同，而与今天的成语"以柔克刚""以弱胜强"具有同样的含义。"柔弱胜刚强"本质上是"道"的作用，是事物运动的规律。常言道："两强相争，必有一伤。"处于两强的一方，经过客观评价分析，若自己对战后实现战略目标没有把握，何必去做无谓的对战牺牲呢，从长计议才是明智的选择。所谓"鱼不可以脱于渊"，即水中的鱼若要避免危险，那么它最安全的生存空间应是广阔的深水区。此句以此来比喻人群或国家，应该维护好内部事务，将国家置于最有利施展能力的大环境之内。"国之利器不可以示人"是说,要避免暴露保卫本国最重要或最关键的手段,一方面,让对手不能摸清自己的真正实力,令对方在产生动武企图时有所顾忌;另一方面,外部入侵等事端一旦发生时,突然亮出让对手不明或畏惧的武器或手段,使其产生对自己力量的疑虑而放弃侵略企图。这三条都是保护自己国家长久利益、避免国力被战争削弱的有效手段。

〖译文〗

先虚后实柔胜刚

高明的将帅若要人收敛,就先放任他张扬;若要人衰弱,就先放纵他强势;若要将人弃用,就先推举他上位;若要夺人所有,就先给予他更多。其中隐藏微妙的道法。

柔和与弱势能战胜刚硬与强悍。鱼儿不可离开广阔的深水,国不可将利器展示给敌方。

〖随想〗

本章是对"道"的"物极必反"法则的运用,也可以说是将第十一章中"有之以为利,无之以为用"的"无"和"有"可以转换进行展示,此"道"既可应用到军事首领在对敌与用人的谋略中,也可应用到处理国家间战略对策上。最后三句是国家应坚守的战略定力,是"道"的法则在国家之"德"的体现。

中国古代是冷兵器时代,强健的战士和优良的兵器固然是重要的作战条件,聪明的指挥者运用智谋则发挥着更为关键的作用。老子是春秋时期的思想家,中华大地开始孕育战争动乱,面对时局,他应该对军事和战略都展开研究,并将"道"的基本哲学观点,应用到军事方面。那时的武器和战场军事技术虽然与今天无法比拟,但是,有关的哲学思想和谋略仍然适用。当时中华大地的诸侯国如何保证自己国土的安全,如何在战事中取得胜利,是有思想的官员不得不研究的问题;弱小国家要想在强大国家的包围中生存,必然需要寻找以弱胜强的方法。老子在如何保证国家安定、安全等方面,有着比较独到的思想观点,除了在战场上运用回避锋芒、以逸待劳等以弱胜强的谋略外,最根本的方法是,国家的君王和谋士要懂得"道"的规律,并以此来指导思想和行动。

首先，要避免发生战争产生的苗头，就要以柔和的方式进行国家交往，遇到争端尽量通过谈判或商议解决，甚至以牺牲一些利益换取和平，双方在潜移默化中形成相互和平共处的和谐关系。其次，要建立有利于国民的正确管理制度和方法，使社会稳定，人民生活安定，生产成果和财富不断积累，国力强盛，人民富足，民心凝聚，形成所谓"鱼不可脱于渊"的安全基础环境。为了避免战争，国家还要储备必要的防止入侵战争发生的重要武器和军事战术方法，用深藏不露的方式来威慑有侵犯企图的敌国三思而行。后来的战国时期，烽烟四起，又产生了许多著名的军事家，最著名的当数孙武和孙膑，他们都有深奥的军事谋略论述，其中不乏尔虞我诈的手段，《孙子兵法》和《三十六计》就是当时最著名的篇章，仔细对比就会发现，许多谋略与老子的哲学思想不谋而合。

近代的中国历史，是一个无现代工业的农耕国家，从被列强欺辱到逐步觉醒看清世界，选择创建了适合本国国情的制度和道路，建立新的工业化国家，然后用刚柔并济的方式，逐步崛起走向强大的过程。其中有许多精彩的历史事件，彰显了中华文化特有的思想魅力，其中就包含《老子》一书中多次表述过的"道"。这些思想精华是其他文明思想所不具有的。今天，面对复杂多变的世界，如何运用中华文化中的战略和战术思想，保卫国土平安，避免遭受欺凌与蚕食，是时刻必须思考解决的问题。首先，只有具备强大的实力，做好自己国家的事情，以不断增强的工业实力和国防重器做后盾，在面对外部的不良企图时，运用以柔弱胜刚强的谋略手段与对手周旋，不求一时之痛快，保持长期的战略定力，才能将符合"道"的文明思想坚持下来，发挥事物运行法则的作用。虽然道路有曲折的弯路，但事实说明中华文明是伟大的，并不低于其他文明。其次，要以中华文明中的与人为善方式进行交往，将自身文明思想理念逐步介绍给世界其他民族，形成相互借鉴、共同接受的思维方式和更合理的国家之间的交往方式，中华民族才可以为人类未来的命运做出表率和引领贡献。

〚 **关联文字** 〛

【柔弱】【刚强】【国之利器】

4. 第六十八章　以德用兵者善胜

〖原文〗

善为士者不武；善战者不怒；善胜敌者不与；善用人者为之下。

是谓不争之德，是谓用人之力，是谓配天古之极。

〖文字选注〗

善为士（智者、贤者）者不（不用）武（武力、勇猛）；善战（打仗）者不怒（生气、发火）；善胜敌者不与（跟、交手、直面）；善用人者为（充当、成为、用）之（他人）下（等级低的、谦逊）。

是谓（被称为）不争（竞争）之德（品德），是谓用人之力（才能），是谓配（够得上）天（道）古（久远）之极（标准、最高的）。

〖解读〗

"善为士者不武"一句是说，优秀的谋士在辅佐君王处理国家之间事务时，善于用韬略谋划以谈判方式解决问题，而尽量避免以武力和战争为手段解决争端。"善战者不怒"一句是说，受命统领军队的将帅或指挥官，应能在战场始终保持头脑清醒冷静，而不会在受到挑衅时发怒，做出草率的决策。"善胜敌者不与"一句是说，将要与敌手短兵相接厮杀发生之前的将士，应该善于运用奇兵的手段巧取获胜，而避免与对手直接面对面的对等伤亡厮杀；"善用人者为之下"一句是说，擅长选择和激励部下斗志的首领，平时应该尊重、爱惜部下，将他们团结在身边，在战场上凝聚成超出人数的集体力量完成作战任务。

这些"善"于掌握战争走向的人们，他们之所以有能力获得一些别人无法做到的成绩，根源就是懂得战场上"道"的规律，更多地运用谋略，以较少的厮杀和伤亡取得胜利，故被从事军旅生涯的行家赞誉为"不争之德"。他们还有识别和选拔配置队伍成员、组织建立战斗集体的能力，有这些素养和才干的军人应是被委以重任的人选，也是队伍建设必不可少的环节，即有"用人之力"。这些人相互搭配，就能形成保卫国家的骨干，组成团结并战能取胜的群体，这样国家才能走向强大并确保和平。他们的组合才配得上如"天古之极"一般完美的称号。

〖译文〗

以德用兵者善胜

高明的谋士不轻易主张动武；英明的统帅不会轻易发怒；常胜的将士不去做无效拼杀；称职的官长以谦和对待部下。

有宽宏不争的品德，有识人善用的慧眼，可称其为栋梁搭配。

〖随想〗

本章描述"道"是如何通过战争参与者的思想行动表现，说明其运行规律的。有"道"者的共同特征，首先是尊重和爱惜人的生命，以极其慎重的态度做出有关生死的战场抉择；其次是以谋略取胜，从养兵备战时期的团队建设，面对各种复杂多变的干扰时的沉着冷静，到短兵相接时出人意料的奇兵，这些都是用谋略、头脑来准备、来对待的。总之，战场谋略就是周密和灵活多变相结合的技术，它既遵循规律，又不完全按死规矩的"道法"行动。

老子思想的高明之处，就是能够深刻洞察事物的本质。他所描述的这些有"德"特质的战争参与人员，为国家和百姓肩负着极为关键的重担。对于理性的国家领导者和战场指挥者来说，为保卫国土和人民而进行防守和反击的战争，是不得已的最后选择。在人类历史记载中，那些崇尚武力的国家和民族，不断发动战争，稍微压缩一下地理版图的时间坐标，国家边界和名称就如万花筒一样变化，但没有一个侵略者能够长期占有其所获取的疆土和百姓。他们不是被推翻、赶走，就是被当地的广大民众和文化所淹没，最终国家总是会倾向于当地最多的民众意愿，而非侵略者自己的初衷。有了历史知识和对"道"的法则理解，任何一个为利益而准备以武力制伏他国的领导者，都应在战略行动之前三思而后行，分辨其采取的行动是否符合正义、符合本国人民的长远利益、符合他国的具体情况等。一言以蔽之，就是是否符合"道"。这点要综合长远未来的趋势来考虑。

不同国家或地域有不同的文化，国与国的分歧与争端中，有不同的思想方法和行为方式或手段。在世界工业技术发展的初期阶段，拥有先进的技术和经济能力，就同时拥有了强权的力量，随之就产生了强权的思想理论和规则，用战争的方式解决问题成为强权者惯用的手段。随着技术的普及和使用以及经济水平的接近，强权必将逐渐失去绝对的实力，使得强权时代的这种思维方式和规则，不能在所有的情况下都适用。比如，二战后殖民地国家的人民，迫使战后衰弱的宗主国不得不放弃统治而纷纷独立。此情况说明，中华文明中"道"的哲学具有符合自然生命的普遍意义。只有符合"道"的愿景，在适当的进程时点拥有适当的策略，通过柔和渐进的方式，使强权一方放弃已经获得的土地和民众，部分土地和民众才能回到自然为生命划定的资源分配规范中。

〖关联文字〗
【善战】【用人】【不争】

5. 第六十九章　大祸轻敌哀者胜

〖原文〗

用兵者有言："吾不敢为主而为客，不敢进寸而退尺。"是谓行无行，攘无臂，执无兵，扔无敌。

祸莫大于轻敌，轻敌几丧吾宝。故抗兵相加，则哀者胜矣。

〖文字选注〗

用（指挥）兵（军队）者有言："吾不敢为（选做）主（主人、进攻）而（宁可）为客（宾客、防守），不敢进（攻占）寸（少）而退（退守）尺（多）。"是谓（可被称为）行（行军）无（不见）行（动静），攘（出手）无臂（臂膀），执（掌握、控制）无兵（武器、军队），扔（拉、摧毁）无敌（抵抗、敌手）。

祸（降祸）莫（无不）大于轻敌，轻敌几（接近）丧（丢掉）吾宝（最珍贵的东西）。故（因此）抗（匹敌、对等）兵（战力）相加（对峙），则（那么）哀（愤怒、谨慎）者胜矣。

〖解读〗

对于如何把控战争的走向，只有久经沙场、能在战事中存活下来的军人，才最有发言权。"用兵者有言，吾不敢为主而为客，不敢进寸而退尺"这句是说，身经百战的将领对将要到来的战争有下面这些说法：我避免成为战事的"主"角，也就是不充当首先挑起事端或者发动进攻的一方，而选择"客"角，也就是选择防守的一方；忌惮为获得有限的利益——寸而去进攻，而宁可让给对方较大的利益——尺，以回避对手的攻击锋芒。这既是对发起战争的态度，也是两军对垒初期的行动方式。战争是人间的一种残酷的行为，它不仅仅是国家经济资源的急剧损耗，同时也是大量鲜活生命的灾难，甚至会导致无数百姓遭到涂炭，为此，避免人员伤亡的战争应该是首要选项。因此，用兵的最高境界是"以不战而屈人之兵"。

"是谓行无行，攘无臂，执无兵，扔无敌"一句是说，用来表达我方用兵的谋略效果，既可以表达敌方被我方挫败时的状况，同时也解答了前面一句宁可"为客"和"退尺"的原因。进入战场初期退避三舍，是为了摸清敌我双方战场情况，也是为了避免过早暴露我方底细，以及谋划与留出全面动员准备所必须的时间，为后面主动出击创造条件。在知己知彼、谋划测算、做好调度准备后，"行无行"是描写我方已经采取了行动，但是对方却没有看到我方调动士兵；"攘无臂"是描写我方已经发动了打击，但是对方却丝毫没有预见来到面前的危险；"执无兵"是描写我方将自己的兵力和武器埋伏到位，但是对方没有摸清真实情况而步入我方布设的陷阱；"扔无敌"是描写对方在我方已经完全获取战场主动时，无须付出太多军力即可获取胜利。显然，你死我活的战场行动中没有绝对固定的模式可讲，获取胜利的核心思想是与后来战国时期的兵法"兵不厌诈""出其不意，攻其不备"一样，以"奇"制胜。身经百战的军人通过总结，为了取得战场最终的胜利，首先对可能成为敌对一方要有战略准备，应尽可能收集信息，做到"知己知彼"，避开对方的锋芒和计谋，然后冷静谋划战略和战术，快速制订以奇兵出击的作战方案。一旦发生战争，时机成熟即可当机立断采取行动，这才是用兵之"道"。

最后一段告诫人们："祸莫大于轻敌"，轻敌也就是不重视对手，放松了对敌手的警惕后，失去了掌控战场局面和走向的基础条件，却采取莽撞的错误行动，其祸害是丧失战场的主动性，失去战机，被动应付导致溃败，最终失去所有为战争准备的资源，甚至是作为战争后盾的国家和人民。这样的灾难，也就是"轻敌几丧吾宝"。如果对战双方都是久经沙场考验的将帅，而且在实力相当的情况下开战，即"抗兵相加"，则有"哀者胜矣"的说法。也就是说，战场所谓的"哀者"，并不是胆小者，一定是对战事更加愤怒、更加谨慎、用兵更合理的一方，他们往往会取得战场的胜利。因此，在"轻敌"中开战是兵家大忌。

〖译文〗
大祸轻敌哀者胜

战场指挥者有这样说法:"我宁可当配角,也避免当主角;我宁可退后一尺,也不前进一寸。"其后隐含的战法是:在对手毫无觉察时调动队伍,在对手放松警惕时发起攻击,在对手未见兵器时刀锋已至胸前,在对手无反抗能力时将其打垮。

战场上的最大祸患莫过于轻敌,轻敌几乎使自己丧失最宝贵的东西。两军势均力敌时,更愤怒者终将获胜。

〖随想〗

本章讲的是战场之"道",即从具体战役战术的角度来论述"道"是如何发挥作用的。战场中同样有"道"在,那就是本章中所描述的,首先必须依据信息"知彼知己",然后避其锋芒,谨慎制定用兵策略,最后用"出其不意,攻其不备"的手段克敌制胜。

在人类对"道"的认识与遵循尚未达到普遍认同的情况下,为了各自大小利益而发生的冲突和战争是无法避免的,其中就有为正义而不得不进行抵抗的战争。无论如何,人类相互残杀是不"道"的行为,就像第三十一章曾经讲过的那样,"兵者,不详之器,非君子之器。不得已而用之,恬淡为上"。为了避免战争,只有从发动战争的源头来寻找原因,采取措施加以避免。但是,当一切努力都无法避免非正义战争出现时,正义的一方也就只能采取战争的手段来打败非正义的一方。在战争的过程中往往会有与以往经验不同的诡异结果,但其中同样也隐含着属于"道"的正义和辩证规律。由于诸侯国之间连年战事不断,老子时期之后的战国时期产生了许多战略和战场军事家,最为著名的论述战争策略的人当属孙武和孙膑,他们是其中的"圣人",并留给后世《孙子兵法》《孙膑兵法》这样辉煌的著作。著作中的谋略不仅告诉人们在战场中可以采用的战略战术,也可以用于许多博弈性质的活动之中。它成为中华经典文化之一,其中某些思想方法被后人广泛借用于各种领域。但需要指出的是,将非"德"的智谋用于人间生活的社会交往,则需要谨慎,否则会引发社会风气败坏。

在中国的抗日战争中,主战场以城市为中心的大规模保卫战,虽然也消耗了侵略者的一些兵力,但是中国军队的主力被不成比例地大量围歼,结果不仅丢掉土地，甚至被俘军人和普通百姓也被残忍地杀戮。这种不对称损失说明这种形式并非最好的抵抗方式，从战略角度来说，是为了"寸"而丢失"尺"的行动。在敌我军事力量悬殊的被占领土区域，以爱国主义宣传凝聚本土爱国民众，用分散在民众之中的小股武装力量来对抗规模更小的侵略者，更容易消耗和打击他们。这种反抗从整体上看符合战略角度的"道"，在局部上看也符合战术角度的"道"。某些时段敌方虽然集中兵力展开围剿行动，敌我力量对比相对悬殊，但在更大范围和更长时期内，敌我力量对比必然逐渐出现反转。此时，人民占有的土地和资源，超过兵员日渐稀少的侵略者。在天时、地利、人和各个方面成熟时，规模更大的战斗即可分别展开，消灭敌人的主力。

战争的各个阶段，分别有不同的特质和规律，不利己方时，保全自己并不等于投降，而是要研究规律、积蓄知识和力量，等待时机，有组织和领导、有目标策略地消耗敌人的斗志。这是敌强我弱条件下更合理的抵抗方式。侵略者随着不断开辟新的战场，到处树敌则逐渐进入力不从心的地步，不得不转入龟缩防守的被动阶段。总之，正如老子说过的（《老子》第二十九章）那样，"天下神器，不可为也，不可执也，为者败之，执者失之"。中国人民就是"天下神器"，坚持采用各种战场方式抵抗，在世界反法西斯联盟的集体行动中，最终取得了属于自己的胜利。事实在战争中不断证明了"夫慈以战则胜"和"哀者胜"的"道"理。

〖关联文字〗
【反客为主】【得寸进尺】【轻敌】【哀兵必胜】

6. 第七十三章　勇谋相合织天网

〖原文〗

　　勇于敢则杀，勇于不敢则活。此两者或利或害，天知所恶，孰知其故？［是以圣人犹难之］。

　　天之道，不争而善胜，不言而善应，不召而自来，繟（chán）然而善谋。天网恢恢，疏而不失。

〖文字选注〗

　　勇（执勇猛）于（自、从、而）敢（有胆量做）则（就、导致）杀（败、死），勇（有勇气）于（而）不敢（莽撞行动）则活（保存自己、无险境）。此两者（都是有勇）或利（有利、活）或害（有害、杀），天（天意、冥冥）知（知道，判别）所（是）恶（讨厌、憎恶）。孰（有谁）知（知道）其故（原因）？是以圣人犹（尚且）难（困难）之（对此，回答这个问题）。

　　天（上天）之道（安排），不争（争抢）而善（擅长）胜（赢取胜利），不言（说教）而善应（答应、回答），不召（召唤）而自（主动）来（归顺），繟然（舒缓、宽舒）而善（精于）谋（谋划）。天网（大道）恢（宽广）恢，疏（稀疏）而不失（丢掉、错过、漏洞）。

〖解读〗

　　"勇于敢则杀"一句是说，将士在战场上不惧生死，勇猛并敢于投入对敌厮杀，结果可能陷入险境而导致自身的伤亡；而"勇于不敢则活"一句是说，同样有胆量的将士，却因心中没有取胜的底气而不敢投入厮杀，结果避免了丧失性命的发生。从上述两句明显可以看出，在古文中，"勇"字是描述一个军人的无畏精神，而"敢"字是描述军人是否有采取相关生死行动的胆量。战场上只有勇敢无畏的参战者，才能获取胜利的荣誉，而

"敢则杀""不敢则活",同样拼杀的结果却产生两种可能,所以后面接着便提出疑问说:"此两者或利或害,天知所恶。孰知其故?是以圣人犹难之。"这一句是说,同样是勇者,但是一个是"敢",另外一个是"不敢",两个截然相反的行为究竟哪个是正确的,只有老天才能判别。谁能知道这是什么原因?人间的高人也未必能解答其中的奥妙。其实,此处说出了一个军事方面的"道"的法则,在战场上,"敢"与"不敢"的勇气应该建立在爱惜生命的基础上,并以最终活着取得胜利作为唯一的目标,而不应该随情绪贸然行动,或没有必要的经验和策划就鲁莽行动。战场上官兵的牺牲虽然是不可避免的,但是尽量在过程中减少无谓的牺牲,这样才有机会继续努力,取得更多更大的胜利。"不敢"不是胆小,而是指在"有勇"之前更要"有谋"。

"天之道"指的就是事物的本质、法则、规律,也是深耕某些客观世界规律的知识。拥有这种知识和能力的将士在战争中往往"不争而善胜",即不靠鲁莽的对峙拼杀,而是通过迂回的方式经常取胜;"不言而善应",即不是用过多的言语去说教,而是用行动、过程、结果来令人信服,解除众人的疑虑;"不召而自来",即不需要用宣传,而依靠人间的口碑和贴心的感召力,使要招募的人员自愿参军;"繟然而善谋",即在战事之前沉默寡言,精于舒缓思考,知己知彼,谋划出最合理的解决办法,对过程进行贴近现实的推演。"天网恢恢,疏而不失",即"天道"用法则在遵"道"而行的勇敢者头脑中,编织了一张恢宏大网,环环相扣,纲目分明,将事物的整体罩住。人们虽然看不懂大网的全部,但是这张大网,该疏则疏,该细则细,没有不可接受的漏洞。高人是代替"天"完成这一项具体的事情,成功的结果就是有人在替天行"道"。

〖译文〗
勇谋相合织天网

　　凭勇猛就敢于行动,则陷于险境;有勇武但不敢轻易行动,则避开险境。同样有勇气,但一个有害,一个有利,冥冥中由上天的好恶判别。有谁能讲出其中的原因?就算高人也难说清。

　　上天的"道"法是:不用争夺而能获得,不用说教而被认同,不用招募而自愿加入,舒缓冷静深度谋划。犹如布下恢宏的大网,一切事物都在它的覆盖与掌控中。

〖随想〗

本章以战场指挥"有勇无谋"和"有勇有谋"的结果为例,指出战场组织者行事风格是否符合"道"的规律,是决定行动结果成败的关键因素。战场的军人有勇气是必要的,但不是充足的,有勇无谋会有很高的失败概率。高水平的谋划组织者做事犹如编织一张大网,将事物罩在其中,以完美的组织行动控制事物进程,最终能实现预期的目标。

这篇文章,开始是老子对于战场的将士行事风格和行动结果相互关系的描述,其实也适用于人间其他各种事情,那就是要"有勇有谋"。世界上的各种事情就是这样,既要敢做,又要会做,敢做是会做的基础,会做是敢做向前推动且能成功的条件。是否会做不仅涉及许多方面的条件,而且一次的成功不代表会永远成功,因为条件是会改变的,所谓"天时地利人和",它们是决定成功的各种条件是否成熟的关键。"有谋",其实就是能够将事情各种内外条件进行评估,得出最恰当的判断与行动方法,然后需要的就是"有勇",否则,有机会而没有勇气行动,就永远不会有成功的那一天。"天之道",就是上天会眷顾那些遵循法则、规律,顺应天意的有勇有谋的人。遵循"天道"法则,其实就是对"德"的先天和后天修炼的结果,是高人的素质。他们通常不用暴力斗争的手段,而是以最小损失通过迂回的方式来实现目标或取得胜利;不用无法让人信服的许多言辞,而用承担责任勇气和行动的过程及结果就能让人信服;不用庸俗的名利引诱招募,而以符合民众的愿望就能吸引众人追随。总之,他们不张扬,而以完整的视野,细致地谋划行事。这些优秀素质的养成,就是源自尊"道"而行"德"的结果。

数千年来,中华大地上的统治者以封建继承方式换班掌权,思想僵化,不思进取,导致国家不但不进步,反而逐渐衰落。最近几百年来,又在外部强国入侵后,不断签订丧权辱国条约,使国家和民族陷入苦难和混乱。"天道"的实现是趋势的结果,是符合趋势的英明人物和广大民众联合行动的结果,是在适合时间和条件下的历史必然。同样,人们都说,打天下难,守天下更难,新的环境就会产生新的问题,如果以为依靠原来曾经成功的号召力就可以统治天下,那就是不懂得"天之道",不能随时间的推移不断研究新情况，找到顺应时代的解决方法，不能调整自己的观念和行动，就必然会被时代所淘汰。英明的领袖会与时俱进，遵循最符合广大民众的愿望，发现新问题，研究新方法，解决新问题，朝远大的目标，带领人民持续前进。

〖**关联文字**〗

【勇敢】【利害】【自来】【天知地知】【召之即来】【天网】【天网恢恢，疏而不失】

柒

王者之道

1. 第十三章 以身为民可寄托

〖原文〗

宠辱若惊，贵大患若身。

何为宠辱若惊？宠〔为上，辱〕为下，得之若惊，失之若惊，是谓宠辱若惊。何为贵大患若身？吾所以有大患者，为吾有身，及吾无身，吾有何患？

故贵以身为天下，若可寄天下，爱以身为天下，若可托天下。

〖文字选注〗

宠（偏爱）辱（侮辱）若（如同、同样）惊（恐惧），贵（重视）大患（疾病）若身（自己、身体、性命）。

何（什么）为（是）宠辱若惊？宠为上（前、好）辱为下（后、糟），得之（宠）若（会）惊，失（失去）之若（也会）惊，是谓（即所谓）宠辱若惊。何为贵大患若身？吾所以（原因）有大患者，为（是）吾有身（身体）。及（如）吾无身，吾有何患？

故贵（重要、崇尚）以（用、凭借）身（利益、生命）为（帮助、为了）天下（百姓），若（或者）可（能够）寄（被……委托）天下，爱（喜爱、愿）以身为天下，若可托（被……托付）天下。

〖解读〗

周朝后期的春秋时代，弱小的诸侯国逐步被吞并，社会正走向更加动乱的战国时代，群雄争霸使生存环境越来越不安定。可以想象，许多地位低下的人都无可避免地依附于地位高的人生存，也就有被主子突然宠爱或羞辱的可能。另外，面对生存的艰苦环境，人们难免会生病而经历病痛的折磨，经常看到患病死亡的悲惨景象，而受到巨大的惊吓，即文章开始所说的"宠辱若惊，贵大患若身"。文章随后进一步解释，人在生存经历中都会知道，依附在主子身边的下人，随时可能因主子心情不好而被训斥、辱骂、殴打，甚至被变卖到更悲惨的地方而受到惊吓；原本离主子较远的下人，突然被选中来到主子身旁，似乎受到宠爱，但俗话说"伴君如伴虎"，经验告诉他们，主子必然有心情不好的时候，这时就会成为主子发泄怒火的对象，结果可想而知，所以有"宠为上，辱为下，得之若惊，失之若惊，是谓宠辱若惊"的说法。此处的"上下"既有先后，又有殊途同归的含义。在古代，医疗水平低下，况且有条件诊治的人更少，多数普通人患病之后只能听天由命。为此，生存中最让人感到恐惧的是身患重病，如果扛不过去，就会离开人世，即所谓"贵大患若身"。无论是谁，人们都离不开自己生存所依托的身体，显然，如果没有身体，就不会有惧怕疾病的事情发生，即"吾所以有大患者，为吾有身，及吾无身，吾有何患"。人的一生将伴随各种恐惧，但是又无法避开这些客观现实。

老子在第一段用人们最熟悉的事来说明一个道理，即人生中普遍惧怕这些事情，是由于人们心中都期望平安活着，所以，人们自然而然地将避免危及生命的灾难放在其他一切利益的最前面。当知道自己将不久于人世时，为了活着，可以将自己得到的一切都可以放弃的心态就可以证明这一点。但是，人类生存的社会还是必须有敢于为大众承担风险的人来为大家办事。什么样的人值得信赖呢？显然，就是那些在强者面前"宠辱不惊"的人和那些为百姓将生死置之度外的人。于是，就有了"故贵以身为天下，若可寄天下，爱以身为天下，若可托天下"的结论。也就是说，只有那些无条件将个人的一切利益，包括自己的"身体"，置于民众利益之后的人才能胜任。他们是百姓期望的领袖，即"天道"要将"天下"的百姓，"寄予"和"托付"给这样的人选。显然，从人的本性来看，这种人的确是极少数，许多人经过社会熏陶，成为有城府、有能力办事的"智者"，一旦获得权利，就会为个人谋取利益，更不可能将身体奉献给百姓。在历史进程中，百姓最大的希望就是，当时有真正为民办事的"明君"和"清官"。为此，"贵"以自身和"爱"为天下百姓谋利益的领袖，是历代人民的期望。后人就将老子文章中的两个字，合并成"寄托"一词，表达对能够承担未来责任的领袖的期盼。

【译文】
以身为民可寄托

宠爱与羞辱同样使人受惊,最让人惧怕的莫过于大病上身。

什么是宠爱也和羞辱一样使人惊吓?因为受宠就要靠近并陪伴主子,而后终有主子不满而被羞辱的时候,所以受宠与失宠同样会受到惊吓。什么是大病会使人惧怕?是大病会伤及身体,如果没有身体也就没有恐惧。

为此,只有为百姓付出超过为自身的人,才能被百姓寄予厚望;只有爱百姓可奉献自身的人,才能被百姓托付天下。

【随想】

地球有了真正意义上的智人,只不过数万年;有了今天意义上的物质文明,也只有数千年。数百年来,在自然科学方面,人类基本上归于同样一条道路,各国科学家都在这条道路上不懈地努力,用各种方法,探索物质世界的秘密与答案。可是,在人类精神文明探索的社会科学方面,世界各地的思想家在不同道路上,产生了多种多样的理念和信仰。

人间最难以解决的问题是:满足欲望的需求和超过他人生存条件的安全需要。这些要求使得某些精于心计或能力强大的"智"者,为了自己的或自己集团的利益,前仆后继地参与争夺,结果使世界充满了不安、动荡,甚至是危险的状况。大多数普通善良的百姓面对动荡常常无能为力,而能为他们的利益着想的人,就必然是他们的最大期望。于是,老子指出,只有那些懂得百姓疾苦,同情、热爱他们胜过爱自己,并能为此献身的人才能做到。他们如果同时具有超出常人的思想方法和运筹帷幄的能力,就能成为民众的领袖。其实,他们就是具有深厚"道"的修养和坚守"德"的操守,并愿意为百姓献身的伟人。

在当今极其复杂的国家和世界社会政治环境中,对政治领袖、国家或区域领导人有着非常高的要求,他们除了要有处理政治事件的能力之外,最根本的其实还需要能够把握百姓所期待的"道"的正确方向,能够真正放弃个人的一切利益,甚至生命,而"贵"和"爱"天下的百姓,始终以最多数人民,而不是以小集团的利益为最高执政目标。这不仅要"爱"本国的百姓,还要"爱"世界的百姓;不仅要考虑本国百姓的利益,还要兼顾他国百姓的利益,有放眼世界的广博之"爱"。为此,同时具有跨越国家和时代、有远见卓识思想谋略、能够引导人类走出"为利益争斗—休养生息—再次争斗"这个困扰人类社会环境怪圈的领导人，才是世界人民寄托自己未来前途的领袖。

〖**关联文字**〗

【寄托】【宠辱不惊】【所以】【以身】

2. 第二十六章　王者以身轻天下

〖原文〗

重为轻根，静为躁君。

是以圣人终日行不离辎重，虽有荣观，燕处超然。奈何万乘（shèng）之主，而以身轻天下。

轻则失根，躁则失君。

〖文字选注〗

重（物的重端）为（做、充当、是）轻（物的轻端）根（基础、稳固），静（安静）为躁（急躁）君（尊称、君王）。

是以（因此）圣人（睿智的人或君王）终（全、从始至终）日（一天）行（外出）不离辎重（外出带的衣物箱笼或军用装备物资），虽（虽然）有荣（草木开花）观（观赏），燕（轻慢）处（对待、处置）超（跃过）然（的样子）。奈（无奈）何（怎么）万（多有）乘（四马车）之主（国君），而（反而）以（将）身（自身）轻（轻视、低于）天下（百姓、社稷）。

轻（轻率、随便）则失（丢掉、迷失）根（根基），躁则失君（定力、地位）。

〖解读〗

有一定劳动经验的人都懂得，如果将物体轻巧的一端向下，粗重的一端向上，就容易倒下；反之，将重的一端放在下面会稳固。"重"端向下可以起到稳定的"根基"作用，即所谓"重为轻根"。在遇到突发事情的时候，情绪急躁常常导致错误判断或行动，使事情变得更糟；而以冷静的心态，控制并平复急躁的心情，就会避免因糟糕的情绪导致不应出现的错误，也就是"冷静"是控制"烦躁"的法宝，即所谓"静为躁君"。所以，稳重、冷静的品质在生命中具有普遍的意义，在人类社会中的交往尤为重要，说明这是一个属于"道"的规律。

懂得这个"道理"的那些"圣人"，通过修炼改变自身不良的习性，行事就会由急躁变为冷静，凡事分析考虑，谨慎稳妥，分清主次，处处以大局为重。如本章所说的"圣人"，即承担社稷重担的明君，表现为"终日行不离辎重"，是说他们在外出行动时，一定要携带准备好的各种物品，以应对可能出现的不测情况，保证自身的安全和出行的目的不受到其他琐事干扰。因为他们懂得，自己突发的任何人身意外，都是关乎百姓社稷的大事。"虽有荣观，燕处超然"一句是说，他们虽然拥有自己的宫殿，但却对此心不在焉，视而不见，而是将精力放在最重要的国事上。"奈何万乘之主，而以身轻天下"一句是以反问的方式说，常人无法理解，为什么拥有无数战车和至高地位的一国之君，却将普通的百姓看得比他自己更重要呢？"根据第一段所表述的"道"的法则，"天下"的本质就是百姓，是君王地位所依赖的根基，失去根基的他将一无所有。这是一个君王应恪守的基本理念。

最后用"轻则失根，躁则失君"一句，从背离"道"的角度再次强调上述结论，也就是说：脱离"重"和"静"的定力和心态，用"轻"和"躁"对待事业和人生，终将失去成功最需要的"根"和"君"。没有什么事情可以越过"道"的法则，绕过"道"的规律。

〖译文〗

王者以身轻天下

"轻"依赖"重"作为根基，"躁"依赖"静"主宰情绪。

谨慎的王者，出行必须携带完整的装备；虽有花园美景，并不痴迷流连。为何他拥有无数马匹车辆，要视自身低于天下百姓呢？

轻重颠倒则失去根基，急躁莽撞则失去未来。

〖随想〗

"道"无边无际，作用无处不在，不仅检验每个人的行为，控制结果的方向，同时也检验和控制国家君王的统治。本章是从分辨身边事物重要性的能力和对自身情绪控制力的强弱，也就是从个人认识世界的角度，来表达"道"是如何在其规律作用下产生不同结果的。

对于有一定抱负、想要成就一番伟大事业的人来说，他们如果天生具有稳重和冷静的性格，就有了最大的优势。然而，具有独特才干和大目标的人，未必具有这种性格优势。因此，内心中拥有远大目标并决心实现其理想的人，首先应该懂得"道"，也就是事物的规律，并按照规律培养修炼自己看待天下和个人价值的格局，学会辨别身边各种事物，并能按照轻重缓急合理做事，不被那些不重要的事情影响到人生的大局和目标；面对各种人间享乐时，要懂得这都是消磨意志的祸水，要拒绝陷入其中而丧失斗志；懂得主动磨砺强壮的身体和坚毅的性格，以冷静压制怒火，建立战胜自己性格缺陷的目标，而且能够成功强制自己，改掉不良性格。只有实现类似上述品行的塑造，才能保证自己在向目标前行的路途中，不会因为个人性情的问题而因小失大，甚至因此而失败。懂得"道"，并将其转化为"德"的品质和行动的人，才是"圣人"。

对于每个人来说，无论人生过程中从事什么工作，良好性格的修养同样非常重要。早些懂得本章所说的道理，并开始修炼调整自己的性情，对于人生过程有巨大的好处。因为"道"是事物产生变化的一个非常重要的特征，通常是在平和与缓慢的过程中进行的，人的行为一旦不再稳重，受急躁情绪影响而选择急于求成的方式做事，就是与"道"规定的进程背道而驰，结果会与原本良好的愿望失之交臂。所以，无论在组织团体或家庭中担当何种角色，无论在什么时候，冷静与稳重的处事方式都是"德"的一种内在品质和外在表现。不能以我行我素的性格为理由轻视它，因为它往往是影响和决定人生是否平安和成功的重要因素。这种文明修养越是深厚的地方，产生优秀人才的比例就越高，地域整体经济水平和发展速度就越是领先其他区域。

〖 **关联文字** 〗
【轻重缓急】【辎重】【超然】【终日】【无可奈何】

3. 第二十八章　弃欲守德终为器

〖原文〗

知其雄，守其雌，为天下谿(xī)。为天下谿，常德不离，复归于婴儿。

知其白，守其黑，为天下式。为天下式，常德不忒(tè)，复归于无极。

知其荣，守其辱，为天下谷。为天下谷，常德乃足，复归于朴。

朴散则为器，圣人用之，则为官长。故大制不割。

〖文字选注〗

知（懂得）其（助词）雄（强有力的），守（保持）其雌（柔弱），为（成为、当作）天下（自然界、山野）谿（山间的溪涧）。为（做）天下谿，常（恒久、常规）德（道德、品行）不离（脱离），复（返回、恢复）归（结局、归宿）于（到）婴儿（初生、纯天然）。

知其白（明亮、显赫），守其黑（无光、隐蔽），为天下式（楷模、榜样）。为天下式，常德不忒（变更、过分），复归于无极（顶点、穷尽、终极）。

知其荣（荣耀），守其辱（埋没），为天下谷（山谷、宽容、豁达）。为天下谷，常德乃足（满足），复归于朴（质朴）。

朴（本真、本性）散（散发）则为器（人才），圣人（英明领袖）用（任用）之（他），则为（任用为）官长。故（所以）大（重要的）制（规章、制度）不割（割断）。

〖解读〗

"知其雄，守其雌"一句是用雄性与雌性之间的行为差异，来比喻有人知道以快速强硬的雄性方式行事会感觉爽快，但却坚持如山谷中的溪涧一样接纳四方之水，这是"为天下谿"。也就是说，坚守像雌性一样处世，

249

其本质就是"德"的行为,结果就会"常德不离,复归于婴儿",也就是好的品行会像初生的婴儿一样纯真,被众人喜爱亲近。

"知其白,守其黑"一句是用明亮与黑暗进行对比,来比喻有人虽然知道在众人面前获得赞誉而被人们瞩目会感觉快乐骄傲,但要懂得坚守谦虚低调,使自己和成绩融入大众,这就是"为天下式"。也就是说,坚守低调处世,其本质就是"德"的行为,结果就会"常德不忒,复归于无极",也就是保持谦虚的品行长久不变,人生不断进取没有终极。

"知其荣,守其辱"一句是说,以成就被褒奖或被埋没,来比喻有人虽然希望自己的成就被世人所认同,但面对不公正的忽视或否定时,内心却如山谷一样豁达而不去争辩、处之泰然,这就是"为天下谷"。也就是说,对待不公时不在意被错误对待,其本质就是"德"的行为,结果就会"常德乃足,复归于朴",无欲无求的品行将达到至高境界。

最后,老子用"朴散则为器,圣人用之,则为官长。故大制不割"一句来总结。当一个人"道"的修养达到上述的境界后,那么,其人将向周围的民众散发出"德"所产生的气场,这种气场会将民众聚拢在周围,使其成为堪当治国栋梁的人才。这种人无论是思考还是做事,都会带有"道"的力量,会被以社稷为己任的伯乐或民众拥护推举,成为管理国家的官员或团体的领袖。有了"德"的引领,重大合理的制度将得到延续,国家前途就可以得到保证。

〖译文〗

弃欲守德终为器

知道雄性的强悍令人艳美,但却坚守雌性的柔和。柔和与忍让好比山谷中的溪涧,"德"不会离身,犹如初生婴儿般被众人所喜爱。

知道高贵的地位使人荣光,但却躲在暗处不显现。避开荣光就好比融入众生中的楷模,"德"不会改变,长久守护和进取,且没有尽头。

知道彰显功绩可获得褒奖,但被他人占有却不揭穿。豁达的胸怀好比峰峦间宽阔的峡谷,"德"就恒久知足,自身则回归大道本源的质朴。

将本源的质朴散发到人间,则显示出治国的品行和才干,有英明领袖的推举即可成为国之栋梁,社稷治理的大政方略就会得以保障和延续。

〚 随想 〛

　　本章描述了那些尊"道"进行身心修炼，而具有深厚"德行"的人面对某些世事的方法，同时也说明了有"德"者思想品德的精髓。文中用"雄"与"雌""白"与"黑""荣"与"辱"这三种完全相反的概念对比，表明有"德"之人选择和坚守着世俗观念所不喜欢的后者，用"豀""式""谷"来比喻他们的高尚精神境界，用"婴儿""无极""朴"来描述他们的最终表现。显然，行"德"者放弃常人认知中喜欢的前者，接受并保持常人不喜欢的后者，这是因为他们站得高，看得远，懂大局，识大义，甘愿放弃普通人不愿失去的自身利益。

　　关于"雄"与"雌"，老子赞成用"雌"的柔和方式处理事情，这是自然界的普遍规律。但是，自然既然选择了两种性别和不同品行来配伍，就一定有其原因。在人类社会中，女人属于柔和的一方，从家庭关系来看，维系家庭稳定是女人最重视的事情；从家庭是社会关系细胞角度来看，女人是稳定社会的一方。男人性格强悍，从遗传需要角度来看，充当着更具生存能力的角色，但是，男人又是闯荡天下、热衷事业破旧立新的一方。总体来看，在人类社会，创新是需要的，而稳定是必需的，为此，众多男人在外做事也要以维护社会稳定为前提，谋取进步创新。

　　"道"是至高无上的主宰，懂得"道"并遵循它的法则，这样的人就是有"德"，"德"是"道"在人间的体现。而绝大多数淳朴百姓的愿望就是人间的"大道"，为百姓愿望而奋斗的品行是"上德"的体现。本章讲述了柔和、隐忍、豁达是有"德"之人的重要素养，而纯真、低调、质朴是通过坚守"德"达到的境界。与前面的许多阐述相同，过度追求个人的名利是与大众的愿望和自然的法则相背离的，顺应民众的愿望，将需求放在前面的人，就会受到民众的拥戴。同时，保持这些"德"的品质达到一定境界之后，一心为民，就有资格成为管理民众的官员，甚至成为人民的领袖。

　　由于人类的思想理念还停留在以个人利益为主导的时期，维护个人利益还是稳定社会的长期选择。即便如此，老子讲的道理是从宇宙中悟出的哲学思想。它是人类社会从违背"道"、认识"道"，直至回归"道"都必须坚持的理念。为此，在当今的社会具有同样重要的意义。一个组织、地区、国家在选择未来的领导者时，也需要对他的"道"与"德"的修养

251

水平进行评价,这是最为基础的、最为重要的标准。"道"是世界观,是一个人对自然、对人类、对个人的认识,是对自己在生命中要做一个什么样的人、应该完成什么使命的认识,于是就建立了正确的人生观和价值观。有了对"道"的正确认识,就有了趋向"德"的思想和行动,有了主动对自私本性不断扩张的约束,就会在心理和身体方面经受磨难,懂得为了使命就必须按照"德"的标准,战胜自己身上不符合要求的一切。修炼所要历经的磨难是长期的,最终结果是能够在各种情况下形成自发的行为。一个组织要想保持正确方向长期不变,必须拥有能够实现上述要求的机制,即教育、培养、考验、评价未来领导者能否胜任的机制,以及要有保证这种机制不会被干扰和破坏的监督方法。这种选任在未来能按照"大道"前行的领导者的机制,无论在什么种类和规模的组织环境中,都具有同样重要的意义。

当然,"德"的品行修炼,不仅是为了选择官员和领袖,也是对每个公民的要求。人生有限,即使不断学习也不可能如此博学,为此,不要以为自己什么都懂、都对,要懂得自律,每个人都要发挥自己的特长和爱好,为了人类社会未来的繁荣和美好贡献自己的才干,维护社会的和谐。未来人类社会的美好,一定是建立在所有民众参与的,按"德"的标准教育、修炼直至行动的社会之中。在这样的社会氛围中,多数人都会主动以公认的标准约束自己的行为,少数难以自觉的个人也会被周围的民众所感召,跟随多数人去约束自己,避免对社会造成不良的影响。当"德"的行为成为全社会的自律后,社会的和谐安宁就会得到保障。

〖 **关联文字** 〗
【雌雄】【婴儿】【黑白】【无极】【荣辱】【官长】【复归】

4. 第四十九章　宽容百姓德天下

〖原文〗

圣人无常心，以百姓心为心。善者吾善之，不善者吾亦善之，德善。信者吾信之，不信者吾亦信之，德信。

圣人在天下，歙（xī）歙为天下浑其心。百姓皆注其耳目，圣人皆孩之。

〖文字选注〗

圣人（伟人）无常（平凡，俗人）心（思想情感），以百姓心（情感、愿望）为（作为自己的）心。善（善良）者（的人）吾（我）善（善待）之（他们），不善者吾亦（也）善之，德（是符合德的……行为）善（善良）。信（信誉、诚实）者吾信之，不信者吾亦信之，德信。

圣人在天下（人间），歙歙（无偏持的样子）为（为了）天下浑（淳朴、融合）其心。百姓皆（全都）注（专注）其（他们的）耳目（敬仰状），圣人皆（都）孩（爱护、幼小）之（他们）。

〖解读〗

本章所说"无常心"的"圣人"，是指能够放弃自身名利，"以百姓心为心"，为百姓所信赖的具有领袖气质的人。正如第十三章说的那样，只有将百姓的愿望放在自己利益前面，只有爱百姓胜过爱自己，甚至为了百姓，可以放弃自己生命的人，才能成为使百姓将希望"寄托"在他身上的领袖。他们懂得，人民是由各种各样品行的人组成，大多数人的内心都期望领袖满足自己的利益和愿望。为此，爱人民首先要包容，这体现在统治管理的行动中，体现在始终一贯的过程中。

于是，下面就有了"善者吾善之，不善者吾亦善之，德善""信者吾信之，不信者吾亦信之，德信"这样两句刻画领袖品行的话。人们的愿望各种各样，想法千差万别，"善者"就是心地质朴、善良的好人，"信者"就是待人诚实守信的好人，两者都是人间具有广博之爱的品质；反过来，"不善者"和"不信者"，就是处处将自己的利益放在最前面的人，他们往往少有真正"善"与"信"的表现。总体来说，人品的"善"与"信"、"不善"与"不信"，有这两种品德的人都广泛分布在人间，而领袖的重要品质是能够包容，能够对所有百姓怀有博大的胸怀，对好人要善待和守信，对某些口碑不好的人要用同样的方式善待。这种对待民众普遍的"善"与"信"，就是领袖所具有的"德"。

人民的领袖有了"德善"和"德信"的胸怀和对民众一视同仁的行为，就会使民众怀有平和、淳朴的心态，即所谓"歙歙为天下浑其心"，对待百姓的慈爱就像对待自己子女一样"皆孩之"，在社会管理中会采取宽容的方式。在这种情形下，无论对治理方法持有何种看法，大多数民众的精神也就会处于放松的状态，会平和地表述自己的观点，心态与行为就会逐步趋向好的方向发展。人心归于平和、广大民众给予领袖更多的信任和依赖、将其视为榜样、遵从领袖的指引和政府的管理，即"皆注其耳目"。这样的社会就会以公认的"德"为准绳，形成一种遵从多数人利益的共识，从而避免为少数人利益而引起相互争斗。这就是老子所主张的遵从"道"的规则而产生有"德"的社会面貌。

〖译文〗

宽容百姓德天下

伟人无常人的私心，以百姓的愿望为己任。对心怀善意的人善待，对心怀不善的人同样善待，是行"德"之善；对守信的人以诚信对待，对不守信的人同样以信誉对待，是行"德"之信。

伟人公正面向人间，百姓心态淳朴，听从其言行，其对百姓如对子女般爱护。

〖随想〗

随着科学理论的不断进步、核技术手段的日益创新，人类创造财富的能力变得越发强大。与此同时，拥有财富多与少的差距不断拉大，掌控多数资源和财富的少数人被视为成功人士，还被赋予了更多的话语权，对社会产生更大的影响。于是，社会民众出现了不同阶层的分化。自然界对生命进行筛选的法则，即对待各个生命都给予相对合理的竞争环境，"弱肉强食"不过是自然为维持食物链而建立的维持生存的食物分配方式，并非阶层的划分，所以，筛选依据"适者生存"的法则，主要是根据身体和心理的条件，而不是占有资源多的生命。人类在所有生灵中远比其他生命复杂，成长过程中所受环境影响和思想方法伴随一生。管理社会就要面对这样的客观现实，对于普遍未达到"道"和"德"标准的人类，就应被给予更多的包容，而这是领袖必须很好掌握的事情。

对大众生活中常见的"不信""不善"者，我们应该以社会实践中形成的契约方式，以及各种行业、组织内部可操作的评价，来规范其内部人员的品德和行为。作为国家范围内的管理，应以宣扬、辅助完善社会行为规范为主，并给予所有刑事犯罪者改造的机会，帮助他们重新返回正常的社会生活。如果由国家级别机构来处理不善不信的行为，其界定之困难将会给社会上带来困惑，进而影响管理的整体效果。

本文界定了对人类前进道路能够进行指引的、称职的领袖的要求，也就是第十三章中提出的被天下百姓寄托希望的人。因为，领袖产生的社会基础和选择的方式非常重要，思想家孟子说过的"天将降大任于是人也"一段指出，领袖产生的几项要求常常被人们作为经典提及。从"道"的法则可以知道，领袖不仅应该具有优秀的才干，还应该是懂得多数人民利益与愿望的人。因此，领袖必须产生于广大民众之中，要懂得人民的疾苦，并感同身受，甘愿放弃自己的利益甚至生命，必须是集"善"和"信"于一身的伟人。同时，人民需要领袖具有宽广的胸怀，而不仅仅是能够满足或平衡部分人的利益关系，只能使部分地区稳定。为此，具有面向世界所有民众长远利益视角的领袖，应该是不分种族、文化、信仰、国家、地域的，能为人类未来考虑的英才。

〖关联文字〗

【百姓】【无常】【耳目】

5. 第六十三章　成大事从细节起

〖原文〗

为无为，事无事，味无味。大小多少，抱怨以德。

图难于其易，为大于其细。天下难事，必作于易。天下大事，必作于细。是以圣人终不为大，故能成其大。夫轻诺必寡信，多易必多难。是以圣人犹难之，故终无难矣。

〖文字选注〗

为（用……去做）无（非绝对的）为（目标），事（用……做事）无事（事的结果），味（用……调制）无味（美味）。大小（收益的丰厚与微薄）多少（无论怎样），抱（胸怀、背负）怨（责怪）以（用）德（宽容）。

图（思虑、谋取）难（困难的）于（从、由）其易（简单、容易的），为（做）大（复杂、庞大、大事）于其细（细节、点滴）。天下难事，必作于（从……做起）易（容易处）。天下难事，必作于细（细小处）。是以（因此）圣人（有成就者）终（始终）不为（为了）大（宏大、完美），故（而）能成（成就）其大。夫（语气、表示发表议论）轻（轻率、随便）诺（答应、承诺）必（必然）寡（少）信（信用），多易（容易、轻视）必多难（困难、挫折）。是以圣人犹（谋划、从）难（难度、复杂）之（到……去、调整音节的作用），故终（最终）无（避免）难矣。

〖解读〗

"为无为"表述了"道"永远以无私的品行，根据自己的判断，不以设定绝对目标的方式做宇宙中的所有事情。被"道"带到这个世界的人类，也被放任他们自己的思考和行动，自主去完成人生的过程。人生做事的目标和过程不可能绝对完美，正确的对待方式，就是接受结果，总结经验继续探索，在下一次的努力中获得进步；就是要不断去"为"和不去纠结目标地"无为"，这与"道"的行事方式一致。同样，"事无事"的第一个"事"就是要为目标去"做事"，其后的"无事"，就是不要因不完美的"事"而沮丧，应以平和的心态来对待。那么，"味无味"就是烹调后，不要因为饭菜未能达到预期的口味而纠结，还要继续做饭。所以，"大小多少，抱怨以德"就是说，做事结果无论怎样，都能以宽容心态不计较、不后悔、不责怪，对他人的质疑，秉持"抱怨以德"这样的心态和境界去对待。

做事行动的"为"，还应该包含方式方法的问题。文中指出"图难于其易"，即如果想做复杂困难的大事，最初要从简易的小事、小目标开始进行历练；"为大于其细"，即当具备相应的能力，想要实施规模巨大的行动时，就要认真对待每个微小的细节。所有事情都不是想当然的，特别是重大目标和行动，必定更复杂，其中某一细节是否能通过，也许会决定最终的成败。另外，我们还要在实施过程中懂得取舍，放弃无关大局的小目标，抓住最可能实现的好结果而坚持努力，也是在"为"的过程中进行必要的调整。只有那些懂"道"的高人不好高骛远，从一开始就脚踏实地从小事和细节做起，通过磨砺，最终成就大事，即"圣人终不为大，故能成其大"。

通过上述分析，我们可以发现这样的规律：那些没有真正本领而自称能办大事的人，必然极少兑现他的许诺；随便夸口说事的人，必然在过程中常常遇到问题会中途放弃，也就是"夫轻诺必寡信，多易必多难"。只有那些经过历练、对事物规律有了深刻理解、懂得谋划、有解决办法、认真对待难点和细节、聪慧又严谨的"圣人"，最终才能在做事过程中克服障碍，获得成功，即"圣人犹难之，故终无难矣"。

〖译文〗
成大事从细节起

不必为了完美而去行动，不必为了成就而做事，不必为了美味而烹饪。不必计较成就的大小多少，以宽容回复埋怨。

想要完成难事，要从易事做起；想要办成大事，要从细节入手。天下难事必须从容易处做起；天下的大事必须从细小处做起。所以高人先着眼于小事，后能成就大事。随意夸海口的人必少信用，常把事情看得容易的人必多难处。所以高人先从难处谋划，过程则少难处。

〖 随想 〗

　　本章告诉人们，人在世间所做的一切事情，其结果不可能实现绝对理想的目标，这是由客观世界物质的相对性决定的，所以，不必为结果有瑕疵而纠结。但是，一定要学会避免中途失败，为此，做事要从简单容易到复杂艰难，从小事到大业，从细节到整体。逐步积累提高，养成认真谨慎的行为方式，这才是正确的态度。就像上述对"为无为"解读中所揭示的那样，"道"创造了人，人生应是行"道"的过程，要懂得尽量去做，去有"为"，但是不执着于"为"了完美目标的实现。做事情要不断试错、检验，然后调整、改进，取得进步，趋向更好的结果。

　　春秋战国时期的中华民族，在生产工艺技术方面已经达到相当高的水平，完成这些产品需要复杂的过程和高超的技艺，显然，有正确思维方式的人，会总结出其中的规律和方法。然而，并非所有的目标都能实现，所有的操作都能成功，新的成功往往要经过多次失败，是不断总结经验教训改进后的结果。所以，允许失败或者不够完美是正常的对待结果的方式。反过来说，把事情想得过于简单容易，对过程过于自信，也不是应有的做事态度。对于上述两种情况，老子在文中都告诫人们应该如何对待。直到今天，我们身边每时每刻都发生着类似的事情，没有达到预期的目标就懊恼、丧失信心，甚至相互埋怨，不能以平和的心态来对待结果，这都是因为不懂得事物的正常规律。而懂得"道"的人，对于旁人的埋怨会以理智宽容的态度对待，坚持以"德"的方式来处理这种人际关系的摩擦，并且会以更加细致、认真的态度和行动，继续努力做好后面的工作，实现更接近期望的结果。

　　处理社会问题，与用材料工具制造产品类似，具有相同的道理。国家治理措施和行动都难以与各方期望和预期的结果完全一致。所以，民众与领袖都应以客观的态度和胸襟，懂得给予理解，避免偏激对待，并共同反思，提高认识水平，以便后来的事情能办得更好。在这一过程中，社会政治的所有参与者持有的态度恰当与否，对社会发展未来方向是非常重要的，学会用符合"道"的思想方法来考虑，分析研究事物的规律对未来发展非常重要。中华民族为什么能够使自身的文明传承几千年，就是因为创建文明的祖先思想方法是建立在自然界物质规律之上的，且不被臆造的迷信所左右。后人又以这种相信祖先思想传承为主的信仰方式，以实践验证结果，使得他们坚持了这些思考和行动方式，行进在稳定的道路上。

今天，我们曾经积贫积弱的国家各民族，在有识之士抛头颅、洒热血的奋斗引领下，建立了人民做主的国家，又通过辛勤的劳动付出，使国家快速强大，避免外部的欺压。但是，过去一代人的荣光从当代人们的视线中逐渐淡化，国际国内环境不断变化，社会自身的新问题不断发生，导致民众对许多事情无法统一认识而众说纷纭。面对许多困惑，人们分析起来往往没有完全理解和运用祖先留下的思想精华。如果国人从小就开始，一生接受中华思想精华的教育，在人生必然要经历许多事情时知道应该如何看待、如何处理，那么，许多困惑就会避免。老子指出的"道"的精髓，往往直接、易懂、点到要害，如果教育从童年开始，不断将这些语句让孩子背诵下来，将来随时从脑海中调出，应用于自身的思考行动和对外部事情的判断，不仅可以使自己一生受益，还会给社会带来稳定和动力。

〖关联文字〗
【轻诺寡信】【以德报怨】【大小多少】

6. 第六十六章　欲上民者必下之

【原文】

江海所以能为百谷之王者，以其善下之，故能为百谷王。

是以欲上民，必以言下之。欲先民，必以身后之。是以圣人处上，而民不重。处前而民不害。是以天下乐（yào）推而不厌（yàn）。以其不争，故天下莫能与之争。

【文字选注】

江海所（此处）以（达到）能为（成为）百（众多）谷（山间的水道）之王（最高统治）者，以（因）其（指江海）善（善于）下（低于）之（谷），故能为百谷王。

是以欲（若、想要）上（地位高于，使……地位高）民（民众），必（一定要）以（用）言（表达、约言）下（低下、退让，使……地位低）之（民）。欲先（使……优先）民，必以身（个人、自己）后（放在……之后）之。是以圣人处上（高处地位），而民不重（重负），处前（次序在先）而民不害（嫉妒）。是以天下乐（喜好）推（辞让）而不（反）厌（压制）。以其（指圣人）不争，故天下（百姓、各个国家）莫能与之争。

【解读】

"江海所以能为百谷之王者，以其善下之，故能为百谷王。"此句是世人常见的自然景观，山峰虽然雄伟，但是雨水和山泉还是顺着山坡向下，聚集到山梁之间的沟壑，然后继续向更低处前行，汇入江河，奔向海洋。可见，山谷之水投奔江海的原因，就是江海都选择更低下的位置，并拥有包容所有水的胸怀，所以能够成为山谷之水归顺的王者。

上一段显然是用江海来比喻那些成为人民领袖的人，他们应该具有使人才百姓聚拢到身旁的优秀品质。什么样的人能具有和达到这样的王者品质呢？接下来的两个排比句，将统治者和百姓之间形成的这种关系表述得非常清晰。首先是"欲上民，必以言下之"，"言"一字应该指"王者"发布的所有信息和表述，也就是他自己的、官府的言论和政令，"下"字就是必须依据和尊重百姓的想法；于是，这一句是说，如果要想成为受到百姓拥戴并服从其统领的"王者"，就要以低姿态与百姓对话，并满足有利于他们利益的诉求，使百姓接受。第二句是"欲先民，必以身后之"，这句是说，自己更多的优厚待遇比普通百姓先得之前，必须使百姓获得合理的生存需求，而自己的获取必须安排在百姓的后面。结果则有"是以圣人处上，而民不重，处前，而民不害"，此句是前面两句对能够成为"王者"的解释，即如果能使百姓的合理要求得以满足，此时，统治者虽然地位高贵，但民众不会感到官府权威有压迫之"重"；百姓的基本利益如果得到优先解决，虽然统治者得到高于百姓的俸禄，但民众并不会产生内心不满之"害"。"是以天下乐推而不厌"，这一句是引出"道"的人间规律，即世人都喜好谦让而厌恶欺压，王者以"下"对待百姓，不过是将此法则转化为"德"的行动。所以就有了"以其不争，故天下莫能与之争"，王者之所以能成为王者，就是要懂得并遵循这个人性趋利避害的基本"道"理，只要不去压制天下百姓，不去与他们争夺不该先得的东西，世上就不会有与你争斗的百姓，百姓也愿意靠近且追随你。

〖译文〗

欲上民者必下之

江海成为山谷之王，因其宽宏并在最低处，山谷之水向往而成王。

为此，若想地位高于民众，必以谦卑对待民众；若想获取先于民众，成为人民表率，必以所得后于民众。因此，王者虽地位尊贵，可民众无压抑；虽待遇优厚，可民众不妒忌；皆因民众喜好谦让而憎恶欺压。王者不争不傲，百姓不会对抗其治理。

〖随想〗

本章从人的本性特征着眼，告诉统治者能够担负和维持自身地位的原因，那就是民众接受先为自己着想的管理，讨厌与自己争夺利益甚至受到欺压的管制。为此，不要因地位高而对百姓颐指气使，不要先于百姓满足自己的欲求。能够先把百姓基本生存的事情办好，民众就会拥护并围绕在其身边，而不会妒忌统治者的地位和待遇。

水既能载舟，也能覆舟。水能汇集于山谷并最终归顺它的王者——江海，就是因为江海有使水归顺的低下位置和无尽包容的品德。人间就是这样，民心不是管制或欺压能长久维持的，若要使民众团结在自己周围形成合力，首先要像江海一样使民心汇聚在一起。因为"道"包含一切，小到个人、家庭、组织，大到国家、世界。民心不是少数人的利益，人类社会的"道"，即大多数民众的意愿。历史进程最终无不受制于"大道"，那就是人民，山峦就是百姓，溪流就是民心，合在一起就是江山，所以，"人民就是江山"，"王者就是海洋"。若有统治天下的抱负，首先要成为人民的领袖；若想成为领袖，就必须从身边的细微之事做起，在言行方面培养和约束自己，成为人民信赖的人，不断有更多的人将信任和愿望"寄"和"托"在自己的身上；自己的地位一旦高了，还应清醒地认识并保持贴近百姓的待人品质，在处理所管理的大事时保持为民做事的初心不变。否则，走向人民的对立面就会被人民所不齿和抛弃。

如何形成和维持由这样的领袖管理的国家，就需要从领袖的选择方法与制度上来保证。世界上有各种选择国家领导者的制度，只要不使社会发展和人民生活水平倒退，保持不在短时期内发生混乱和变化，选择领袖的制度就有存在的道理。国际社会的现实证明，没有绝对合理且统一的领导人评选制度，一切取决于这个区域社会的文明传承和具体情况，外部的指挥或干预未必是正确的，强加于当地人民的结果常常事与愿违，特别是其中带有推行者的私利的更是这样。但归根结底要看管理结果，要看制度选择的领导者是否能够管理好当下的社会，并且为发展未来奠定基础，使符合人民期待的、更美好的生活愿望得以实现。总之，适合当下的就是合理的，但制度变化是永恒的，当旧的制度对社会不良现状形成无法解决的阻碍时，必须分析原因，如果事实证明确实是因制度无法做出有效改变，形成对未来不利的死结，就必须对其进行改变。这就是"道"的法则要求。

〖**关联文字**〗

【江海】【能为】【百谷】【不争】【以其】【是以】【以身】

7. 第七十二章　王者自爱不自贵

〖原文〗

民不畏威，则大威至。无狎其所居，无厌（yàn）其所生。夫唯不厌，是以不厌（yàn）。

是以圣人自知不自见，自爱不自贵。故去彼取此。

〖文字选注〗

民（百姓）不畏（惧怕、敬服）威（威势），则（表示因果）大（严酷）威（危情、畏惧）至（到达）。无（没有）狎（亲近）其（百姓的）所（助词，与后面动词组成名词性短语）居（家园、居所），无（没有）厌（满足、符合）其所生（性命、生存）。夫（因）唯（只、仅）不（没有）厌（满足、挂念、牵挂），是以（所以）不厌。

是以圣人（高明的统治者）自（自己）知（懂得、知道）不自（依据自己的）见（见解），自爱（爱护、珍惜）不自贵（高贵地位、重要）。故（因此）去（放弃）彼（自见和自贵）取（坚守）此（自知和自爱）。

〖解读〗

本章的第一句"民不畏威，则大威至"是说，当人民不惧怕官府的威吓镇压时，社会混乱和统治者地位的动摇就要来了；这是判断国家统治治理是否会出现危机的方法，"官逼民反"就是指这种情况。两千多年前的春秋战国时期，除了战争胜负导致原地域统治者变更之外，诸侯国政权的更迭，更多是由自身发生民不聊生状况引起的。在后来的历史进程中，各个朝代中期或朝代变更前，几乎反复出现这个现象：官僚统治腐败，民不聊生，反抗四起，官府强暴镇压人民，人民武装起义，最后推翻了旧政权。后面一句用形象的语言讲述了百姓当时的状况和统治政权面临灾难的原因:"无狎其所居",这表示百姓已经失去了改善自己家园的动力;"无厌其所生"一句是说百姓失去了维持家人生存的基本能力。"夫唯不厌,是以不厌"一句是说,百姓失去了这些牵挂之后,不再在乎自己的生死,当他们对自己生死都不怕时,当然对于统治者的镇压也就不惧怕了。

第二段开始的"圣人"是指真正高明的统治者,他们秉持这两条"道"的基本理念:"自知不自见,自爱不自贵",即懂得自己统治的局限,不以一己之见来判断和决定统治的方法;懂得珍惜自己的重要位置和职责,为了江山社稷,不将自己放在比百姓更加尊贵的位置。即要想实现国家稳定和百姓安宁,就要懂得不按照自己的好恶来管理社会,而是将百姓的需要作为最重要、最优先考虑的事项。所谓"去彼取此"就是坚守上述原则,去掉的"彼"就是自己的判断"自见"和自己的欲念"自贵";坚守的"此",就是懂得自己能力的有限"自知"和为了百姓着想才是真正爱自己"自爱"。

〖译文〗

王者自爱不自贵

当民众不再惧怕苛政时,统治者的灾难就到了。百姓不再爱恋自己的家园,不再有对未来生活的追求。只因他们失去了活下去的愿望,所以再失去什么都不会惧怕了。

英明的统治者懂得:有自己的见解,但不自以为是;爱自己的地位,但不以自己的地位为贵。所以,他们能放弃自以为是和自以为贵而坚守自知和自爱。

〖随想〗

春秋后期,在各个诸侯国中,反复出现统治者与百姓之间的矛盾激化及国家政治危机。老子指出,其中的重要原因是统治者没有端正思想观念,没有摆正自身位置,当百姓在无法承受压迫,无法继续生存时,就会出现民众的反抗,社会就会发生动乱。所以,本章是要告诫统治者,管理社会要将百姓的地位和利益放在首要位置,这样才是正确的、符合"道"的行为。

自从有了"道"的观念以来,一个地区占大多数人的群体就相当于人类在自然界中的"道"的一部分,群体的意愿与追求就是"道"在社会的运动方向,所以,是人民创造了历史。在新旧交替时,虽然英明的领导者,也就是新的领袖及新的君王受到人民的拥戴与歌颂，他们的喜好也受到许多人的追捧，似乎是由他们创造了历史，但是，他们终究代表了人民的意愿，是历史进程中人民与领袖之间的相互选择，才使政权交替得以成功。懂得这些道理的统治者，在以后的统治过程中，能够实行以人民利益为中心的正确治理方法。他们才是英明的统治者。

然而，由于人的为己本性的存在与难以控制，无论统治者还是百姓，都难以坚持以"道"的方向指引自己的行为，所以，如何正确地选择统治者，并使其能够不断以正确的方式对待人民，以正确的方向管理社会，特别是治理那些偏离"道"的人，是个非常重要的问题。任何人都不可能是全才，能够胜任统治者岗位的人终归是极少数，而且他们不可能总是保持充沛的精力。为此，要有合理的机制来培养和选择他们；一旦选择之后，还要保持稳定，人民应信任新的统治者，以使其充分展示领导才干；同时，要通过监督机制反馈社会治理的情况，避免走向错误的方向。

另外，许多百姓在和平的环境中，会因不断追求个人利益而迷失"道"的方向，所以，如何引导教育人民和治理社会，也是英明统治者要解决的重要问题。历史上的各个阶段都是这样，直至当今社会，甚至是未来社会，即使是同期的，但是环境或各种条件不同的社会，都是这样。纵观人类社会历史，没有永恒正确的方法，只有适合的方法，即符合此时、此地、此民的"道"。任何企图以单一的方式取代"道"的行为，都会使社会出现无法解决的问题，使民众在动乱中受到伤害。

〖关联文字〗

【自知之明】【自爱】【彼此】

8. 第七十八章　为国受难可为王

〖原文〗

天下莫柔弱于水，而攻坚强者莫之能胜，（以）其无以易之。（故）柔之胜刚，弱之胜强，天下莫不知，（而）莫能行。

是以圣人云："受国之垢，是谓社稷主。受国之不祥，是谓天下王。"正言若反。

〖文字选注〗

天下莫（没有什么）柔（易变形）弱（易破碎）于水，而攻（攻击）坚（坚硬）强（强大）者（物、人）莫（无不）之能（可以）胜（超过），其（指水）无（没有）以（用）易（改变、交换、替代）之。柔（软）之胜刚（硬），弱之胜强，天下莫（没有）不知，莫（没有、难以）能行（实施、做到）。

是以圣人云："受（承受）国之垢（耻辱），是谓社（土地神）稷（五谷神，社稷、国计民生）主（掌管、主持）。受国之不祥（吉祥征兆），是谓天下王（君王）。"正（正直、公正）言若（好像）反（颠倒）。

〖解读〗

"天下莫柔弱于水，而攻坚强者莫之能胜，其无以易之"一句是说，人类很早就通过对水与各种事物相互作用的观察发现，没有什么能比水更柔和、包容，它总是顺从其他物体的边界，保持贴切、随和；人们又发现，水能潜入致密的岩石，通过各种方式使岩石碎裂。只要给予水足够的时间，它就会以柔顺的无孔不入的方式进入岩石缝隙，再以恒久不息的膨胀腐蚀力量，达到破解岩石成为沙砾和土的结果，而这是其他方法无法做到的。水的"柔之胜刚，弱之胜强"特性，就是老子要引出的"道"的法则。

在人间，当争斗双方都是以硬碰硬的方式对抗时，弱者通常被强者重创；双方即使实力相近，最后也往往互有损失，或形成两败俱伤的结局。聪明的弱者会避免与强者正面冲撞，利用柔和缓慢和迂回包抄的方法来解决问题。如果实力比较弱小的一方能避开强者初始的锋芒，等到对方的强势过后，在露出松懈或破绽时出击，会取得以小代价取得大胜利的效果。

"天下莫不知，而莫能行"一句是说，人间的许多争斗，都能证明以弱胜强的现象存在，可是人间的决策者，即使懂得"道"的法则，但是在事情落到自己身上时，却总是不能冷静分析、遵循，不能忍耐，以急于求成的方式行动，结果往往坏事。

文章最后一段引用治国高人的评论："受国之垢，是谓社稷主。受国之不祥，是谓天下王。"意思应该是，能承受国之屈辱的人，可成为社稷的主宰；能肩负国之灾难的人，可成为民众的领袖。文中最后的所谓"正言若反"是在解释上面这句话，即不在国家富强的高光时刻颂扬成功的君王，而是在国家不利的时刻，来说明能担当起君王职责的能力和作用，实际上还是在呼应上面的论点，即为了国家安宁和百姓平安，要懂得忍辱负重，懂得以柔克刚、以弱胜强的道理。成语"卧薪尝胆"就是典型的例证。

〖译文〗

为国受难可为王

天下的柔顺莫过于水，没有它不能击破的坚硬，也没有谁能代替它。以柔克刚，以弱胜强，世人虽知，却难做到。

为此，理政高人有这样的说法："能为国忍受耻辱，才能担当社稷的主宰；能为国承担灾难，才能成为百姓的领袖。"正面的话好像是在反说一样。

〖随想〗

本章再次用柔弱能够战胜刚强这个"道"的规律，告诉管理国家的君王，若要担当此重任，除了带领国人在和平时期逐步走向富强外，还必须做好为国家社稷承受一切的准备，包括以柔弱方式化解强权施加的耻辱，以忍受长久苦痛度过各种灾难。

当今社会，人们普遍受到基本教育，有机会接触大量的信息。对国家大事和社会与个人群体的各种关系知道得不可谓不多。人们都或多或少有自己的观点，或赞同某些人的见解，或反对某些不同的看法，并且通过网络向外分享、扩散。但是，真正懂得社会和政治的人有多少，真正由自己通过认真思考或研究得出的结论有多少，却很让人怀疑。网络上到处都充斥着相互矛盾的说法，有些甚至打着科学的名义，或者以为国为民的名义，让缺少独立判断的民众无所适从。从人性普遍为己的角度看，处境的差别一定会导致人的思想复杂多样，人们应该理解社会复杂的原因，而且，让一个极为复杂的社会保持和谐有多么困难。

治理国家不是简单的事情，要有相当高的政治水平，来安排和平衡各种利益关系，维持稳定的局面，而且还要考虑国际环境，避免外部那些不同观念和利益的人，做出不利于我们的行动。虽说国家兴亡，匹夫有责，但是，没有这方面知识、历练的人是不能懂得和管理国家的。真正有所作为的人要从广大民众的需要开始，从局部的、细微的事情开始思考，采取行动，想要就地解决问题并达到目标的方式其实是美好的幻想。要成为担负天下重任的伟人，面对国家危难的时刻和国民思想不统一、众说纷纭的局面时，还要忍辱负重，发自内心承担国家和民间困苦，有相当丰富的政治活动历练，然后才有相应的资格走上治国的道路。

老子在这篇文章中告诉我们，承担国家重担的人还应该有水一样的品质，有冷静的忍耐能力，甚至能够承受指责和耻辱，懂得以柔和的、迂回的方式，通过坚持不懈的努力，选择适当的时机来处理各种国家事务。再伟大的人物，如果他实行的不是人民所期望的道路，最终也会被淘汰，因为广大人民选择的道路才是符合历史的"道"。但是，评价一代国家领袖是否称职需要时间，当人民有幸赶上这样的伟人时，应该等待，听其言观其行，不要急于求成，不要因为自己的小私利没有得到满足就乱发牢骚，要学会成为有一定政治水平的百姓。如果确实在反复验证后，仍旧无法回到符合百姓愿望的政治道路，就要考虑通过变革来解决当下社会不符合"道"的管理方式，通过人民的推动，加上懂"道"的政治人物的引领，回归人民与领袖协同一致的目标，才能使国家走向强盛而美好的未来。

〖关联文字〗

【柔弱】【以柔克刚】【以弱胜强】【攻坚】【知行】【忍辱负重】【社稷】【正反】

捌

治国之道

1. 第三章　虚心强骨邪不染

〖原文〗

不尚贤，使民不争。不贵难得之货，使民不为盗。不见（xiàn）可欲，使民心不乱。

是以圣人之治，虚其心，实其腹，弱其志，强其骨；常使民无知无欲；使夫智者不敢为也。为（wéi）无为（wèi），则无不治。

〖文字选注〗

不尚（尊崇）贤（有才能的人），使（致使）民（百姓）不争（竞争、争夺）。不贵（崇尚）难得（取得）之货（财物、金钱珠玉布帛的总称），使民不为（去做、成为）盗（偷窃、强盗）。不见（显露）可（可以、能够）欲（情欲、贪欲），使民心（思想情感、挂怀、关心）不乱（混乱、动荡）。

是以圣人之治（治理），虚（清净）其心（心中欲念），实（充实）其腹（肚里的食物），弱（减少）其志（不现实的志向），强（增强）其骨（躯体的筋骨），常（长期）使（令、致使）民无知（知道、指诱惑）无欲（贪欲），使夫智（聪明、心机）者不敢为（去做、行为）也。为（如果用、做）无（少量）为（管制的措施、目标），则无（没有）不（不能）治（治理）。

〖解读〗

通过数千年华夏文明的发展，春秋时期中华大地上的生产技术已经达到相当高的水平，特别是对技术的传承和应用起到了重大的推动作用，今天古墓出土的陪葬品就可以充分证明这一点。当时，华夏文明的农耕、养殖、建筑、纺织、艺术、冶炼，甚至殡葬防腐等许多方面的技术，在世界上处于领先的地位。显然，这些成就的取得，得益于农耕生产需要稳定和谐的社会环境，并逐步形成了中华文化独有的"和"的特质。但是，伴随物质财富的丰富和获取财富的手段不同，必然导致贫富的分化，而人的本性又使生存条件落后的人，试图向比自己富有的人看齐，导致社会的攀比和争斗现象变多。老子在当时通过对人性的观察和分析，找到了造成不利于社会安定的一些重要原因。本章就在讲述由普通人的本性导致的常见社会问题。

民众看到少数富人对享乐的炫耀和对名誉、地位和利益的不择手段追逐，于是，就有了第一段中对社会存在混乱的原因的讨论。"不尚贤，使民不争。不贵难得之货，使民不为盗。不见可欲，使民心不乱"一句中的"贤""货"和"欲"，即名誉、财富和享乐，对它们的宣扬和追逐会刺激并引发不安定事件频发。找出产生不良社会现象的根源，就找到了解决问题的方向，也就可以有针对性地找到解决问题的方法。为此，老子提出，在社会管理中应"不尚贤""不贵难得之货""不见可欲"，也就是"不去推崇名誉，不去宣扬珍宝，不去炫耀享乐"，避免民众因诱惑而发生争抢的行为，从而达到"使民不争""使民不为盗""使民心不乱"，也就是使民众"不争夺虚名显赫，不谋求非法获取，不被蛊惑迷乱内心"的目的。

社会不断出现不安定和难以治理的现象，使统治者头痛。第二段开头说的"圣人"，应指聪明的统治者，或者能够向君王提出合理建议的辅佐官员。过度欲望既然是造成不安定恶果的源头，那么，只能从控制过度欲望的源头来解决。对于没有受到系统品德教育的普通百姓来说，许多道理是无法向他们说清楚的，能够采取的方法只有通过社会的导向，使百姓回归心地淳朴、生活温饱、身体健康、无奢望的安定生活之中，即所谓"虚其心，实其腹，弱其志，强其骨"的简单又健康的生活。"常使民无知无欲"一句是说，不应简单归于愚民政策，人人都从无知来到世界，教育的落后是当时的社会常态，此时老子主张的"使民无知无欲"恰恰是针对大多数人对"道"和"德"的水平所采取的对策。社会道德教育缺失，社会道德环境又无法得到有效管控，如果能控制宣扬名利享乐，无疑会从源头使人心平和，以达到易于管控社会环境的效果。民风淳朴，也会有"使夫智者不敢为也"的效果，由于百姓头脑没有过多的欲望，就不会被少数"智者"用过多的欲望挑动，引起不满，也就难以跟随其做扰乱社会的坏事。与今天褒义的聪明才智的"智"字不同，《老子》中所说的"智"，是指有城府、动心机，为谋取利益采用各种不法手段的人；这些"智者"心中没有道德，仅有个人的欲望和谋取私利的心机，热衷于鼓动他人去扰乱社会而从中牟利。这种人对群体的安定团结和整个社会的发展显然是有害的。

文章最后提出的"为无为，则无不治"是对上文的总结之语，这种说法在许多章节中都有体现。从整个文章的论述可以看出，它应该是老子对统治者如何治理国家和社会的基本思想，也是对管理社会的建议。从前面的文字中看出，"为无为"中，前面的第一个"为"字，即社会管理者决定要做的事情，后面的"无为"，即社会管理者应少设置扰乱民众平静生活的治理措施；同时，统治者也要控制自身的欲望，减少百姓的赋税负担，使民众信任统治者的管理，保持平和的心态。历史经验证明，社会管理还需要长期坚持"为无为，则无不治"的理念和措施，保持社会的和谐稳定。鼓励合理带动社会经济发展的方式应该慎重采纳和实施。

〖译文〗

虚心强骨邪不染

不宣扬能人的地位，以避免有人为名誉而争抢；不炫耀稀有宝物的贵重，以避免有人为占有而盗窃；不展示奢靡的生活，以避免人心为享乐而迷乱。

为此，高明的统治者治理政事，使民众清心寡欲，腹中食物充盈，志向现实可求，身体强健有力；保持民众不受名利和享乐的影响；让心术不正的人无法蛊惑和引诱人们跟随作乱。以最少的法规和行动，即可获得最有效的治理。

〖随想〗

这一章是老子基本哲学思想的运用典型。物质世界的发展过程都是从"无"到"有"，生命从呱呱落地开始，几乎没有对外部世界的了解，仅仅凭借简单的本能，以淳朴面对一切，在欲望方面几乎就是"无"的状态。但是随着生活经历、记忆和其他方面的增加，加上为己的本能，形成了超出淳朴"有"的思维和想法。显然，本能中本"无"过度的私欲，逐渐为了占有利益而形成"有"的念头。解决过度私欲，就要设法回归或控制私欲"有"的产生和泛滥。依赖自然生存的万物，基本是受自然法则控制来调整其欲望的，人类社会被自然发展赋予了揭示自然的能力，却利用自然的"无为"原则，无限放大自己占有利益的欲望，人类社会最大的问题即产生于此。而"道"和"德"就是从理念和行为来说清楚道理和建议的行动规范，《老子》一书中的大部分文章都围绕这两个哲学概念展开。

　　文章第一段是以人间现象为例来说明一个"道"的规律，即在社会道德水平普遍不高时，如果百姓周边有良好的生活氛围，就可以在一定程度内避免名利、享乐、攀比等欲望泛滥成灾。第二段以第一段为引导，说出治理国家的重要方法：统治者若懂得上述规律，就应该积极引导普通民众保持自然、淳朴、健康的生活方式；这样的话，人群中即使有一些狡诈之徒，他们也难以扰乱社会。其本质就是统治者以"德"的方式管理自身和民众，可以用较少的手段，取得更好的结果。

　　人是为了生存而为自己的利益竞争的动物，当对人生没有深刻理解和思想准备的时候，多数人难免因自己的生存条件落后于旁人而产生危机感，于是，他们或努力劳动，或模仿他人用不劳动的捷径改变现状。一些人自觉不自觉地采用各种不道德的手段索求并获取更多的利益；另一些人天性鲁莽好斗，容易引发失去理智的激烈行为，甚至被挑唆滑向暴力犯罪。社会上的人既然会有这样或那样的性格或行为方式，面对这样复杂的人间环境，社会管理者应尽量避免使民众产生过多的欲念，而全力解决民众的合理需求。人们的生活安定满足，心态就会平和，就不易被人蛊惑唆使，那些天性狡诈且没有道德良心，试图挑拨他人来实现自己企图的人就无可乘之机。

　　按照当今社会的发展阶段，文化普及与信息的广泛传播，试图要求今天的人们像几千年前那样，回归无知的淳朴状况是不现实的。但是，从老子后面许多文章中的内容可以看出，他从所处时代中得出的许多思想观点，在人类社会中还具有普遍和长久的意义。"道"既然创造了生命，那么生命就属于自然的一部分，生命就要遵循自然的法则，每种生命都要顺应自己在自然中的地位，完成自然赋予的使命，而不是利用自身的能力无限度地争名夺利，否则，就会走向自然的反面，最终走向被自然否定的下场。可见，这是人类社会要解决的主要问题，即要认识到自然的伟大和自身的渺小，控制欲望的过度放大，在很长一段历史时期都是社会管理无法摆脱的重要任务。今天的社会也应像老子当年那样，要找到并抓住引起普通人本性偏离正确道路的苗头，采取相应的措施，引导多数人保持良好的生活态度，限制那些欲望不受控制的少数人，防止财富过度集中到他们手中后，以不合理的方式挥霍掉。人类应该持续定位自己存在与发展的方向，以适当的措施解决不同时代的社会的主要问题。

　　历史的经验证明，社会进步主要表现为经济的发展，经济发展同时带动了社会各方面的进步，只有经济发展受到社会管理方式的阻碍时，才需要用特殊的，甚至是暴力手段来推翻旧社会，使其返回到相对和谐的状况。可是，人性中追逐利益的本能驱动社会经济发展，安定的社会环境是经济发展的重要条件；而经济繁荣使利益的差别加大，导致社会矛盾的积累，逐步破坏社会的安定。在这个不断循环的怪圈中，如何找到两全的办法的确是个难题，老子提倡的方法在相对稳定的社会阶段具有普遍意义。不过，社会非常复杂，欲望随处都在，在不同时代、不同地域，什么是合理的欲望追求难以建立可行的标准，而且，在许多社会阶段和条件下难以实施。为此，我们要从本源着手寻找解决问题的办法，也就是要从"道"的思想观点开始，理顺人间看待世界的观念，明白人生的意义，为自己建立正确的理想。这些观念理顺后，从主观上就奠定了控制过多欲望的条件。人类只有沿着这条路走下去，社会发展过程从安定逐步过渡到混乱这个不断循环的怪圈才能被缓解，被控制，被消灭。

　　然而，"道"的思想理念尚未被世界广泛知道和真正理解；其次，即使有部分民众理解，但是向外讲解传输也有非常大的难度，不仅未受到教育的百姓无法理解其中的道理，即便是受到过教育的知识精英，或者统治者及扶助他们的官员，也未必能够接受老子的观点。在老子的时代，某个国君即使懂得这些道理，但是其他国君如果不懂，相互攀比、争夺就无法避免，有谁能够独善其身呢？这种情况在当今世界也是普遍现象,当背"道"为私的观念还是社会主流的思想和行为时，不会产生根本性的改变。目前的实践证明，当下治理国家只能通过政策来缩小财富分配差距，运用法治维持安定环境，而且，两者并用实施才行。本性是无法改变的，但是只要相信"道"，相信自然的力量，人间产生的欲望过度背离自然法则的问题终将被认识和解决。

　　被社会广大民众所接受的宗教，可以在一定的范围内达到控制欲望而减轻社会动荡的效果。但是，宗教毕竟不是科学理论，不能被所有的人所认同，不同宗教之间因信仰不同而产生的分歧难以被包容和解决。当然，对自然界有高层次的认知，对生命意义有正确的认识，并产生高尚理想的人越多，就越有利于治理。为此，人类社会要彻底解决安定和动乱循环发生的问题，就需要有一个被全人类都接受的、遵从自然法则的社会科学理论。这个理论要让大多数人都懂得这样的道理：要想使自己和自己的后代，以及未来所有人都能在一个长久和谐的环境中生存，每个人都必须认同和学习这个公认的科学，并且自觉地遵循其所规定的法则，规范自己的思想和行动。老子说的"道常无为而无不为"，即"道"从开始造物时，就从来不从自己的利益出发。人本身是"道"的一部分，应该以"道"作为自己的榜样，用行动接近"道"，于是，就有了中华古人崇尚的"天人合一"的理念，这可能也是老子写作此书的初衷之一。

〖关联文字〗
【虚心】【难得】【民心】【无知】【无欲】【智者】【不敢】【无不】

2. 第十七章　取信于民民自然

〖原文〗

太上，下知有之。其次亲而誉之，其次畏之，其次侮之。

信不足焉，有不信焉。悠兮其贵言，功成事遂，百姓皆谓"我自然"。

〖文字选注〗

太（极、最佳）上（高处、统治者），下（低的、百姓）知（知道）有之（他们）；其（由太起）次（下等），亲（爱、近）而（并且）誉（赞美）之；其（再）次，畏（恐惧、害怕）之；其（最）次，侮（侮辱、怠慢）之。

信（信用）不足（充足）焉（助词：肯定），有（表示发生）不信（相信）焉。悠（长久、悠然）兮（语气词）其（指统治者）贵（重视、珍视）言（表达、宣说），功（功效、成就）成（实现）事（事情、做）遂（通达、顺应），百姓皆（全都）谓（评论）我（自己、我们）自（意愿），然（这样、句尾表示断定）。

〖解读〗

通过史料记载和对春秋时期各个诸侯国的统治的分析，老子总结出对国家管理水平的简单评判方法，并将其划分为四个层级。既然百姓的愿望是一国的"道"，那么就应该以百姓对国家统治的表达来检验并评判管理水平。第一层次，"太上，下知有之"一句是指最高水平的管理，此时，社会被恰当治理而呈现安定和谐的状况，没有影响百姓正常生活的事情发生，官府也就无须采取惊动百姓的行动，民众只知道有官府这个机构存在而已。第二层次管理的表现是"其次，亲之誉之"，当国家内外发生了一些影响百姓安定生活的问题时，官府能够及时采取合理的措施，控制或解决问题，所以会得到民众的拥护和赞誉。第三层次管理的表现是"其次畏之"，当统治者和官员高高在上，热衷于享乐，官府自己却用种种法律条款和行动来约束恐吓民众时，百姓生活总是处于艰难的状态，导致民众害怕并疏远他们。第四层次管理的表现为"其次侮之"，当百姓在官府苛政的压迫下失去生存的希望，民众就会用辱骂的言语来表达对统治者的蔑视和反抗。

统治管理就是制定、颁布和执行法令，如果言而无信，执行时掺杂个人的私利，以获取利益，甚至草菅人命，那么必然失信于民，即所谓"信不足焉，有不信焉"。所以，好的统治管理要"悠兮其贵言"，即制定与颁布政令时应慎重平和，统治者要以身作则，管理执行机构应清廉有效，说到做到；另外，过多的政令还可能让百姓难以知晓和理解，为此，政令还要简单明了，提高效率。统治机构能够按照上述方式适时地发布百姓实际需求的政令，解决民众当下关心的问题时，自然会得到百姓的理解与接受，并得到百姓对政府的信赖，也就实现了有效的社会治理，即所谓"功成事遂"。"皆谓我自"，即百姓都会说，这样的治理就是我们心中想要的，"然"，即我们想要的就是这样。

〖译文〗

取信于民民自然

治理的最高水平，百姓只知有统治者存在；次一级，百姓对统治者亲近赞扬；再次一级，百姓对统治者畏惧疏远；最差一级，百姓对统治者诅咒抗拒。

统治者不讲信誉，必将失信于民。少发政令，谨慎行事，有效地维护好社稷，百姓自然会说，我们当然要这样治理。

〖随想〗

本章结尾出现的"自"与"然"的连用，与第二十五章结尾的这个连用有着同样确切的含义。"道"是宇宙的本源，创造了万物，是万物生存法则的制定者，所以，"道法自"就是"道"遵循"自己"的意愿行事。而人类多数百姓当下的愿望，也就是"道"的"自"，因此，好的社会管理应顺应百姓的习惯和愿望，保持并扶助他们的正常生产，改善他们的生活，不会或尽量少地因政令引起疑惑和混乱，这也是遵循"道"。稳定和秩序是"道"的常态，"道"也主张适当适时变化，在"道"的路上随意破坏稳定就是"背道而驰"。老子用百姓对统治者治理的反馈，作为对治理水平的评价，就是"道"的法则的体现。由于"道"的法则是普遍的、长久的，因此，人类社会中对统治者管理水平的评价至今都有着同样的借鉴意义。

最有效的治理，应是在不经意的过程中，顺应人们的行为方式助推完成，而且，言必信行必果，这样自然得到百姓的拥护。因为社会发展是不平衡的、有阶段性的，所以，哪怕政府有时行动滞后，只要有稳定的"和"，百姓就可以接受。纵观历史，百姓最反对的是腐败的、掠夺人民财富的政府和官员，因为他们从根源上是违反百姓利益之"道"的，所以，控制和惩治腐败，永远会受到广大普通民众的支持和拥护。国家的统治管理，从细节上来说非常复杂、琐碎，并且难以有符合所有人愿望的完美方法。但是，只要从根源上尽量做到符合广大民众的基本期许，就会受到民众的拥护，细节的不够完美也可以被大多数民众所理解和接受。民众的基本期许实际就是广大民众的诉求，统治者应作为核心任务来要求自己，同时按照这一任务不断调整自身的行动，以保证行进在正确的道路上。另外，在文明程度普遍不高的社会阶段，广大民众不是指那些呼叫声大的或敢于采取激烈反抗的少数人，也不是指那些拥有话语权和巨大财富既得利益的个别权贵者，统治者如果对少数人采取错误的妥协行动，反而会对广大民众造成损害，这也是对"道"的违背。以广大人民群众的反馈来检查治理水平，并不断改进行动措施，就是管理行为有"德"的体现。

〖关联文字〗

【太上】【其次】【不足】【不信】【自然】【功成事遂】

3. 第十九章　民少私寡欲无忧

〖原文〗

绝圣弃智，民利百倍。绝仁弃义，民复孝慈。绝巧弃利，盗贼无有。

此三者以为文不足，故令有所属（zhǔ），见（xiàn）素抱朴，少私寡欲，绝学无忧。

〖文字选注〗

绝（断绝）圣（神通、能人）弃（抛弃、废除）智（才智、谋略），民（民众）利（有利、好处）百（多）倍（加倍、翻番）。绝仁（指仁人、仁爱）弃义（义的行为、名分、交情），民复（恢复）孝（孝顺、尽心奉养父母）慈（上对下慈爱）。绝巧（欺诈、虚浮不实的）弃利（利益），盗（抢劫）贼（窃贼）无（没）有（存在、发生）。

此三者以（介词）为（以为、认为……是、把……看作或用来）文（文辞、文章）不足（满足、完全），故令（发令、使）有所（助词）属（告诫），见（显露、介绍）素（不加修饰）抱（怀藏、心存）朴（质朴、本真），少私（个人的）寡（少）欲（欲望），绝（截断）学（仿效）无忧（忧患）。

〖解读〗

老子通过对人的本性特点及社会现象的分析，找出某些导致社会不稳定的原因，于是提出采取"绝"和"弃"的针对性措施，即要"杜绝"或"摒弃"一些宣扬和鼓吹的泛滥，从而减少人间不道德的混乱行为。

首先是"圣"，此处是指那些利用人间对神秘自然的敬畏和灾难的恐惧，滋生许多靠迷信混生活的人，这些人臆造出一些鬼神作为崇拜的偶像，或自立神魔附体的"圣人"，使民众相信，让人们不仅付出了时间和钱财，还扰乱了正常生活；"圣"也可指那些表现特殊的人，他们的某些行为利于统治而被鼓吹，被树立为榜样，致使民众加入竞争的行列。在《老子》中出现的"智"字，基本是贬义，专指依靠心机算计他人，挑动人间矛盾，从中渔利的人或行为。显然，反对这些背离淳朴善良的智谋泛滥，不仅因为它们不符合"道"是物质的本质这一点，还因为它们祸害了普通百姓。于是，禁止或减少对此类行为的宣扬，让广大民众内心保持安宁，在淳朴平和的环境中生活，会避免许多精神波动或物质损失。另外，专注自己所长，把正事做得更加完美，则使"民利百倍"。

同样，对于宣扬表彰"仁爱"典范或"忠义"之举的事迹和行为，老子也主张加以限制。"仁"和"义"之举，其本身虽然是出于善良和感恩报效的行为而在人间受到敬重，但是，由于其行为的本质并不一定符合社会进步的方向，过分宣扬"仁义"所产生的轰动效应，其结果可能掩盖或带来某些错误的社会问题，当这些社会问题被某些人利用来误导民众，还可能背离社会的进步方向。而且，常言道："物极必反。"过于鼓吹无"道"原则的"仁"和"义"，也会助长某些扰乱社会的极端行为。所以，以"德"服人，秉持公正，更多地倡导淳朴民风，使百姓内心平静，自然会形成在公正环境中的敬老爱幼风气，即"民复孝慈"的社会风气。不主张宣扬"仁义"，不等于完全反对"仁义"，关键是要慎重宣扬它，防止背离"道"的原则而使社会倒退。

"巧"是指为了个人利益而在人间以投机取巧，或以歪门邪道方式占有他人资财的反常规行为；"利"是指人间对财富炫耀和非法占有行为。两者都背离公认"德"的规范，对它的宣扬都会在注重利益的民众心中带来躁动，企图瞄准更富有的目标，用不劳而获等不正当手段占有而获得满足。所以，禁止鼓吹投机取巧和炫耀财富，使民心平和满足，就会大大减少因企图拥有不合理利益而走向偷盗犯罪行径的人，即"盗贼无有"。

显然，老子对以上情况的分析和主张产生于其对道德的定义及社会问题产生源头的思考结果。不过，上述主张如果出于符合"道"的法则，对于社会的亲善和谐和伸张正义都是有正面作用的，是历代明君所推崇的行为。但是，除非整个社会都需要以仁爱的行动扶助苦难个体的生存，以正义的行动推动社会整体向新的方向转圜，领导者和广大民众要掌握好上述三项控制要求的范围和尺度也是比较困难的事情。而且，一般的社会情况非常纷乱复杂，很难用几个难以明确的措施就涵盖众多的有害倾向，即所谓"此三者以为文不足"。为此，老子换个简单概括的说法，即用"令（另）有所属"来告诫社会，那就是倡导"见素抱朴，少私寡欲，绝学无忧"的生活方式，即宣扬纯真质朴的生活，减少或控制个人的私心和欲望，不学，也不追随或模仿那些以机巧、名利来生存和以暴力的方式为他人行事的行为，就可以免除许多社会忧患的发生。"学"字在《老子》一书全篇通常指向那些以谋取个人利益为目标、仿效违背公认的道德标准获取名利的行为，而非现代语言中的只是为增加知识和本领而充实自我的褒义字。

〖译文〗

民少私寡欲无忧

阻断神魔与心机的传播，民众摆脱身心负担而多多受益；减少仁义名节的吹捧追随，民风自然恢复淳朴的孝敬与慈爱；杜绝投机欺诈以控制高额利益，人间就少有抢劫与盗窃。

以上三条只能是几个代表，那么将告诫众人的话概括如下：彰显简朴和正直，控制私心和欲望，断绝仿效走邪路，就不会招来忧患。

〖随想〗

本章与第十八章一样，都是从不同角度在提醒社会，某些过度的思潮倾向出现时，也会产生思想和行为的混乱及由此导致的不良后果。而与此同时，与之相反的行为也必然会出现，抵制和扭转导致这些混乱出现的源头，使社会回归符合"道"的正确方向，才能保证社会稳定向前发展。本文的重点放在社会治理方面，主张从宣传和舆论导向的角度，主动采取措施来避免和纠正不良行为产生的源头，以达到稳定社会正常环境的目的。

文中使用了"圣""智""仁""义""巧""利""欲""学"等字。其中某些字所代表的行为，会产生不利于社会安定的情况发生，反对这些行为是可以得到理解和解释的。如果说"仁"和"义"不该被赞扬和宣传，就与传统的道德观念出现对立，难道仁爱和义举的美德有错吗？老子不赞成大力宣扬一些被当时社会所认同的名誉或行为，不是因为上述文字的含义就是负面的，即便其中的"欲"字，也包含推动人们努力上进的正面作用，但是，由于任何事物都有两面性，大力宣扬必然会引起社会民众的群起效仿，反而可能会将这些行为推向不正确的极端，从而引发其他的不良结果。当社会文化和文明发展到相当高的水平时，民众普遍会懂得如何从正面角度理解和应用这些字所包含的道德意义，并掌握行为的适当程度；而当社会民众思想道德未能达到一定水平时，本性的不良倾向就会导致不符合道德的行为出现，而且，一旦这种倾向蔓延，就会对社会正常状态造成负面影响。

因此，老子应该是根据当时普遍的道德水平、社会环境和历史经验，才提出这样的主张：与其对民众过度宣扬将其引向歧途，不如让民众保持淳朴，这样更有利于社会稳定。从当今的社会现状人们也可以看到，越是偏远地区的民风就越淳朴，心态就越平和，社会氛围就越安定。这样的环境会使长期生活在物质条件优越而精神压力沉重的城市人有所感慨，那就是善良质朴和心态轻松才是生活中更珍贵的。在人群集中的地方，人们在拥挤竞争的生存氛围中，往往因为自我表现而被他人评论，使人为了虚荣而刻意伪装自己，甚至投入为争夺名利的所谓游戏之中。另外，由于本性使人相互比较，落后的差别使人内心产生波动，而差别的产生往往又是由于一些人采用不道德的方式，获取了诚实规矩的人无法得到的利益引起的。好人做好事常常不会立即得到名利上的回报，而做坏事的人是盯着利益行动，就容易获得立竿见影的效果，事后也不见得立即遭到报应。这些现象起到了极为不良的示范作用，很容易引起社会风气的迅速败坏。

看看我们周围许多人就会懂得，一个人到了比较成熟的年龄之后，性格就会相对固定，对许多对事物的认识和判断很难改变。此时，全社会除非有一种共识或共同的行为标准，形成强大的氛围压力，使不道德的行为难以立足，否则，不违法，不道德行为就难以控制，仅仅用呼吁道德的方式来改变人是多么困难。多数普通人在内心备受煎熬过后，会向往淳朴真实的生活。减少对崇拜、机谋、名分、钻营、利益的宣扬，会使人心归于宁静。老子在有关现今道德品质中对"仁"和"义"的定义中（《老子》第三十八章）指出，真正的"仁"是没有标准的，只是能够以真心善待所有人；真正的"义"是为了实现忠诚和报答的承诺，明显带有自身的目标。显然，如果没有"道"作为标准，那么，有时就难以判定某些仁和义的行为对社会起的正向推动作用。对"仁"和"义"的过度宣扬，往往使民众失去"正义"的标准，无原则对其放任反而扰乱了正常社会道德观念。

老子对国家如何能够安定的告诫，无论在什么时代都有一定的意义，因为人类社会的发展进度是无法完全一致的，为此应该有不同的应对方式，建立不同尺度的标准。标准的建立对于小国相对容易，但是对于大国就困难许多。局部地区的民意往往是由于某种思潮所带动的，未必是符合长远的、国家整体的民心所向。民心向背是最重要的，要避免挑起人们心中欲望的波动，动用国家管理力量控制可能引起人心混乱的宣扬，以及公平地分配社会收益、制止权力被滥用等，应该是普遍适用的管理方法。

举一个常见的例子来说明不当的名誉宣扬方式。儿童上学期间采用考试成绩优劣来进行排名，不仅给许多儿童带来压力，还给家长造成困扰，无论排名在前还是靠后，都对成长过程中的孩子的心理健康带来不利的影响。孩子未来的能力并不仅仅是某些考试的成绩能完全体现的，事实证明，这种以书本知识的掌握程度或以未来获取金钱数量，用于对人的社会地位的评判是不正确的。所以，用这样的方法去激励大多数学生则弊大于利，是应该避免的，这已经是教育界的普遍共识。但是，对已经形成的普遍思潮和行为进行改变却相当困难，为此，从开始就要建立控制和避免过度宣扬的制度，避免走向更大的危害。

《老子》中的每章通常是将"道"和"德"通过公认的和实践证明的事实来引出"道"的理念后，按照这个理念来引出符合"德"的行为，本章就是一个很好的例子。其中，"民利百倍""民复孝慈""盗贼无有"是说社会有效治理的结果，以此证明"绝圣弃智""绝仁弃义""绝巧弃利"是社会治理措施"道"的规律；最后，将其转化为"见素抱朴，少私寡欲，绝学无忧"的"德"的行为。

〖关联文字〗

【巧取豪夺】【盗贼】【百倍】【仁义】【少私寡欲】【以为】【另有】【朴素】【私欲】

4. 第二十九章　民乃神圣不可执

〖原文〗

将欲取天下而为之，吾见其不得已。天下神器，不可为也，不可执也。为者败之，执者失之。

物或行或随，或歔或吹，或强或羸，或载或隳（hui）。是以圣人去甚，去奢，去泰。

〖文字选注〗

将（将帅）欲（想要）取（夺取）天下（国土、民众）而为（做、行动、武力征服）之，吾（我）见（见解、判断）其（上述行为）不得（能够、完成）已（确定的语气）。天下（地域、一方百姓）神（神奇、神圣）器（物），不可（能够）为（征服）也，不可执（控制、掌握）也。为者败（败于）之（天下），执者失（失去）之。

物（与我相对的人或事）或行（疏通、离去）或随（跟随、顺应、放任），或歔（出气、呵）或吹（用力吹气），或强（增强）或羸（弱），或载（施行、装载）或隳（懈怠、毁坏）。是以圣人去甚（厉害、超过、非常、过分），去奢（夸张、过度），去泰（骄纵）。

〖解读〗

"将"是指受命掌控军权的统帅，获得一国君王的授权，"将"依仗当下自己的军事力量比他国强大，决定发动对他国的武力征服，并企图依靠武力长久占据，即所谓"将欲取天下而为之"。无数事例证明，这是不可取的企图和决策，从长远来看，其结果多数以失败告终，即所谓"吾见其不得已"。"天下神器"一句是说，在一方土地上生存的百姓具有神奇的力量。老子为什么这样说呢？按照"道"创建一切的观点，一方百姓和当地的环境就是此地的"天道"。对于人类社会，地域的差别，本质上也是文化和文明的差别，那里的民众通过历史过程中的积累，逐渐形成自己地域的思想和文明，他们有独特的信仰、生活方式和群体爱憎，其本质就是"道"在人间的体现，即"德"在那里的表达。被占地方的百姓人口占多数，其文化、文明就是强大的一方，而武力毕竟只是一时的威力，百姓面对侵入、占领和欺压的反抗时，终会击败或用自己的文化淹没外来者，使占领者改变民众的文化和意志难以奏效。所以，会有武力征服与占领"不可为也，不可执也，为者败之，执者失之"的说法，也就是终将失败的结论。中原农耕民族与北方游牧民族之间的"和"与"战"的历史，就是对老子这个"道"法则的证明。

武力强权既然不能取胜是因不符合"道"，那么外来者用什么方式能取得一方百姓的信任呢？如果两国以非武力的和平方式相互展示、借鉴，最终也能形成共同接受并融合的文化，逐步建立和谐的生活。所以，老子总结出的"物"，是指所有生命，如何以"道"的法则形成包容的相处方式，也就是"或行或随，或歔或吹，或强或羸，或载或隳"。其中的"或"，即文化不同的人们遇事之后，以适当的平和方式，逐步调整接触的意思。"或行或随"是说，或展示己方的行动，以证明这样做的原因，或转为顺应对方的方式，以观察验证其合理性；"或歔或吹"是说，或用温和商谈的言语来解释原委，或用清晰的宣讲来劝导对方接受；"或强或羸"是说，或在必要时用坚决的方式带动对方，或用容忍的方式，以对方行动的结果证明；"或载或隳"是说，或对有分歧的事情进行合作，共同分担，或避免过度参与使其逐步认识而放弃。总之，懂得"道"、遵循"德"的高明人，会以"去甚，去奢，去泰"的方式行动，即在处理不同地域民众的事情时，避免太过严厉、太过夸张，也避免太过骄纵。不同地域的民众就可以逐渐融合，以和平相处的方式共同生活。

〖译文〗

民乃神圣不可执

将帅企图以武力征服他国百姓，我认定这不能实现。一方百姓具有神奇的力量，民众不能被征服，家园不能被强占。强行征战者，将被人民打败；即便一时强占，也终将失去这片土地。

处理人间事物，或引导，又或顺应；或商讨，又或解释；或助推，又或容忍；或担当，又或旁观。为此，有"道"的高人，避免极端，避免夸张，避免放任。

〖 **随想** 〗

春秋时期，各诸侯国君王为扩张国土欲望的实现，动用国家资源和力量，以武力方式争夺他国土地和百姓的战争愈演愈烈。已经发生的事实证明，在国家之间以自私为目标发动侵略战争，其结果必将与初衷背离。本章讲解人民之"道"是如何战胜那些武力征服者的。

所有生命在进化过程中，都在为了生存和繁衍而奋斗，以奋斗的结果来判断和决定存亡是"道"对生命的筛选方式。于是，"优胜劣汰，适者生存"的说法，成为许多人认定的自然法则。人类利用劳动经验和对自然的观察积累了许多知识，并利用这些知识为自身谋取了大量利益，也盲目地做了许多违背自然规律的事。为此，自然必然会建立新的法则来阻止违背自然的行为，而这一全新法则的研究建立，也将历史性地落在人类自己的肩上。在人类社会尚未对违背自然的自私欲望加以限制而形成普遍共识时，国家或区域组织为了自己强大的"优"，占有或灭掉弱小的"劣"，本质上违背了"道"的法则。但是，这种背离"道"的行为还在盛行的时候，为了保卫自己的文明和生存，避免己方的民众受到伤害，拥有一定的军事力量是合理的，强大的军事力量被作为遏制武力侵占、避免杀戮压迫的手段，符合"道"的法则。从春秋战国到今天，中国历史的过程一再证明，老子很早以前就告诉人们的道理是正确的，而这些道理本质是在大的体系中尊"道"行"德"。

侵略、霸占他国土地和百姓的结果，无论是被赶出，还是被同化，都会与外来发动者最初企图靠欺压获利的目的相悖，以个人欲望想象出来的目标和方式控制一方百姓，是不可能成功的。自然界的规律是不能被改变的，即使对落后的地区，也只能通过发展当地社会经济，提高当地百姓的生活水平，使他们有条件学习先进文化，依靠自己的认识改变自己，并经过时间和过程完成，这才是正确的方法。很早以来，中华民族就懂得了这些道理，所以鲜有对外扩张的行为。于是就有了"授人以鱼不如授人以渔"的文明方式。然而，不去探索自然社会之"道"，以致自身科学与技术发展缓慢与停滞的国家或地区的民众，也给外来不遵循"道"的侵略者以可乘之机。近代中国的屈辱史教育人们，柔和不等于放弃自强，强大只是为了对不"道"的企图进行阻止；同时，自强不等于可以恃强凌弱或对外扩张。国家的领袖应懂得这些道理，国家的百姓也应该懂得这些道理。领袖和人民在思想和行动上形成统一的合力，"道"的作用不仅可以推动国家富强，也将推动人类进步。中华各民族的人民相信自己的文明，并用自己的行动证明，继承和坚持中华文明是正确的，同时也为其他强大或弱小国家的行为方式提供借鉴，为正在谋求发展的民族和国家提供学习的榜样。

　　本文指出的"道"的法则和"德"的行为方式，不仅适用于国家军事行为，同时对于人世间各种规模组织或群体，甚至个人之间关系的处理方式也适用，这在其他许多章节中也有所体现。对于人间的分歧矛盾，贸然采取强制、傲慢、激化的手段都是不恰当的。人与人之间也应该以缓和、沟通、谅解等有"德"的方式处理关系，做好前期的调查研究、解决方法、沟通准备，经过耐心交流，争取达成共识和互利共赢的结果，这通常是最合理的选择。当然，这个过程可以采取本章最后一段给出的多种对待方法灵活运用。

〚 **关联文字** 〛

【天下】【不得已】【神器】【不可】【随行】【未见其】

5. 第五十七章　以无事取天下安

〖原文〗

　　以正治国，以奇用兵，以无事取天下。吾何以知其然哉？以此：天下多忌讳，而民弥贫；民多利器，国家滋昏；人多伎（jì）巧，奇物滋起；法令滋章，盗贼多有。

　　故圣人云："我无为而民自化。我好（hào）静而民自正。我无事而民自富。我无欲而民自朴。"

〖文字选注〗

　　以（依靠）正（正直、公正）治（治理）国（邦国），以奇（出人意料、变幻莫测）用（指挥）兵（征战、士兵、武器），以无（免）事（事情、实行）取（占有、管）天下（地域、民心）。吾何（为什么）以（能够）知（懂）其（上述道理）然（如此、是这样）哉（语气词，呢）？以（因为）此（这些）：天下（人间）多（数量大、过分）忌（禁止）讳（躲避），而民（百姓）弥（越发）贫（穷）；民（民间）多利（锐利、凶残）器（兵器具），国（诸侯国、侯王封地）家（家庭）滋（滋生）昏（迷乱）；人（人间）多伎（技艺、谋略）巧（欺诈），奇（罕见、不寻常）物（产出）滋（培植）起（生出）；法（刑、制）令（命令、发令）滋（增添、生）章（条款、规则），盗（偷窃、抢劫）贼（偷、抢的人）多有（存在、发生）。

　　故圣人（英明统治者）云（说）："我无为而民自（自动）化（感化、自然规律）。我好（喜好）静（娴雅、平静）而民自正（正直）。我无（不去）事（耗用国家和百姓的资源）而民自富。我无欲（享乐）而民自朴（质朴）。"

〖解读〗

本章开头就告诉统治者，处理国家重大事项要坚持几项"道"的法则，国家内部的治理保持公平正义，方可获得安宁，即"以正治国"；两军对垒用兵出乎敌方意料，易于获取胜利，即"以奇用兵"；避免民众生存受到搅扰，方能获取一方百姓的归顺，即"以无事取天下"。接着，老子提出一个问题：为什么我会得出这些结论呢？即"吾何以知其然哉"。显然，"以此"是他通过分析人间如下一些丑恶现象而得出的结论。

"天下多忌讳，而民弥贫"一句是说，当民间过多地纠缠于神魔迷信、禁忌避讳时，百姓就会受到很多精神和行动的束缚和干扰，从而偏离正确的理念和正常的习俗，使生活被拖累而贫困。"民多利器，国家滋昏"一句是说，当民间崇尚用武力解决纠纷而普遍拥有兵器时，民众就会因许多小的分歧或矛盾而失去理智，很快就会演变成难以控制的滋事械斗，严重时甚至导致国家内部发生骚乱。"人多伎巧，奇物滋起"一句是说，当使用狡诈心机获取名利的人常常得逞众多的人就会效仿，各种阴谋手段就会在人群中滋生蔓延，从而破坏民间的信任和秩序。"法令滋章，盗贼多有"一句是说，当一方的统治者不断添加过于烦琐，甚至相互冲突的法规条款，而使官吏和民众迷惑时，执行者不得要领，难以判断，致使各种古怪奇巧的偷盗犯罪钻了空子泛滥成灾。从此段文字可以看出，一个国家社会中的神魔迷信、习惯动武、机谋算计、法令混乱等各种扰乱民生和谐的环境存在，就会使善良朴实的百姓无法正常生活，势必会对统治者的管理产生不满。于是，统治者失去这些民众的拥护后，就失去了其存在的根基，失去天下的时刻也就不远了。

最后一段开头的"故圣人云"，是老子引用历史上英明君王的经验之言，即所谓"圣人"的话，来形容统治管理的至高境界："我无为而民自化。我好静而民自正。我无事而民自富。我无欲而民自朴。"其含义比较明确，即英明的君王应这样管理国家和社会：我们如果不干预民众自发形成的相互协调的习惯，那么民众会调整社会关系趋向和谐；我们以平静温和的态度来调解民众中出现的纠纷，民众就会在良好的氛围中养成坦诚、正直的性情；我们不发起非必要的事端，民众就会因负担减少变得富裕；我们放弃炫耀地位和奢华享乐，民众就会回归淳朴善良。

〖译文〗
以无事取天下安

以公正治国,以奇兵制胜,以不去扰民取民心。我为何知晓此"道"?其实民间有许多因果关系:各种忌讳遍地泛滥,百姓就会越发贫困;民间拥有致命凶器,社会就会迷乱动荡;民间动心机者得逞,社会就会怪诞滋生;法令不断扩充繁杂,社会就会盗抢增多。

所以高明的王者说过:"我不实施苛政,民间自会和谐;我对百姓平和,民风自会正直;我不去图谋征敛,百姓自会富足;我不放纵奢华,民风自会淳朴。"

〖随想〗

所有社会现象的产生都有其原因和规律可循,通过追溯,几乎都与人性的自私有关。人类自从有了超出其他生命的能力,心中原有的欲望就会逐步超出自然赋予的标准,无止境地争夺和占有更多名利,终将成为社会混乱的根源。若想遏制这种情况的产生,就要从社会管理做起,推动人们懂得"道",倡导"德"的行为。社会风气的形成往往上行下效,所以,老子从本质说出道理后,向统治管理者提出解决问题的建议。当然,他所处的时代与今日不同,他向统治者提供的建议未必适合当代,但是建议的基本思想方法并不过时,因为那是本性在人间走向错误道路后而必然引发的"正道"的反制。

春秋时期和更早的社会,都显示出本章中所表述的这些人间现象,并一直伴随人类社会,成为难以摆脱的问题。老子在第一章中揭示了研究分析问题的方法,从现在事物的"有"与其之前的"无",两者进行比较可以找到本质的原因。最初的生命形式来到了,就要"生存",而生存就要经受自然的检验。生命个体要存活下来,保持健康并留给后代,否则自己就要被淘汰,为此必须为自己着想,"无私"就转变为"有私"。这种"有私"经过不断检验、筛选、进化后,被牢固根植于生命的基因之中,以本能的方式潜藏于体内,并散发到体外。自然法则使生命"有私",但是又通过生物链和环境条件的检验与控制,将"有私"控制在适当的水平,使任何生命不能独霸天下,以维持食物链的完整,保证生命的多样性。人类是由最原始的生命形式逐步进化而来的,经历了漫长的岁月后,形成社会化的形态。无数有记载的历史过程和发生在当代的事实都不断证明，人间冲突严重的本质都是因"自私"的本性超出自然的允许而出现的。用"食物链"来代表生存资源的占有，那么，人类不仅破坏了与其他生命之间合理的食物链关系，而且也破坏了人类社会系统内的食物链关系。人类作为聚集社会的管理者或统治者的主要责任之一，就是要处理好自然界中这种属于人间部分的关系。当然，事情远非结论说得这样简单，在这种关系被基本认识、协调、理顺之前，将有漫长的、痛苦的、反复的过程。

统治者解决冲突就要从分析冲突产生的原因入手，抓住问题的本质，采取有针对性的解决措施。首先要"以正治国"，因为这是人间的"正道"，其实就是要懂得和遵循"道"，按照"道"总结制定"德"的行为规范，向社会推广，教育民众尽早受到正确思想观念的引导，提前使尽可能多的民众少受邪路的影响，避免走上错误的道路。"以奇用兵"可以用来针对各种各样的人或行为，比如以需要材料为民打造生产工具为理由，收缴散落在民间的兵器，这样既解决了兵器的祸害，又支持了百姓发展生产生活的能力，两者都获得了民心。当然，打铁必须自身硬，管好统治者自己和各个官府机构队伍更加重要，"以无事取天下"就是为自身设定的措施。

总之，老子主张的统治者应该秉持公平、正义治理国家具有普遍意义，是符合自然法则的，也符合中华文明思想——"道"与"德"的理念。几乎所有被百姓拥护的和谐文明社会，都显示出强大的凝聚力，重要的原因就是社会建立了一个以广大民众利益为根基的社会管理体系，包括"道"的理念宣传和"德"的规范实施制度，并由依靠民众的领袖坚定地把控和执行下去，能够抵御少数天生喜好搬弄是非的"智"者，不甘心自己的不当所得被分割，而策划扭转社会方向，甚至结党营私，朝向有利于自己名利实现的方向。其实，这种人没有从"道"的信仰中懂得，自己的目标再大、财富再多、声名再显赫，最终都将归于尘埃，对于自己和自己的后代没有实际意义。名利永远比不上在历史进程中留下"道"重要，即为人民献身，以及为解读自然，为人类与自然和谐相处，而付出聪明才干和辛勤劳动而名垂青史。

〖**关联文字**〗

【治国】【用兵】【奇兵】【以此】【忌讳】【国家】【法令】【盗贼】

6. 第五十八章　祸福相依避极端

〖原文〗

其政闷闷，其民淳淳；其政察察，其民缺缺。

祸兮，福之所倚；福兮，祸之所伏。孰知其极？其无正，正复为奇，善复为妖。人之迷，其日固久。

是以圣人方而不割，廉而不刿（guì），直而不肆，光而不耀。

〖文字选注〗

其（他的国）政（权、法令）闷闷（昏闷、不清醒的样子），其民（民众）淳淳（质朴、敦厚）；其政察察（仔细、分辨），其民缺缺（狡诈、小聪明）。

祸（灾患）兮（语气词），福（福气、幸运）之（连接词）所倚（挨近、依托）；福兮，祸之所伏（潜伏）。孰（谁）知其（指政令）极（顶点、最高的、标准）？其无（难以）正（不偏、合标准），正复（返回、再、又）为（成）奇（奇怪的），善（美好、善良）复（又）为妖（怪异、荒诞）。人之迷（迷惑、不清楚），其（指迷）日（时光）固（一定）久（长久、不变）。

是以圣人方（正直）而不割（割断、裁断），廉（棱角）而不刿（刺伤），直（坦率）而不肆（放肆），光（明亮）而不耀（显示、炫耀）。

〖解读〗

本章继续第五十七章表述的治国主张。"其政"应该是指一国统治者对国家的管理，"其民"应该是指被官府管理的百姓。从管理民众的结果是"其民淳淳"来看，"其政闷闷"的这种管理方式如果是使百姓保持质朴厚道的民风，那么"闷闷"就不应是草率或不作为，而应该是

292

简单有效的意思。与"闷闷"相反的管理方式"其政察察",就应是指管理苛刻、条文繁多,结果反而使百姓变得"其民缺缺",也就是混乱扰民的管理,反而使民狡诈。可见第一段表述的观点是,统治管理条款越繁杂苛刻,对民众的干扰就越多,对民生也就越不利,反而产生了与治理初衷相反的结果。在春秋时期,老子主张法规应宽松,贴近民生,条文应简洁,让大众看到的是易接受、官府易操作、使治理趋向最有效的方式。

"祸兮福所倚,福兮祸所伏"一句是朗朗上口的成语,它是中华文化和语言在经过长期锤炼后,所形成的更加上口的哲学警句,是对本章从第二段开始的一句很小的变化,是我们耳熟能详的辩证哲学观点。任何事物都具有两面性,因为从一个角度来说是坏事,可是从另外的角度来看就可能是好事,或者当前是坏事,但在未来包含转好的趋势而变成好事。另外,人们可以从好坏转化的经验中获取有益的理念,如果能够研究原因,改善、制定新的方法,当再次出现这种情况时,就会避免或减少"福"转化为"祸",从而获得更多有益的结果;反之,控制"祸"的作用,会使事物更快地向"福"转化。其实,管理社会与做其他事情同样也有两面性,好的愿望与行动未必一定会有好的结果,事情做得过分了,反而可能会出现逆转,"物极必反"的成语就是逆转的结果。事物既然都有两面性,而且在一定条件下会向反面转化,就为事物的参与者带来判断的困难,难以将确切的结论展现给世人。

"孰知其极"是针对祸福相依的结论而提出的疑问。一件事物既然将来祸福都有可能,有谁能够说得清,究竟哪一个才是正确的呢?因为"其无正",也就是说通常没有明确的标准方法可循,于是出现"正复为奇,善复为妖"的结果,即本应合理的判别,反而被判断为是怪异的,如上述的"其政闷闷"。宽松利民的治理举措却被质疑为无所作为,即所谓"正复为奇";符合道德的善良、仁爱等宣传表彰,反而因不能用来制止社会弊端,被看作无意,即所谓"善复为妖"。"人之迷,其日固久"一句是说,这种对错不清的结论,已经被统治者认定而长久存在于世间。这是因为统治者长期放弃宣扬道德主张,不能控制欲望滋长蔓延,使社会的风气逐渐变差,在统治者心中形成人间必定趋向罪恶的固定观念,于是采取简单、粗暴严苛法令管制百姓的方式。事物在发展过程中的起伏变化是不可避免的，为此，要求统治者在社会运转过程中不断思考和改进，民间道德水平低下往往是主张和管理不当造成的，而不是人类天生的。"上梁不正下梁歪"就是这个道理。

本章最后一段是总结。基于上述种种原因，高明的议事人员——圣人——对事物判断或主张产生分歧时，采取的正确态度和做法是"方而不割，廉而不刿，直而不肆，光而不耀"。也就是说，他们应坚守公正治国的基本理念，但是不会完全阻止质疑的声音；坚守自身的棱角骨气，但是不会去贬低伤害他人；保持正直坦率的表述，但是言语不会张扬放肆；以往的成就地位即使卓著，但是不会以此压制他人。在祸福相伴的事物规律面前，我们一定要从利弊两面分析可能出现的结果，听取不同的意见和建议，反复斟酌，扬长避短，做出决定。采取极端的、伤害他人的行为是不可取的，以"和"的方式避免冲突、团结协商是恰当的一般的交流和管理方式。

〖译文〗

祸福相依避极端

施政简洁宽厚，则民风淳朴、善良；施政烦琐严苛，则老百姓狡诈。

祸中有福隐藏，福中有祸潜伏。谁能正确判别？因无标准，正义常被视为荒谬，善举常被视为怪异，人间长期陷于迷惑而难以解脱。

为此，有德者这样对待分歧：坚守自己判别，但不下断言；保持自身骨气，但不伤他人；坦率表述观点，但不会放肆；过往成绩卓著，但不依仗。

〖随想〗

老子在本章用第二章的结论，即在"道"的法则中，事物特性都是相对的，没有绝对地告诉人们，不要以为，凡事都能得出绝对正确的或错误的结论。但是，事物有两面性也造成分析判断和做出结论的难度，甚至将真正正确的事物置于被怀疑、被丑化的境地。在难以分辨的环境中，老子指出了持有"道"的观念和"德"的操守者应该采取的行为方式，比如本章最后一段所表述的那样，一个有"德"的人，面对难以定论的分歧时，采取的正确行为，更有利于问题的研究和解决。

几千年来，人类虽然对物质世界有了许多了解，并通过勤劳与才干使生活有了很大改善，但是，由于难以控制的自私本性被无限度放大，人类相互之间的关系和社会管理方面的问题始终无法得到很好控制，社会还是由安定转变到混乱，并不断循环重复着。社会安定期间，民众的关注点一旦集中到个人利益后，个人与社会的道德就逐渐被放弃，许多人朴实、善良的行为和主张反而被视为异类，甚至有将"人不为己，天诛地灭"视为真理的怪论，也反映了社会治理的困难。华夏文明中地重要理念之一，就是要以比较宽松的"和"的治理方式面向社会，要保证最广大的民众生活处于安全质朴的环境中，同时，建立和宣扬道和德的思想引导，控制无止境私欲和聚敛财富的泛滥，打击少数从上到下各种形式"乱"来的违法犯罪行为。任何事物都有两面性的思想方法告诉人们，在未知事物出现时，采取"和"的方式，其实是为了稳妥起见，避免在"祸"与"福"之间反复转换；只有将为己的本性调整到与自然的生存法则不冲突时，才是理想状态，这是中华文明经过长期探索形成的生存哲学。

现在，一些国家的政府和团体一直在宣传自己主张的道德标准，可是究竟有多少人能在市场经济环境中放弃对个人利益的追逐，去树立高标准的道德模范呢？随着科学的不断发展与进步，人类终将认识到，只有用人类能够共同接受的科学道理，用自然创造的生命本性和法则与人性的关系来说服和引导人们，只有按照科学标准的道德观念去思想、去行事，自己的人生才是幸福的，对子孙后代才是真正有利的。这种共同的观念，才有可能从根源上逐步将道德标准落到实处，让人们自觉地抑制自身的小私，控制团体的大私，从而逐步创造解决困扰人类相互关系的难题。老子所说的"玄德"，就是要懂得，人来到世界一回，除了要体验人生各种感受外，同时要懂得作为地球生命中的顶级物种应该完成的更高使命，即为历史留下贡献，将个人创造的成果让更多的人分享，为地球上所有生命所共有的环境，做出属于人类的特殊贡献。

为了实现上述理想，人类必须有勇于献身的引领者。能够担当引领者的人，应该具有必要的经历，真正理解和懂得人类社会；能够控制或放弃本性的缺陷，经受身体与心灵的苦痛和磨难；能够热爱勤劳和善良的普通人民，敢于为了他们的利益承担责任和风险；能够拥有解决问题的智慧和才干。每一个因社会发展进步而需要变革的时代，蛰伏在人群中的上述英才适时现身，成为民众的领袖和担当，就可以做出改变社会面貌的成就，推动社会前进在正确的大道上。

〖关联文字〗
【祸福】【祸兮福所倚，福兮祸所伏】【光耀】

7. 第五十九章　治人早服贵积德

〖原文〗

　　治人事天，莫若啬（sè）。夫唯啬，是以早服；早服谓之重积德；重积德则无不克；无不克则莫知其极；莫知其极可以有国，有国之母，可以长久。是谓深根固柢，长生久视之道。

〖文字选注〗

　　治（治理、管理）人事（服侍）天（自然、道），莫（没有什么）若（如同）啬（一种柔顺的草）。夫（语气词，句的发端）唯（只）啬，是以（因）早（尽快）服（服从、适应）；早服谓（称）之重（重视）积（积蓄）德；重积德则无不克（能够、战胜）；无不克则莫（没有不）知其（治）极（最高、标准）；莫知其极可以有（领有）国（国家、封地），有国之母（根本，依据），可以长久。是谓深根固（稳固、坚定）柢（主根），长生久视（看、观察、比较）之道。

〖解读〗

　　本章开头一句的"治人"是指对国家百姓的统治管理，"事天"就是为了"天道"行使权力办事。百姓本是"道"在人间的生命形式，百姓的愿望就是"天道"，管理人间社会，就是为了让所辖百姓过上安宁幸福的生活，于是，管理好人间的本质就是顺应自然，做"事天"的事情，即所谓"治人事天"。而统治管理如何做好"事天"的事情则"莫若啬"，即悲天悯人的爱惜之心。

　　后面用一系列语句说明，用"啬"的特性来比喻治理人间的道理。"夫唯啬，是以早服"一句是说，只有心怀爱惜自然和百姓之心，持续深入民间探查环境和民情变化，才能及时顺应自然和百姓愿望，并付诸正确的行

297

动。人民才能尽快在引领之下,将"德"的行动落实到正确的生活道路上。"早服谓之重积德"一句是说,持续遵循上述行动的本质,就是坚持用"德"的行为积累形成国家治理的规范。"德"的管理规范形成并坚持执行,可形成"重积德则无不克"的效果,也就是说,可以引领百姓团结一致,解决人间"道"路上的各种疑难问题。经过解决问题的积累和管理行动的历练,就会达到"无不克则莫知其极"的境界,也就是掌握了最重要的"治人事天"的理念与正确方法,受用无尽。有了统治治理的方法和经验后,没有国就"可以有国",也就有能力建立自己的邦国;有了自己管理的地域和资源,也就是"有国之母",于是就"可以长久",即国家就可以长治久安。此时,这样的国家就好比"深根固柢"的大树,也就是拥有了立足于大地的根基,主根扎得越深,根系范围就越大,树干必然粗壮稳固,树冠也必然宽阔茂盛。最后的"长生久视之道"是说,达到上述状况后的国家,就拥有了长久生息、俯瞰天下的国家生存之"道"。

〖译文〗

治人早服贵积德

尊"天道"治理人间,应当有爱惜之心。只有有爱惜之心,人们才能尽快服从。坚持随顺民意就是积"德";坚持积"德",则没有不成功的治理;治理成功积累,即可认定治理的规则;有了各种规则,即可建立稳定的国邦;有了立国的根基,即可长治久安。树有了深固于大地之根,则有长久俯瞰天下之"道"。

〖随想〗

本章是老子以"啬"为诫,告诫统治者,治理社会的一个重要依据就是,要与时俱进,适时建立、调整和积累让广大民众尽快顺服的管理。只有这样,国家才能像根深蒂固的参天大树一样,屹立不倒,俯瞰天下,处于"大道"之上。

今天,只有那些有足够阅历并善于思考的人,才能深刻理解人类社会治理的艰难,在那些社会经济发展水平较低,文明发展程度落后地区,情况尤其明显。人类社会最初时期,经济的发展使财富略有增加,于是就出现企图占有这些财富的人和社会现象,在人们还没有认识到这是生命为己的本性时，开始不合理地将本性放大，且逐步演变到难以改变，而影响人类前途的地步，于是，人们就需要以文明的进步来认识和解决这个最大的社会问题。当财富的持有差别与享乐的炫耀在人间产生之后，生存本性中相互攀比的紧迫和不满，在许多没有"道"思想基础的人心中会自然产生，不满的积累导致矛盾的发生，于是矛盾引起的冲突导致社会治理方面的困难。有社会阅历和思想的人会懂得和理解差别，也能够接受一定程度的财富差别的存在，但是，对于那些心理上耐受程度较低的人群来说，他们往往会做出某些抵抗甚至过激的行为，导致不同程度的社会动荡。

作为统治者来说，既能给予社会一定的宽松环境，使人们发挥追求更好生活的本能，以此推动经济的发展，又能将因差别所带来的社会矛盾保持在不会引发混乱的合理水平，是统治治理最需要，也是最难解决的问题。通过建立社会制度和法制，以及道德标准，宣扬和执行这些标准，并且随着社会的进展不断适时地调整这些标准，以"啬"的方式，使民众尽快顺服公平正义，是必须坚持的管理理念。而且，所有这些管理都是由处于同样社会环境中的统治阶层人员来完成的，他们本身就有各自的利益需求和立场，在面对所有不同需求和立场的社会人群的复杂环境时，更增大了治理社会的难度。所以，"打铁必须自身硬"，提高管理队伍的认知水平，严格管理好自己队伍的行为，也是实现治理目标的基础条件。

当问题摆在统治者或政治家面前时，他们就必须面对。按照老子的观点，管人就是自然或者说是"天"的需要，是统治者面对上天创造的人类必须完成的事情，就像顺应自然的法则一样。管人其实也要像对待自然环境一样，只能对人间不同的情况加以疏导，否则也会像盲目对抗自然环境一样，发生不希望见到的负面效果，民众或是消极，或是直接反抗。根据社会发展水平，统治管理应保持必要的民众诉求，以反映广大百姓的好恶，建立并推动符合多数民众意愿的法制和道德标准，坚持实施正常的社会秩序，使大多数普通善良的百姓能够保持正常的生活，使国家自然运行在符合"道"的路上。随着人类文明的进步，对"道"法则的认识不断加深，不断积累国家治理方面的"德"的成就，人类社会必将使本性中的欲望达到更合理的管控，社会将更加美好安定。

〖**关联文字**〗

【民风】【积德】【莫如】【不克】【攻无不克】【可以】【根深蒂固】【长生】【长久】

8. 第六十章　道莅天下德交归

〖原文〗

治大国若烹小鲜。以道莅天下，其鬼不神。非其鬼不神，其神不伤人。圣人亦不伤人。

夫两不相伤，故德交归焉。

〖文字选注〗

治（治理、管理）大（地域广、人口众多）国（国家）若（如同）烹（煮）小鲜（活鱼）。以（用）道（道法、符合天意的）莅（临、监视）天下（人间），其鬼（小人、作乱者）不（无法）神（蛊惑人心、心神）。非（不是）其鬼不神，其神不（不能）伤（伤害、影响）人（民众）。圣人（有德的统治者）亦不（不会）伤（伤害）人。

夫（当）两不相伤，故德交（俱、同时）归（返回、归依）焉（结果、感叹）。

〖解读〗

"治大国若烹小鲜"一句中的"烹小鲜"是说，刺多肉少的小鱼过于细嫩，其烹饪过程必须小心照看，否则鱼肉会难以品尝或碎烂于汤中。在大家熟知的文学作品《三国演义》中，曹操曾经引用过这句话，显示了有韬略掌权者的正确认知。在中华文化中，这句话已经成为脍炙人口的一则警句，用来比喻大国统治者必须持小心谨慎的态度处理国家事务，一旦做出错误的决策和行动，将大范围、长期影响众多民众，所产生的负面效果是难以估量的。"以道莅天下"这一句，首先表达了"道"具有至高的地位而必须信奉，其次，必须遵从"道"的法则来规范监督国家所有的法规制定和执行——按照今天的概念，应该包括法治和道德两方面的建立、宣传、执行等各个环节，也包括对上述制度落实结果的评价。自古以来，民间将无法解释的灾难的背后推手，归结于丑恶的"鬼"，此文所说的"鬼"，是比喻人间那些本性不良，并为自己和少数人的私利施展阴谋而扰乱社会秩序的人。他们"装神弄鬼"；此处的"神"是指"鬼"的邪恶和蛊惑对人心的恶劣影响。那么，当"道"主导天下时，"其鬼不神"是说，这些"鬼"做出的破坏社会安定的"神"不见了，究其原因是"非其鬼不神"，就是说有"鬼"的人并非不在了，其蛊惑和扰乱人心的"神"也并非消失了，而是"其神不伤人"，也就是在民心中的"道"面前，导致人间灾难的阴谋没有跟随的民众，破坏社会安定的情况也就很少发生。

社会中既存在一些心怀叵测、企图以不道德的阴谋手段获取个人名利的小人，也包括自我修炼不足的统治者、官员和社会名流。官员直接面对百姓时，对制度的制定和实施执行产生的影响往往更大、更直接。但是，当"道""莅临"天下，上层社会人员的自我修炼和自我约束应该更加严格。也就是说，国家上层社会人员的思想水平和管理执行水平都达到高层次的时候，他们就会因自觉自律而鲜有扰乱伤害百姓的行为，还能震慑丑恶的"鬼"不敢弄"神"，为百姓提供更好的治理环境，即"圣人亦不伤人"。此处所说的"圣人"就是指这些人。广大民众生活在正义和安定的环境中，认同并相信官府的管理，心态平和，不会听信那些挑拨是非、制造混乱、祸害百姓的坏人的言行。

最后一句是本章的总结。就因为民众不被鬼魅坏人蛊惑搅扰而自觉维护社会安宁，统治官员也要遵守自身的职责操守而不伤害民众，两者共同作用，即"两不相伤"，那么，有利于自然、社会"德"的行为和结果，就会在民间体现出来，即所谓"德交归焉"。

〖译文〗
道莅天下德交归

治理大国应像烹煮小鱼一样细心。当以"道"莅临人间，鬼魅刁民则难以兴风作浪。不是刁民收敛，是其无法蛊惑尊"道"的百姓，就是那有权势者也不敢伤害百姓。

当刁民和权势都不伤害百姓时，"德"的品行也就回归人间。

〖随想〗

　　本章从治理大国的角度，提出国家管理更要遵循"道"，也就是建立制度和实施管理都要更加小心谨慎。大国人口众多，各种情况远比小国复杂得多，一旦决定推行一项管制，其影响范围大，影响人口众多，造成的后果就重，中途转向就难，挽回损失时的付出就大。在大国，人群中众多品行低下的人难以被改变，官员的贪腐也不会自动消失，管理难度很大，但是只要以符合"道"的法则谨慎治理，社会同样会按照广大善良民众的意愿实现"德"行天下的安定状态。

　　随着年龄的增加，人生阅历的丰富，人们终于懂得，除了必须通过法律解决的那些事情外，处理人间的普通事情也是很麻烦的，难以用简单的、明确的方法，一蹴而就地解决好。比如，对于违反道德的人通常不能用判刑关押的方式处理。由于有了日趋丰富的思想文化熏陶，人变成头脑和行为最复杂的动物，每个人都会在经历人生过程和个人利益的推动后，形成不同的思想基础和行为风格，而且还会随着周边环境和时间的推移不断改变。当这些个体又组成不同的群体之后，情况将不可思议地更加复杂和变化多端。因此，要理顺这些关系，找到多数人接受的共同点，限制少数人不稳定因素的影响，使社会不断前行并行进在正确的轨道上，将是非常艰难的事情。我们管理的是一个庞大的国家，拥有各种各样的族群和文化习俗，形成了不同的利益群体。一项管理政策的实施对于不同的人群会有不同的看法或结果，对一些人群有效，对另外一些人群可能却是完全相反的效果，甚至带来意想不到的麻烦。所以，老子会有"治大国若烹小鲜"这样的比喻。

　　世界上大部分善良朴实的民众希望安分守己地过自己的平安日子，他们将自己的智慧用于正当的劳动，在养活自己的家庭的同时，也为社会和他人带来共享的好处。但是，相当一部分人的骨子里还潜藏着不安定的动机，他们不是靠习练正当的劳动技能来生活，而是将自己的精力和智力，用于如何巧取豪夺方面。事实证明，当一个人成长成熟之后，思维方式也随即形成定势，他如果不能领悟道德对人生的必要，痛下决心改造自己，就不会改变自己的既定行为，内心的魔鬼一有机会就会蠢蠢欲动，一旦付诸行动，对自己的生存不仅会造成不利的局面，而且要承受对未来的报应。同时，他们为了获取更大的私利，就要调动更多的人服务于自己，发展成为扰乱甚至破坏社会安定的重大祸害。这就是为什么老子会在第三十八章中，主张将"乱"作为人群的道德品质底线之外，社会必须镇压处理的原因。

老子为什么留下这部伟大的著作？他通过对中华古代文化思想和历史事件，以及当时社会现象的观察思考，虽然没有经历他后来所预言的战国那样的混乱，但是，认定人类社会生存的最重要问题就是建立"道"的思想观念，并以"德"的行为来保证人类未来世代的传承。通过各个篇章，将"道"的本质介绍到人间大众，让每个人、家庭、族群、乡里、城郭、国家等都能懂得生命是如何形成的，自然环境是如何构成的，人类处于什么位置，人生的使命是什么，人类应该遵守哪些规则，个人如何管理好自己的思想和行为，组织群体如何管理好各种各样的人，以便形成必须赖以生存的社会群体。所有的说教集中在一起，就是五个字："以道莅天下"。

〖关联文字〗

【鬼神】【装神弄鬼】【治大国若烹小鲜】

9. 第六十一章　下流交往则国安

〖原文〗

大国者下流。天下之牝，天下之交，牝常以静胜牡，以静为下。

故大国以下小国，则取小国；小国以下大国，则取大国。故或下以取，或下而取。

大国不过欲兼畜人，小国不过欲入事人，夫两者各得其所欲。大者宜为下。

〖文字选注〗

大国（诸侯国）者（主语后表示提顿与判断）下（低、退让）流（流派、行事）。天下（自然界的生命）之牝（雌性），天下之交（交往、友谊），牝常（惯例、固定的）以（用）静（安定、文静）胜（制服）牡（雄性），以静（平和、通融）为（作为）下（低、让）。

故大国以下（谦让对待）小国，则取（夺取、得到）小国；小国以下（退让对待）大国，则取（平等交往）大国。故或（或者）下以（谋）取，或下而（获）取。

大国不过（过分）欲（野心）兼（同时具有）畜（容纳）人（弱者），小国不过欲（愿望）入（接受）事（从、服侍）人（强者），夫（这样）两者各得其所欲（期望）。大（强大）者宜（适合）为（选）下（谦让）。

〖解读〗

"大国者下流"一句中的"大国"应是指规模、经济、军事上远超小国的强国，"下"字是低姿态的意思，"下流"表示平和、谦让的态度或行事风格；与之相反，"上"就应该含有居高临下蔑视甚至欺压的姿态。大国在面对小国时采取友好、平和或谦让的低姿态，是当时诸侯国相互交往的成功方式。人们在对自然界中雌性动物的观察中可以明显看出，它们通常都表现出平和的行为特征，对幼崽共同的护爱之情，又使雌性之间的交往能够建立并保持融洽的群体协作关系。此外，它们又以其平静、容忍的方式对待急躁好斗的雄性，从好斗的雄性中选择有最优秀遗传基因的配偶。物种之所以能够生生不息，都是大自然按"道"的法则筛选的结果。推广开来，"道"所创造的生命，包括人类，在正常时期的群体都应该以类似雌性的忍让与谦和方式交往，保持"静"的生存状态，获得"平和"的社交环境。文中的"天下之牝，天下之交，牝常以静胜牡，以静为下"一句，就是以常见哺乳动物为例说出上述道理。

　　大国比小国规模大，相对来说更安全，更有利于国家的发展和国民富裕的条件，而小国的生存条件相对窘迫，更欠缺安全感。所以，文中的"大国以下小国，则取小国"一句是说，大国应采取平等礼让的方式来对待小国，结果是小国从大国获得安全庇护，为了自身平安则愿意顺从，大国不用征服就得到了小国的依附；反之，"小国以下大国，则取大国"一句是说，如果小国能够主动交好大国，获取大国的照应而有安全保障，并逐步通过符合"道"的休养生息使自身强盛，甚至在政治博弈中让大国刮目相看，受到大国的尊重，取得以小博大的结果。总之，无论是大国用"下""以取"的手段来使小国归顺，还是小国用"下""而取"的手段从大国那里获得安全和发展等好处，都是"道"的法则产生的结果。

　　懂得上述道理后，统治者要从思想、心态、行为等方面端正国家和自身的定位，大国不要心存贪婪和野心的"过欲"，以及为了实现自己的欲望以大欺小，甚至企图通过战争占领小国。"兼畜人"，实际就是以"下"的方式善待小国而获得小国人心；而小国采取"入事人"，即以"下"的方式敬重对待大国，接受大国合理的要求。这样相互对待，两者就会形成一种和谐的关系，各自满足自己的需求，即"夫两者各得其所欲"。最后一句"大者宜为下"，是指能够真正懂得上述所说道理的国家统治者，无论面对大国还是小国，都会选择谦让和低调的方式行事，这种心态和行为是真正的强"大"。中华历史上不断有周边小国甘愿成为藩属国，每年向中央王朝进贡当地的珍稀特产，而中央王朝不仅向小国提供安全保障，还给小国更多的馈赠和经济支持，甚至用联姻的方式进一步拉近关系，就是这种"道"的文化体现。

〖译文〗
下流交往则国安

大国应以低姿态对外交往。天下之雌性，符合天下相处之道，雌性多以安静而使好斗的雄性顺从。以"静"为低姿态。

所以，大国以低姿态对待小国，则使小国放心顺从；小国以低姿态对待大国，则可获大国的关照保护。此为以"下"谋取和以"下"获取之道。

大国不放纵野心则可包容小国，小国不过度欲求则愿随从大国。两方各达其愿望，大国应首先放低姿态。

〖随想〗

老子在本章将"道"赋予雌性动物天性的优点，说明诸侯国在相互交往时，也应该控制欲望，采取低姿态行为方式。"道"创造自然的法则是，对待任何进步和改变，都需要通过反复实践的检验，而检验的时间通常是以和谐的方式度过。无论国家大小、强弱，谁符合了"道"，谁就能立于不败之地，这就是中华文化中的"和"如此重要的原因。

除了属于"乱"范畴的国与国之间的战争外，国与国之间的和平相处应该属于"德"包括的范围。老子主张的国家关系应该是以"下"为正确的方式，即无论是大国还是小国，都应该放下自己的身段，采取一种较低的姿态进行交往，以便获得其他国家的认同。在中华文明的发展过程中，多数治理得当而使国家强盛的朝代，通常通过制服好斗的相邻小国后，采用"和亲"及包容的方式，并且形成了惯例。有了这样的关系后，有利于双方的结果通常会产生，有了和平与安全，有了百姓的安宁，就会有时间和条件使国家强盛。当今的国家无论大小，主张一律采取平等的关系，本质上也符合这个规律。然而，以强大支配弱小的心态虽然并未完全消失，甚至还被许多人潜移默化地实施，但是，所有这些行为都必将失败。国家的强弱不断变化是自然规律，当那些弱小的国家或国家群体觉悟并走向强大，形成统一的集体力量后，经济和技术发挥出的力量就可能使强弱趋向平衡，从而引发强弱之间发生改变的冲突。原来的强国不愿接受地位的变化，根本原因是没有认识到，这是自私本性违背了自然法则的限制。试图将自己的利益永远放在第一的想法，终将被人类共同的"道"所抛弃。

自然变化有循序渐进的特点，某种主张即使在未来是正确的，但是当下在某个地方未必适合，强行推行将适得其反；其主张的背后如果还隐藏着更加险恶的用心，那么，事情就从本质上与正确的主张完全背离，是挂羊头卖狗肉的行为。当今的政治家未必都有俯视和远望未来天下的伟大思想理念，因此，为自己本国私利和个人的政治遗产等短期利益来管理社会，其结果必然会导致短视的决策或行动。杜绝这种现象的办法是，使世界广大民众在各种信仰共存的情况之下，共同认可一种科学的信仰，这种科学信仰将使引领国家和集团的政治领袖，受到民众和国际共识的集体围观和监督，从而使所有国家走在共同发展的尊"道"行"德"的路上。今天世界上的强大而富有的国家拥有的国力，不仅建立在人才集聚和生产力高度发达的积累之上，也建立在从其他国家占有的财富之上。显然，这种现实情况与老子所阐述的"道"的法则是相背离的。无论将自己宣扬得有多么美好，但是所做一切的本质如果只是为了自己，为了所属的少数利益集团，那就是背离了自然的法则。未来必将证明，这种状况必将改变。

〖关联文字〗
【不过】【各得其所】

10. 第六十二章　强国之治莫若道

〖原文〗

道者，万物之奥。善人之宝，不善人之所保。美言可以市尊，美行可以加人。

人之不善，何弃之有？故立天子，置三公，虽有拱璧以先驷马，不如坐进此道。

古之所以贵此道者何？不曰求以得，有罪以免邪（yé）？故为天下贵。

〖文字选注〗

道者（主语后表示判断），万物之奥（幽深隐秘之处、高深、奥妙），善（好、赞许）人之（的）宝（珍爱、珍贵），不善人之所（被）保（保护）。美（美好、称赞）言（言语、表达）可（能够）以（用来）市（交易、收买）尊（对人的敬称），美行（行为、品行）可以（用来）加（增加、施加、予以）人。

人之不善，何（哪里、怎么）弃（抛弃）之（是）有（存在）？故（因此）立（竖立）天子（国君），置（设置）三公（朝廷官阶的第一级：太师、太傅、太保），虽有拱（环绕、环卫）璧（营垒）以（用来）先（先于）驷（乘车）马，不如（及、赶得上）坐（坐、据守）进此道。

古之所以贵（崇尚）此道者何（为什么）？不曰（讲究）求（追求）与得（获得），有（存在）罪（罪恶、过失）以（用来）免（去掉、赦免）邪（表示反问，吗或耶）？故（所以）为（是）天下（人间）贵（敬、可贵、重视）。

〖解读〗

本章第一句"道者，万物之奥"中的"万物"是指宇宙中的一切事物，

309

"奥"是指隐藏在一切事物中的神秘的本质、法则和运行规律，这一切都属于"道"。当然，人类自身的各种思想和行为，也被包括其中。对于那些心地淳朴、按道德规范行事的善良人，将"道"作为思想和行动的指导，自然会受到隐秘的"道"的保护，所以说，"道"就是"善人之宝"。对于那些心中被阴暗想法占据、本性"不善"的人来说，"道"也并未放弃他们，仍旧允许他们生存，用社会组织建立的一些法律和规范，限制他们走上错误的道路，他们是被"道"保护的，即"不善人之所保"。人间有"祸从口出"的成语，与其相反，有"德"的人以平和、善意的"美言"交流，不仅会收到好的效果，还使自己"可以市尊"，也就是能获得对方的尊重，有益于未来的相互交往；有"德"的人还会用让人感激的"美行"，就是用行动帮助那些无法摆脱困难的人渡过难关，此举使自己"可以加人"，也就是使对方和众人因恩情和感激而成为自己的友人，有助于在生存中相互帮助而共同受益。这都是"道"的规律"奥"，在人际交往中的微妙体现。

有了上述铺垫后，下面继续展开讨论。"人之不善，何弃之有？"一句是说，由于"道"创造了各种品性的人，而且都让他们生存下来，所以，社会上也就无法避免一些本性不善的人的存在；另外，本性的自私和对利益追逐的经历，使人的思想行为由善良转向处处自私自利，心中潜藏的阴暗一旦被唤醒，就极易滑到"不善者"的行列中，这也是人间常有的现象。然而，人类社会在没有达到道德的高水平时，无法使这些人消失，也难以避免他们转变，为此，社会就设置"天子""三公"等统治者和各级官员，建立各种法规来维护社会安宁，防止不善者制造动乱。这种对立关系带来了敌视，国家就设置，并为统治者提供各种安全保护措施。他们虽然住在有"拱璧"，即宫墙营垒的官邸，外出有军队护卫的"驷马"战车保护，但是，这一切措施都不如"美言""美行"这样的人间和谐环境自在安全。"坐进此道"就是从根源上解决社会的安全隐患，创建和推行符合人间"道"的方式，这样解决社会问题会更合理、更有效。

"道"的思想信仰产生，应该不是从春秋时期开始的，而是从更古老的中华古文明中产生的，所以文中提出这样的反问句："古之所以贵此道者何？"意思是说，为什么自古以来人们都对"道"崇拜和遵循呢？"不曰求与得，有罪以免邪"一句是答案：懂得主动遵循"道"的人们，既然并不图谋获取不当的利益而去争夺，难道还需要担心犯下"不善"者的罪过吗?"故为天下贵"一句,是对上述疑问的总结之语:从古到今,"道"之所以被人间奉为最为珍视的信仰,是因为信奉"道"就是"贵"管理天下的最好方法。显然,解决人们天性弱点和后天竞争而走向邪恶的关键应该是从源头做起,也就是从对"道"的教育抓起。这也是中华古代文明产生和坚持传承"道"的原因。

〖译文〗

强国之治莫若道

"道"乃万物奥秘之源。对善良之人,是人生之宝典;对不善之人,使其受约束而存活。以友善言辞对话可获得尊重,对受困者施以援手可获得亲近。

世间真能杜绝不善者吗?于是立君王、派官员来管制,虽其拥有高墙、军队、战车、快马相助,终归不如遵从"道"有效。

自古先人为何遵从"道"?因其无须追求并争夺名利,则无须祈求免除罪过。所以,"道"被人间所尊崇。

〖随想〗

《老子》一书全篇用许多章节的各种例证讲解了"道"的来源、地位和无处不在的作用。老子在本章中再次告诉人们,"道"在人间社会就是广大正直、善良民众心中的好恶,在人间的一切行为后面,"道"都用人们行事的后果显示其作用,正如文中常见的例子,以及世间流行的警句——"己所不欲,勿施于人""善有善报,恶有恶报"。做顺应民心事情的人会有好报,违背民心的事情虽然不会自行消失,但是,他们的行为将受到法律的制裁和道德规范的惩罚。统治者也不例外,他们同样属于并适用这个规则的管辖。可见,在符合"道"的"善举"尚不能主导一切活动时,采取管制手段制止犯罪和不道德行为,都是符合"道"的行为。

人性在个体上的表现是复杂的,是随环境不断变化的,其中有基因形成特殊本性的原因,也有后天环境影响和自我思考与实践的原因,任何方法都难以使所有人成为相同的、完美的人。人类在社会运转过程中,逐步形成并建立了社会管理方式,随着生产方式的进步和财富的增加,人类向新的社会阶段变化时,统治方式也通过主动或被动的方式向新的社会阶段转变。合理的转变完成后，社会也随之形成稳定的阶段，直至下一次必须进行的变革。按照"道"的法则，社会管理者应该"替天行道"，对所有思想和主张是否合理进行分析。要看这些主张是否真正符合广大民众的基本利益和愿望，符合自然的基本规律，以便做出恰当的选择。社会管理者或接受这些主张，满足民众愿望而推动社会向前进步；或对这些主张加以控制，防止牺牲了广大民众的基本利益，甚至使某些主张引发社会混乱。

然而，以往形成的管理制度难以解决所有问题，所需要的变革与各种组织、国家的利益冲突仍然困扰着世界，冲突导致的人间悲剧也从未间断，并重复上演。显然，治理国家是件非常困难的事情，主要原因是，一项变革政策无法满足所有人的愿望，况且统治者身边、集团内部人的利益往往也掺杂其中难以放弃，因此，管理国家，或者说，国家政治是个以高深理论为依托的技术问题。显然，人类历史的过程证明，只要本性造成的自私欲望不受控制的问题不得到解决，仅仅依靠社会管理制度的调整修补，是难以从根本上解决问题的。老子所处的时代，人性本身产生的问题同样存在，有同样的问题需要解决。老子分析的结果是，只有从古人传下来的思想成果"道"中，才能找到答案。因为，这个问题同样属于"道"法则指导的范围，同样是"德"所要规范和控制的范围，他是面对所有人类个体和集体的共同需要提出这个问题的，而本章的"贵道"就是老子给出的回答。

普及"道"的思想，在当下，实际上就是需要对自身、世界、自然有科学的认识和解答，建立科学的、被人类普遍认同的思想理论，让这些思想成为人类社会信仰的主流。此时，人类才能从自身开始主动寻求约束和改造，形成与自然的和谐关系，趋向理想的"天人合一"。古人和老子之所以要赞成中华文明中"道"的思想理念，就是因为它是中华文化从其本源思考而建立的思想，不是从人类社会某个发展阶段派生出来的思想，而是基于人的本性而找到的符合人类社会各个阶段的哲学思想。

〖 **关联文字** 〗

【善人】【美言】【可以】【天子】【驷马】【不如】【求得】【奥妙】

11. 第六十五章　以智治国者国贼

〖原文〗

　　古之善为道者，非以明民，将以愚之。民之难治，以其多智。故以智治国国之贼，以不智治国国之福。此两者亦楷式。

　　常知楷式，是谓玄德。玄德深矣远矣，与物反矣，乃至大顺。

〖文字选注〗

　　古（自古）之（代词那些）善（善于）为（遵循、运用）道者（人），非（不）以（用、实施治理）明（明显、公开展示）民（百姓），将（取、奉行）以愚（无知、蒙蔽、寡欲）之（对待）。民之难治（管治），以（原因）其多智（心机、诡计）。故以（用）智治国国之贼（破坏者），以不智治国国之福（幸运）。此两者亦（都是）楷（典范）式（法式）。

　　常（总是）知（知觉、记住）楷式，是谓（被称为）玄（幽远）德。玄德深（深厚）矣（语气）远（长久）矣，与（和）物（万物）反（回归）矣，乃（于是）至（达到）大（很、极）顺（合理、通顺）。

〖解读〗

　　从本章的整体内容可以看出，"古之善为道者"一句专门是指自古以来善于运用"道"的思想来治理国家的统治者。第一段的最后一句"此两者亦楷式"，表示其前面所说的"此两者"都是他们治国遵循的典范，因此，本段开头说的"非以明民"和"将以愚之"应该就是这两个治国典范。从文字的表面来看，这两个典范都属于愚民政策。不过，从全书的许多章节中我们可以看到，文中的"愚"字，是用来表述"为道者"和心地善良的人，用于表现他们与众不同的高尚胸怀和不追逐名利的优良品行，是个褒义字。比如，第三十八章中的"前识者，道之华，而愚之始"一句是说，

313

从水平最高的道德修炼者身上散发出的光华，在俗人眼中看到的却是"愚"笨的形象。"民之难治，以其多智"一句是赞成两个"楷式"的解释。老子文章中的"智"字常用来表示一些人的"心机狡诈"，都用于贬义，与表示"淳朴善良"的"愚"字正好形成一对反义字。在日常生活中，人们总能发现一些城府深的"智"者，在没有"道"和"德"的约束下，在个人欲望的驱使下不断运用自己的"智"来图谋名利，同时在多数普通民众中起到不良的示范作用。所以，典范中的"非以明民"就含有避免在民间传扬，并效仿动用心机做出背离"德"获益的行为，而引发原本淳朴的人开始在社会生活中模仿泛滥。

　　从社会管理的角度来理解，此处的"明"就有展示、宣扬、放纵等含义，即好的治国方式，应防止百姓学会、接受、模仿、追随那些巧用心计来谋取利益的行为。从老子的总体思想来看，人间许多人的本性并不朴实善良，一心为己的欲望又不受限制，总是不断运用自己的心机为实现欲望而去谋划和行动，实现自己对名利的贪婪，这些人的行为必然成为扰乱社会安定的祸患，同时也增大了管理社会的难度；人们还发现，人间多数人虽然单纯善良，但是先天狡诈的人还是占有相当大的比例，成长初期本无心机的人根据社会现象和个人经历发现，那些智谋不断得逞，人的趋利本性就会促使原本朴实的人，将这种行为效仿并扩散。另外，政府官员将这些行为作为本领利用职权牟利，不仅难以控制，甚至在民众中起到更加恶劣的影响，使人间的更多人以违背"德"作为正当行为，以升官发财为路径，在官场继续以利益和谋略为手段，与"智"者们相互勾结、串通，形成腐败链条，集体明目张胆地从民间攫取财富，置社稷大事于不顾，将国家引向灾难。所以，老子就说："以智治国，国之贼"。反之，严格整治这种行为的泛滥，以诚信守法治国，则是国家的福祉，即"以不智治国，国之福"。"道"与"德"尚未普及深入人心的时代，不可能要求人们放弃或主动控制为私的本性，只能以"非以明民"，即禁止传播机巧手段，并惩戒那些靠投机取巧走邪路的智者；同时主张民众保持善良淳朴的民风，即"将以愚之"。所以，"此两者亦楷式"的说法就可以理解了。

　　"常知楷式，是谓玄德"一句是说，在治国方面永远牢记和运用典范是极为重要的，故称其为"玄德"。因为可以将治国政见的本质与治国的典范进行对照，来判断是否符合"楷式"：官员治国的政见和行为对国家民众福祉是有益的，还是对国家民风和秩序的破坏。可以官员主张的行动对国家稳定是有益的，还是有损国家廉洁高效的。可以通过对比分析来判断政见宣扬和惩治行动的正确方向，以及谁是祸国殃民的乱臣。"玄德深矣远矣，与物反矣，乃至大顺"一句是在总结，对国家社稷最重要的"玄德"，即"楷式"，是抑制趋利本性无度放大，引导社会回到符合自然界生命有限占有的重要法则，其作用和影响是深远的，并非眼前短视者所能看到和预见的。在国人对"道"认同的蒙昧时期，治理国家的"玄德"保持得越牢固，国家的一切事情就会变得越合理和顺畅。

〖译文〗

以智治国者国贼

自古善以"道"治国者，使民少见人间乱象，而使民朴实专注自身。人间之所以难治，多因有伪诈者混迹其中，所以，以传播伪诈智谋治国，出祸国之奸贼，以敦厚正直治国，乃国之福祉。这两条都是治国典范。

永远遵循此典范治国，为至高之"德"。应用越深刻越久远，则可对抗过度欲望，使万物返璞归真，成就人间之大顺。

〖随想〗

《老子》一书中的许多章节讲治国理政的主张，多处以贬义方式用到"智"这个字，本文是对"智"在社会中的负面作用做出的详细解释。生命的为己本性是自然赋予的，于是为了生存，便有弱肉强食的现实。然而，纵观天下生命，弱肉强食是受食物链的有限占有法则控制的，食物链低端的生命不断提高奔跑的能力，以更易获取的低营养食物、繁衍更多的后代来维持种群的生存，食物链高端的生命则要不断提高更强的捕食能力，以此维持生存，而且，只有再次感到饥饿时才去捕食猎物。所以，弱肉强食也是受自然法则控制的。人类的为己本性，如果没有受到社会正面的引导教育，就会在成长过程中，不断被环境和身边的竞争刺激，从懵懂的自私，逐步发展到欲望无止境的地步。

普通民众心中"道"的意愿，如果通过劳动和聪明才干，获取更多劳动报酬，则被民众所认同，谓之"君子爱财取之有道"。可是一旦欲望野蛮生长，不断利用狡诈心机通过歪门邪道获取，无止境地占有，是破坏人间社会安定、和谐的罪恶源头，这是对生命有限占有法则的违背，会被普通民众所唾弃。在人类社会还没有正确认识到，无限占有背离了自然有限占有法则的情况下，对这种社会状况采取有效的控制方法，首先要宣扬敦厚朴实的道德民风，使民众心态平和，控制欲望的泛滥，逐步形成自觉以"德"为标准约束个人行为的风气；其次要避免动用狡诈心机谋私行为的传播，控制以欲望为动机付诸行动的泛滥，而这两者显然都是要从根源上设法解决国家治理问题的办法。虽然这是两千多年前的主张，但是由于问题产生于部分人先天的品行，另外，也产生于人的成长过程，基本原因依旧存在，所以，对于当今社会的管理仍然非常重要。

有的书籍中介绍，老子所在的"宋"是春秋时期的一个小国，民风淳朴，社会虽然已经呈现不稳定的端倪，但是总体还算稳定，曾出现几位对中华文明有重大影响的思想家。宋国之所以能够保持长期的安宁，可能与老子这些思想家对国家统治者的影响有关。据说孔子还曾经对老子进行请教和交流，说明老子对当时的学术思想有相当大的影响。不过，老子终将离去，局部的正确思想不能影响整个中华大地，小国终究难以自保而被大国所吞并，动乱也就无法避免。有记载的世界历史中曾出现过几个伟大的古文明，由于古文明的基本思想不同，难以扩散并融合更多的人民，最终多数都因动乱而消失，其中只有中华文明一直延续至今，这与春秋时期思想家继承中华数千年古文明中的有益元素，建立和传播更被民众接受的哲学思想有关。其后的历史进程中，虽然经历许多次的改朝换代，但是中华文明基本的思想并没有发生根本性变化，并为历代统治者所尊崇和推行，成为唯一没有消失的古文明。中华大地虽然有时动乱分裂，但是，固守的文明终究使分裂回归统一，社会中长期稳定与吃苦耐劳的人民，也造就过世界经济最发达的地区。

直至近代几百年来，西方探索自然秘密的科学研究蔚然成风，涌现出许多伟大的自然科学家，不断揭示物质世界的奥秘。科学的迅猛发展，同时推动了技术发明，产生的工业文明创造出大量的财富，财富又推动资本主义经济兴起和发展壮大。这些经济迅速强大的国家逐步占据了主流宗教和文化地位，又凭借工业带来的强大军事力量，为了解决扩张受阻的危机，去征服其他国家和地区，涌向世界各地殖民，于是竞争导致强国群起，一起瓜分世界的动荡。直到二战结束后，某些强国衰落了，某些殖民地独立了，少数国家瓜分世界的局面难以继续，觉醒的国家开始走自己的道路。但是，资本主义社会创立的文明思想仍旧占据世界的主流地位，因其基本理念有顺应本性中为己的一面，而被广为认同，却也掩盖了无限为己占有财富本身已经违背自然法则的另外一面，成为导致社会动乱的内因。现在，强大的国家虽然不情愿，但也无法永远阻止其他国家民众的觉醒，随着经济发展，国家相继强盛，况且，资本的趋利本性也助推其他国家的技术经济发展壮大。随着互联网和信息技术及经济全球化，人类世界的知识差距变得越来越小，使处于发展中的各国进入加速强盛的阶段。

一个政治集团试图通过壮大自己，形成对其他国家的绝对优势，以便获得永久强者地位的方式其实是难以维持的。因为世界不是一成不变的，新旧世界的进步与阻挡的斗争不可避免，旧的反抗可能消失，但是新的反抗或早或晚还要产生，而且，反抗可能变得更加严重，情况变得更加复杂和难以处理。人类要想避免这种状况不断重复，必然要找到并认同一种可以共同接受的、合理的基本理念。中华文明的思想中应该含有许多可供选择的要素，老子的思想认为，人类私欲的无度放大与资源的无限占有是不合理的，是反自然法则的，所以，"道"的思想理念引出"天人合一"的描述，这个描述，应该是解决国家内部、国家之间与人类社会矛盾的正确思想基础和行动指南。"道"的理念和法则指引的人类命运前途是光明的，但路程必然是艰难曲折的，因为阻止的力量不可能退出，没有别的路可走，只能通过斗争回归到"道"的路上。

〖关联文字〗

【深远】【治国】【国贼】

12. 第七十四章　司杀者渎职害国

〖原文〗

民不畏死,奈何以死惧之?若使民常畏死,而为奇者,吾得执而杀之,孰敢?

常有司杀者杀,夫代司杀者杀,是谓代大匠斫(zhuó)。夫代大匠斫,希有不伤其手矣。

〖文字选注〗

民(百姓)不(若不)畏(害怕)死,奈何(为什么、怎能)以(还用)死惧(恐吓)之(他们)?若(如果)使(令、让)民常(经常、日常)畏死,而(就、对)为(创作、行为、做)奇(怪异、蛊惑)者(这样的人),吾(我们)得(应该、必须)执(捉拿、拘捕)而杀之,孰(谁)敢(还有胆量)?

常(同尝:曾经,经常)有(具有、发生)司(主管、执掌)杀(死刑、灭除)者(职业)杀(判死刑),夫(彼、他人)代(代替)司杀者杀,是谓(可比为)代大匠(木匠)斫(砍、削)。夫(这、此)代大匠斫,希(少)有不伤其手矣。

〖解读〗

"民不畏死,奈何以死惧之?"一句是说,当社会治理不力,导致广大百姓的生活处在水深火热之中,民众不再将自己的生死当回事的时候,用死刑惩治个别人还有什么作用呢?在《老子》一书中,在国家治理和民间活动中,"奇"字通常用作贬义,泛指违背道德的不诚实行为,只有用于正义战争时,才具有褒义,但是战争需要适可而止。为此,"若使民常畏死,而为奇者,吾得执而杀之,孰敢?"一句是说,如果想用极刑震慑企图扰乱社会的人，就应该在国家管理正常时期，对混迹于民众中的那些为非作歹、用神魔邪说蛊惑人心、用阴谋诡计挑动民众扰乱社会秩序的个别人，将他们抓获审判并处以极刑。以这样的事例来警示这类人，让他们惧怕而收敛自己的行为。此时，使用极刑不仅有作用，也使普通善良的民众受到教育和警示，懂得做了坏事一定会受到严厉的惩处，避免自己被他们引导利用而走上错误道路，同时提高警觉性，便于分辨和识别可能或已经触犯法规的坏人，从社会底层开始做起，维护社会治安。

"常有司杀者杀"一句，"司杀者"是指有权审讯判罚死刑的官员，这句是说，经常发生这样的事情，执法的官员找人代替他审问犯人，并授权代替者判罚死刑。"夫代司杀者杀，是谓代大匠斫"一句，是老子将官员的这种行为比喻为不是木匠的人，代替木匠用斧子操作。其结果是"夫代大匠斫，希有不伤其手矣"，即这些代为干活的人几乎都会被斧子弄伤自己的手。这个比喻实际上是在告诫统治者，管理国家在平时就要认真严格地选择和管理执法的官员，不可以让不恰当的人来行使权力。当这些人草率、错误地惩治无罪的民众时，不仅无辜的民众受害，还会因判罚的错误事例向民间扩散，导致官府失去信誉和威望，使民众和社会茫然和混乱。产生的负面影响不仅难以挽回，甚至会使民众发生反抗行为，最终不仅伤及国家的治理，也伤及统治者自身。

〖译文〗

司杀者渎职害国

人面对死都不怕时，再用处死威吓有用吗？要使人畏惧极刑，应在平时对为非作歹搅乱太平的歹人用极刑处治，这样才会震慑妄图作乱的人。

曾有审讯判罚死刑的官员，让他人代做决定，这就好比由外行代木匠操作。外行人用斧头砍削木料时，无不弄伤自己的手。

〖随想〗

本章从国家机器的运行状况告诫统治者，要想治理好国家，除了要尽量使广大民众保持淳朴的民风，还要通过认真制定符合社会具体条件的法律，严格选择执掌权力的官员，采取正确的规则和行动，既不能放纵管理者和民间坏人的恶行，也不能放松对淳朴民众的警示与教育。纵观人类历史，社会混乱通常都是由于掌握政权之后的官员，不能将最初获得民众支持的管理制度很好地继承和运用，无论怎样选择培养王朝的世袭后代，都难以避免他们利己本性的放纵，而使自己和官员逐步走上腐败的道路，政权的管理走上歧路，导致民不聊生，百姓奋起反抗，统治政权被起义者推翻后改朝换代。

在历史前行的过程中，不同地域的人民在各自环境中，通过实践逐步找到适合的文化，建立适合的管理制度，形成相对稳定的社会治理。随着经济发展，大环境和社会各个阶层的关系也在不断变化，相应的制度调整或改变就不可避免。然而，在旧有文明中建立的制度，通常都符合人的本性，尤其是在社会中处于强势地位的阶层，将更多保护自身群体的利益加入制度和管理之中，使资源利益的实际分配情况与自然界普遍遵循的生命适度占有相背离，造成生存资源的差距向无度扩大，导致地位低下阶层产生严重的危机感，并试图改变现状，于是不断发生社会不安定的事件。这样的制度维持得越长久，社会积累的动乱规模就越巨大。可以说，按照"道"的法则，这种制度本身从资源有限占有的合理阶段，变成背离"道"的不合理阶段。

社会问题不仅是统治者和制度的问题，还包含民众的认识问题。一个国家的社会即使拥有巨大的财富，也难以从根本上解决利益分配的矛盾。人们应该认识到，虽然为己的本性是天性，优胜劣汰是自然法则，但索取有度并相互依赖的生态平衡也是自然法则，所以人类不能偏向保护个人欲望泛滥的一面，而放弃了其他符合大多数人生存法则的另一面。若要使广大民众认识到这些道理，将是非常艰难的事情，几乎涉及全人类思想的彻底转变。为此，老子主张民众首先要坚持过淳朴简单的健康生活，避免受到欲望的影响。按照自然的法则，人类终究要从许多历史经验中接受教训，最终认识到顺应自然、遵从自然界生命普遍遵从的法则，才是正确的人类生存之"道"，才会从根本上解决人类本性应受到控制的问题。同时，考虑到人间不同人才对人类生存进步的贡献，分别给予应获得的荣誉、报酬和尊重，才能找到真正解决社会问题的道路。为此，根据自身社会发展的具体阶段来选择适合广大民众利益的制度，是符合"道"的制度。另外，制度多样化必然是世界各地长期存在的社会管理形态。

〖关联文字〗
【奈何】【无可奈何】

13. 第七十五章　无以生为贵于生

〖原文〗

民之饥，以其上食税之多，是以饥。

民之难治，以其上之有为，是以难治。

民之轻死，以其上求生之厚，是以轻死。

夫唯无以生为者，是贤于贵生。

〖文字选注〗

民（民众）之饥（饿、饥荒），以（因、原因）其（指百姓）上（上位的君王、官府）食（粮食）税（税收）之多，是以饥。

民之难治（管理），以（因）其上之（的）有（对民众实施）为（苛政、搅扰），是以（导致）难治。

民之轻（轻视、不在乎）死（生命），以其上求（要求、企图）生（生命、需求、生计、付出）之厚（奢厚），是以轻死。

夫唯（仅、那些）无（非、不）以生（生存、性命、自己欲求）为（做、目的）者（统治者、官），是贤（德才、优秀、胜过）于（那些）贵（重视、爱惜）生。

〖解读〗

周朝的社会到了春秋时期，分封诸侯的制度使得大量诸侯占据国家土地和资源，中央的权力逐步羸弱，越来越多诸侯国的统治阶层为了无节制的享乐和占有更多土地和人口，相互争夺的战事愈演愈烈。因此，对普通百姓进行盘剥和欺压就愈加严酷，而百姓生活日渐疾苦也是必然的、普遍的现象。许多有识之士应该懂得当时混乱的社会状况产生的原因。

"民之饥，以其上食税之多，是以饥"一句是说，百姓平时经常挨饿，这是因为收获的大部分粮食都被官府以严苛的粮税方式收缴了，而剩下的口粮太少，百姓只能以少吃的方式等待来年收获的粮食，因此他们总是处于饥饿状态。

"民之难治，以其上之有为，是以难治"一句是说，统治者总是感到百姓难以管治，这是因为官府不顾百姓生存艰难，不停增设各种搜刮民脂民膏和严酷管治镇压的法规，不断骚扰百姓的日常生活，所以广大百姓不得不想方设法对抗或躲避官府的欺压以维持生存。

"民之轻死，以其上求生之厚，是以轻死"一句是说，普通百姓之所以不重视自己生命，是因为统治者为实现自身的欲望，加上天灾，百姓收获的少量粮食被征缴，还要应付官府征用的各种劳役，甚至被送到诸侯国之间发动的战场，死亡威胁伴随身旁，所以，百姓会从饥饿与死亡的边缘挺身而出，轻于犯死。

"夫唯无以生为者，是贤于贵生"一句是说，那些将个人利益和生死置之度外，而全身心为百姓做事的人，比那些只考虑个人利益和生死的人道德高尚。这是对谁说的呢？前面所说的内容，可能是对当时统治阶级和官吏行为结果的警示；这也可能是在预测，当天下百姓无法生存时，会产生为天下百姓伸张正义的领袖。这与《老子》第十三章曾经说过的"贵以身为天下若可寄天下，爱以身为天下若可托天下"一句有相同的含义。

〖译文〗

无以生为贵于生

民众挨饿，是官府征缴粮税过重而缺吃造成的；民众难管，是官府苛政繁多而引发抗争造成的；民不怕死，是官府为私欲暴敛而难活下去造成的。

唯有放弃个人的名利和生命，全身心为社稷管理百姓做事的统治者，其圣贤表现胜过那些只爱自己的人。

〖随想〗

本章指出，统治者和官员把持着政权，只为自身利益无休无止地聚敛钱财，追求地位和享乐，并企图谋取更多的土地和资源，于是，对内草菅人命，终将国家引向灾难。一旦发生天灾人祸，百姓无法生存，就会有人率众揭竿而起，政权危机就会发生，朝代更迭就不可避免。这个世界上，还有许多这样的地方，重复着这种事情。

社会问题详细分析起来会非常复杂，犹如一团乱麻，难以得出清晰明确的结论。特别是在当今世界处于信息交流非常发达的情况下，许多事情几乎全民参与，人们看到的、接触到的各种研究、结论、说法的信息量太过庞大，各有道理；有的人甚至不管听到和看到的是什么，未经过自己的大脑，甚至自己对这种事物毫无分析能力，就随意参与某种观点之中，并向外传播；真正能够有自己的独立思想和理性判断的人还是少数，多数人仅仅凭借自己的感觉来判别对错，以局部的判断代替整体。社会不断被这样的混乱状态推动时，难免发生不正常的停顿或倒退。可是，人性中有一个相当大的缺陷，那就是，一个人从不懂社会的懵懂少年走上社会后，仅仅凭借对社会的简单了解，就行使自己社会一员的权利时，其判断常常是不可靠的。

社会和政治制度都是在人性的作用下，逐步形成的非常复杂的体系，绝不是一般人的看法就能做出正确判断的。在这种情况下，实际上需要的是从根源上找到解决问题的方法。当今有许多不必为基本生存挣扎的地方，仍旧发生着内乱甚至政权更迭的事情，可见，因不满而发生混乱的原因，还要从事物的本源来寻找。生命进化产生并维持的本性，推动人与人相互比较，比较出现差别就会产生争夺的矛盾。这种本性是为了自己在生存中避免处于弱势群体而被淘汰的危机感，特别是当自己的能力无法左右，只能被动接受这种现实时，危机感会逐步积累，达到一定限度后会发生质的变化，对社会产生不满。为了释放这种压力，不同个性的人会有不同的发泄方式，那些直率鲁莽的人可能选择直接触犯法律的行动；而那些颇有心机的人，为谋取更大个人利益，会选择煽动性的方式，鼓动他人跟随行动，于是社会不稳定和动乱就会产生。

中华文明为什么会逐步将"道"融入语言词汇之中？实际上是在历史事件记载和积累的过程中，人们发现古人所表述的"道"具有相当大的合理性。人们虽然还不能完全理解"道"的许多内涵，但是其中某些"道"和"德"的思想含义老子说得非常直白，在实践过程中也显示出它的作用。因此，中华文明能够绵延几千年，虽然朝代更迭或社会动乱多次，但依旧能够保持基本的核心精神，就在于它的合理之处。这种文明有其稳定作用，同时又有保守的特点，关键是对于"道"的理解尚处于肤浅阶段，统治者和治国精英们无法将"道"的法则广泛应用到各个领域。忘记"道"的法则，缺少"德"的教育与修炼，个人的享乐与财富的追求和积累，使社会逐步走向歧路，腐败泛滥和无所作为成为社会进步的羁绊，社会从安定繁荣逐步走向衰落是通常的结果。

要想走出反复错误的轮回，就需要社会中有一大批经受底层生活考验、真正懂得"道"的理念、恪守"德"的规范，并能够将自身的利益放弃，投身到为天下民众的美好未来的行动，并被人民"寄托"希望的，"贵"并"爱"天下的人。由这样的人组成强有力的组织，科学地认识世界及认识人类应该走向未来的道路，并引领部分民众沿着正确道路前进，在世界起到示范作用，让各个国家都能逐步走上同样的道路，实现世界美好的、符合自然法则的大同。以"道"的理念和广大人民未来的长远利益管理人类社会，即自然管理人类社会的法则。

〖关联文字〗

【以其】【上税】【求生】【难治】

14. 第八十章　小国寡民宜收敛

〖原文〗

小国寡民。使民有什（shí）伯之器而不用；使民重死而不远徙（xǐ）。虽有舟舆（yú），无所乘之；虽有甲兵，无所陈（阵）之；使民复结绳而用之。

甘其食，美其服，安其居，乐其俗。邻国相望，鸡犬之声相闻，民至老死不相往来。

〖文字选注〗

小国寡（缺、少）民（人口）。使（令、让、致使）民（民间、国内）有什（数词：分数或倍数）伯（首领、一方之长）之器（人才）而不用；使民重（重视、免于）死而不远（远处、国外）徙（迁移）。虽有舟舆（车），无所（地方）乘（坐、驾）之（它）；虽有甲（盔甲）兵（武器），无所陈（布设）之（交战队列）；使民复（返回）结（打结）绳而用（使用）之。

甘（味美）其（他们的）食，美（漂亮、打扮）其服，安（安定）其居，乐（喜好、赞助）其俗（风俗、节日）。邻国（诸侯国）相望，鸡犬之声相闻，民至老（衰老）死不（不必）相往来。

〖解读〗

周朝"天子"实施向皇族分封爵位、土地和人口的封建制度，到了春秋时期，已经形成许多独立的诸侯国。各个被封诸侯由于地位、亲疏、先后不同，必然会使诸侯国的规模大小不等，其中不免有一些面积小、人口少，相对弱小的所谓"小国寡民"。小国在周围大国的包夹中如何自保是其君王时刻不能掉以轻心的议题。这就与"治大国若烹小鲜"一章形成对照。

325

"使民有什伯之器而不用"一句，其中的"使"就是老子所主张的，也是弱小国家统治者应该采取的策略，那就是，国家虽然有许多精于谋略的人才，但也应少设官位，目的是要避免有些官员无所事事，不仅要百姓负担其俸禄，而且无事的官员相互之间动用其智谋而产生复杂的关系，反而因政见分歧或结党营私而使国家政权陷于混乱；"民重死而不远徙"一句就是说，国家应引导民众爱惜自己的土地、家园和生命，避免为了享乐而产生远游，或为了改善生活而产生搬迁的想法；而保持国内劳动人口的稳定，使当地持续提高生产和经济活动水平。良好稳定的国家政治环境和民间和谐的生活，就像后面所描述的那样："虽有舟舆，无所乘之；虽有甲兵，无所陈之。"此句说明，民间虽然有可乘坐的船舶和车辆去远方，但是没有乘坐它们远行的需要；虽然有战场拼杀使用的盔甲和兵器，但是没有陈兵的战事可以应用；"民复结绳而用之"一句，就是以绳索为代表来说明，使民众回复到结绳记事的状态。

由于社会安定，人们享受着质朴单纯的美好生活。"甘其食，美其服，安其居，乐其俗"一句，描绘出家庭富裕、社会稳定、国家强盛的和平景象，人们有条件烹调可口的美食，剪裁缝制漂亮的服装，修建安全舒适的房舍，从事共同喜爱的民间活动。"邻国相望，鸡犬之声相闻，民至老死不相往来"一句是说，自身富足安宁的生活，即使百姓能够听到邻近邦国传来的鸡鸣和犬吠声，也不必分心羡慕，产生与邻国百姓发生往来的必要和愿望。三千年前，在中华大地上普遍从事农耕的淳朴百姓，无论走到哪里，平安稳定的家庭田园生活已经是理想的状况，更何况是小国，难有大的奢望。

〖译文〗

小国寡民宜收敛

小国人少薄弱。民间为官的即使人才众多也不应任用，安抚百姓爱惜生命避免远行。虽有车辆舟楫，但无长途可被乘用；虽有盔甲兵器，但无战场可被披挂；使人民回到远古结绳记事状态之中。

烹制美味的食物，缝制漂亮的服装，修建舒适的房舍，享受民俗的欢乐。虽能与邻国百姓遥遥相望，可听远处鸡鸣犬吠，人们一生无须相互往来。

捌　治国之道

〖 随想 〗

与如烹制小鱼而要格外小心谨慎地治理大国不同，本章是老子对弱小诸侯国治国方略提出的建议。以合理的方式治理小国，只要避免卷入大国的纷争，避免被智者和闲着的官员搅乱国内政治，避免民众受欲望影响而不顾自己的生命和家庭安宁，通过持续的耕耘和建设，同样能使百姓生活美好，国家稳定。

《史记》中说，老子是周朝"守藏室"的官员；另一种说法是，老子在周朝没落时，身处一个被称为"宋"的小国，为避免国家被更强大的国家吞并，就要采取合理的生存策略。为此，老子主张小国应该避免自乱，首先要自我简政，以"下"的方式对待大国，形成共同防御的盟友，并搞好与其他邻国关系。作为"守藏室"的官员，老子应该无法左右他所处的统治阶级的政治环境和主张，最终选择了隐去的归宿，但是不忘把自己的哲学思想公布于天下。在中华大地失去中央王朝权威时期，民间有野心的智谋者趁着混乱，建立了自己的势力范围，引得国内纷争四起，战乱频发不息，能够维持和平生活已经不易，更别说让各个国家能够懂得"道"的法则了。时至近代，社会混乱的情况还不断在世界各地以各种方式发生。中华文明的强大之处，就是能够在国家危难之时，有为国家挺身而出的英才出现，利用中华文明在广大民众中的精神力量，重新团结起来，恢复国家的集中稳定，遵循"道"的规律，探索出继续前进的道路。

近代世界发生的多次战争，都是因为发动战争的国家统治者自恃本国强大，加上吞并他国和占领市场的野心而挑起的。从现实的角度考虑，人性难以改变，至今，国家之间或国家集团之间，仍旧以原始的趋利本性，结合技术发展带来的实力，来选择和实施自己的行动，远远没能进步到老子主张的"道"规定人类应该达到的那种和谐共存的阶段。政治人物无论表面显得多么文明，多么彬彬有礼，可是采取的行动却表明其内心的冷酷。他们为了自己国内的利益、集团的需要而不顾他国的具体发展情况，以帮助他国人民为理由进行颠覆和侵略，造成无法收场的混乱。面对这种情况，其他国家只有从加强自身的实力出发，达到一种相互之间的平衡，才能避免发生吞并的战争。这实在是人类进步过程中的悲哀。

政治家是世界前途的重要影响因素，因此，他们的成长教育与思想方法是需要符合自然法则的，每个国家的民众也应该建立"道"的理念，防止被少数人将本国和世界引向灾难之路。虽然，当今一部分人认定的丛林法则，看起来有一定的道理和实用性，这种思潮难以避免，但是，这种理念终归不符合自然的法则，因为自然只创造了生存需要的爪牙、身体强壮的人和有限能力，而不是制造用来摧毁人类自身的大规模屠杀武器和战争技术，以及已经由人类创造的那些遵从自身需要而建立的文明和制度。

〚**关联文字**〛

【安居】【邻国】【国民】【甲兵】【陈兵】【甘美】【鸡犬相闻】【老死不相往来】

玖

认知之道

1. 第四十七章　尊师爱读知天道

〖原文〗

不出户，知天下；不窥（kuì）牖（yǒu），见天道。其出弥远，其知弥鲜。

是以圣人不行而知，不见而名，不为而成。

〖文字选注〗

不出户（家门），知（懂得、预测）天下（人间、知识与事件）；不窥（窥视）牖（窗外），见（看）天（自然）道（规律）。其（天道）出（文章来源）弥（很）远（久远），其知（知道的人、知识）弥鲜（少）。

是以圣人不行（离开）而知，不见（看到）而名（说出、叙述），不为（做）而成（实现、结果）。

〖解读〗

在古代，识字的人少，识字并有学问的人更少，既有学识又有正确的思想方法的人几乎凤毛麟角。但由于有几千年思想文明的积累和文字的记载，在春秋战国政治大变革的动荡时期，时代的需要助推许多文人走遍天下，开动脑筋思考，产生了伟大的思想家和哲学家，他们为中华文明的形成奠定了无可比拟的、坚实的基础。老子是个掌管文史资料的官吏，在自己研读各种文字史料的同时，观察并思考社会现象和世界，并深深懂得，面对浩瀚的世界，认知不能只从自己的经验中积累，更多的还要从前人留下的文字中获取。

"不出户，知天下；不窥牖，见天道"一句告诉人们，为什么有人不用身处实地，就能知道事物的发生，不用目睹事情的过程，就能知道事物的规律，其原因就是这些人心中有"天道"这样重要的学识。这些知识和本领是他们通过阅读，从前人的经历和思考总结留下的文字中，得到并拥有了这些能力，成为人们心目中的"圣人"。"其出弥远"一句是说，中华文明中的重要思想——天道，这一左右世界一切的物质产生了运行法则的"本源"，很早就被古人通过实践、观察、思辨发现，并有文字记载；遗憾的是，"其知弥鲜"，也就是说，能够真正知道这些知识，并理解运用这些道理的人实在太少了。

文中最后间接地指出文化教育的重要性，人只有站在前人的肩膀上，才会看得更远，有更好的能力。为此，则有"是以圣人不行而知，不见而名，不为而成"的说法。其中的"不为而成"是指能对事件结果的预测，或不用亲临现场便能操控事情的过程，这表明对"道"有高度契合的"圣人"，其实是他们受到教育，掌握了相应的知识和能力，如赞扬远离战场的指挥者所言："运筹帷幄之中，决胜于千里之外。"后来，在中华文明发展的过程中，学习文化与读书的重要性及在此方面的不吝投入，都深深扎根于广大民众的心中，让孩子受到尽可能好的教育以在不断进步的人间立足，是每个家庭最重要的生活目标之一。中华民族尊师重教的优良传统，也有效地推动中华大地不断涌现出许多著名的领袖和思想家，以及在生产劳动中的能工巧匠。这个群体在不断丰富中华文明的深厚底蕴中，起着举足轻重的作用。

在老子著作的文字中，"学"字与"智"字一样，基本用于贬义场合，表述那些以模仿不道德的手段谋取个人利益的行为，比如《老子》第四十八章说："为学日益，为道日损，损之又损，以至于无为。"那么，对于人们获取知识，它是如何描述的呢？因为"道"的范围大到没有边界，拆分之细没有穷尽，它是表述一切事物的本质、规律、法则的知识。于是，获取知识只有一个途径，就是"道"对自然表述的各种理念的吸纳、修炼和获取，可以通过前人著作文字的传递，通过有"道"者的讲解和个人的实践、总结，最终成为自己头脑中的依据、方法，进而形成行动的准则。

【译文】

尊师爱读知天道

足不出户，便知天下事；眼不望窗外，便懂事物的运行规律。先人早已参悟出此天道，可当今懂此天道的人却极少。

得道法的高人，不外出便知发生了什么，没看见可说出事物和事情的名称，不直接参与行动便知道如何操作。

【随想】

社会发展的过程中，必定存在许多制度和管理无法完善的地方，因为利益的驱使，各种欺骗和造假就会钻管理中的空子，不断改换门面出现。今天的人类世界，处于知识信息大爆发的时代，特别是随着互联网技术的应用，任何问题都能快速搜索并得到解答。但是，其中有多少是正确的呢？同样一个问题，相互矛盾的答案比比皆是，今天是这样讲的，明天又会见到完全否定的说法，而且，它们通常都标榜自己是科学的。为什么那些虚假知识的发布者，都愿意标榜自己所说的是科学的呢？因为当今，只有自然科学的东西，即受到人类尊重的科学家们的解答才是可以信赖的，是人类普遍的共识。

科学就是当今条件下，人类对客观事物的本质和规律的正确解答，是可以被反复验证的。物质永恒运动并且在变化着，所以许多结论只能是有限的和相对正确的。但是在宇宙历史的长河中，我们所面对的世界是极其短暂的瞬间，这个短暂阶段不会影响目前科学研究得出的相对真理的正确性。技术是人类在揭示事物的科学规律后，依据规律发明的有利于自己的手段，其中对自己最有利的技术就是经济行为的技术，是资本运用的技术，即用资本的价值来收买和创造更多利益的方法。资本运用的技术有推动社会经济发展的有益一面，同时也有为过度获取和挥霍的超出自然法则的一面，甚至还有用于收买违法或违反道德规范的另一面。伴随出现的管理社会的政治，也应属于技术，因为面对的是人类，所以这也是最复杂的一种技术。哲学是解释一切事物共有规律的科学，当然既包括人类社会以外的自然科学，也包括人类的社会科学，因此具有更加广泛和长久的正确性。在自然物质的科学领域，人类少有质疑，疑问通常可以在科学家和工程技术专家中提出和获得解答。而有关自然界中人类社会科学的领域，几乎涉及所有的生存者，每个人都对社会问题有自己的见解、观点，甚至是理论。社会组织和群体之间，几乎没有能够共同接受的解答，或者说还没有形成人类共同认定的社会科学理论，于是，在世界各地，与此类有关的知识在教育领域难以形成统一的口径。这是当前人类面临的巨大挑战。

《老子》一书中反复提出的社会问题直到今天还存在，虽然随着时代的变化，形式已经不同，但是本质惊人一致。老子给出的哲学学说就是"道"，即自然的法则，自然法则虽然推动生命个体为了生存必须为自己着想，但是它又使生命个体处于相互制约的生物链中，不会因自己的强大而可以无限制地索取和占有挥霍。"道"用自己创造了人，为了筛选的需要，每个人的思想行为都是被放任的，以类似需求形成的自然群体需求是"道"的社会萌芽；而个体的、小群体的需求则是局部的需求，在更大的群体面前未必符合多数人的共同需求。这一点，在对个人与群体之间、小群体与大群体之间、国家之间、全人类与大自然之间的问题和矛盾进行分析时，要特别谨慎，避免轻易认定某种行为是符合"德"的规范。许多惨痛的教训已经说明，不能因为强调个人的权利，而让小众群体绑架更多、更大群体的民众的基本利益，甚至违背了自然的基本法则。我们应该认真对待和思考老子的这个观点，即无限索取、无限占有是反自然的、反"道"的行为。相信"道"，相信"道"的法则，对于反自然的过度占有行为，首先不应宣扬鼓吹，其次应建立制度加以限制。而最根本的方法是建立相应的科学理论体系，以获得人类的共识，通过教育与约束，使每个人从思想到行为，走在符合自然法则的大道上。

〖关联文字〗
　　【足不出户，便知天下事】

2. 第四十八章　尊道修身取天下

【原文】

为学日益，为道日损。损之又损，以至于无为。无为而无不为。

取天下常以无事，及其有事，不足以取天下。

【文字选注】

为（为了、按……去做）学（学、仿效）日（一天比一天）益（增加），为道日损（减少、丧失），损之又损，以至于（因此发展到）无（没有）为（自私的目的）。无为而无不（没有不能）为（符合道德的目标）。

取（拿、得到）天下（地域和百姓）常（永远、通常）以（用）无事（施行、谋取个人利益），及（至、到达）其（治理国家的人）有事，不足以取天下。

【解读】

通读《老子》一书可以得出这样的结论：在老子的思想框架中，"无为"的说法绝非什么事都不做。他在第二章说过，"是以圣人处无为之事，行不言之教"。正是因为事物没有绝对的完美，都是因为相互比较而存在不同，因此，做事不要过于纠结是否实现设定的目标，不断继续努力逐步接近目标才是正确的心态，也是最有说服力的展示。他接着说的"为而不恃"，就明确指出了"为"首先是要有为，"为"的本质是要符合"天道"，即为了自然赋予的使命而"为"，其次是"不恃"，就是不把持"为"后的所有成果，即不是为个人的名利占有而去"为"，而且这是"为"的最高的境界——玄德。其实，"道"为自我建立的永恒宗旨是"常无为而无不为"，首先就是永远不带名利地推动一切事物运动，不干涉事物自行思考和决定，通过行动过程和结果检验其是否符合客观规律，以决定其行为是否继续存在的"无不为"。如果只是为了自己无止境的欲望，与"自然界的有限占有"法则背道而行，其本质是"妄为"。为此，本章的"为学日益"也就容易解释了，"为学"就是去追随和效仿那些以获取私利的人的行为去"为"，以得到个人欲望而获取的收获——日益；反之，"为道日损"一句是说，追随"道"不以个人利益而去"为"，因为这是合理的生活欲望和追求，不是为了日益增加和把持的利益，所以结果不仅不会有"为学"那样持续增加的积累，相比他人的收获产生了更多、更大的利益差距——日损。当不断"为道"之后的结果，就会"损之又损"，也就是说，这种"日损"的行为不断打磨修炼之后，达到一种没有以个人无限获利为目标的自发境界，即"以至于无为"。

"无为而无不为"是对第一段的总结，也就是按照"道"的规则，只有放弃无止境的、不择手段的、以获取名利目标的"为"，以平和客观的心态来做自然赋予自己使命的事情，努力在"德"的规范内争取更好的生活，不仅是正确的、坦荡的，而且会有更多成功的可能。这种心态和行为方式需要平时逐步修炼养成，即本文所说的，要用"为道"的心态和精神来指导自己，用"德"的标准和行动来约束自己，不断地放弃心中那些不应该有的、超出合理需求的欲念，最终达到一种在名利面前的超然的状态。显然，"为道"的思想和行为会限制或有"损"个人的"益"。但是，有了"损之又损"这种思想修养后，就会去掉心中的患得患失，达到"以至于无为"的状态，最终实现在自然使命需要自己行动时的那种"无为而无不为"的高级境界。这是《老子》源自"道"、显示"德"的核心内容之一。

第二段是将第一段所引出的道理归结到治理国家的问题，即如何才能成为获得一方百姓拥戴的国家统治者。根据历史和时代发生的事实，思考国家命运的人都会得出"取天下常以无事"这样的结论。文中所说的"事"，即指那些以自私欲望为目的，企图占有一方的土地和百姓后获取权力带来的利益，那是不可能长久的，最终无法实现自己执掌天下的目标；同时也告诫那些有志于为民众、社稷而管理国家的人，永远要以"无事"，也就是无私的胸怀和思想来引导自己，应采取有利于民众的管理行动，以获得并掌控政权，即"取天下"。人间的事情与治理国家一样，越是带着患得患失的自私目标之"事"去行动，越是不能正确地处理好事情，最终将走入"不足以取天下"的结局。

〖译文〗

尊道修身取天下

不断效仿逐利则日增月益；不断尊"道"助人则日渐损失。损而再损，可达无私而为的境界。不为个人名利而行，则无不成之事。

获得并掌控天下是无私的成果，带有自私的企图则不足以取得天下。

〖随想〗

曾经看过这样一段人品形成的分析："学好"要先付出代价，将来因获益者感恩的良好口碑而间接得到回报；可是"学坏"是盯着眼前的利益以失"德"为代价，但是却能当即得到回报。于是，许多人不自觉地选择了可以即时取得利益的后者，而不是选择不可预知未来能否得到回报的前者。所以，结论就是"学好"比"学坏"要难。这也间接解释了老子追逐"益"而"学"是人间常见的行为，以及将"学"字用于贬义的原因。"道"创造了生命的自私本性与生物要符合生物链相互依存的法则，既要为了生存有自私的本能，又要遵从自然界所有生命都不可以无节制占有自然资源的法则。这两者看似矛盾，其实是相辅相成的，即要避免偏向某种极端之后，产生的不利于生命存在的结果。这是自然创造"阴阳"矛盾的初衷。在"阴阳"两者之间如何寻找一个恰当的平衡点，也就是"和"的状态，是人类必须不断选择和寻找答案的课题。

人类走向某个极端，若不顾现实条件地追求绝对公平，或者完全不顾未来，只为眼下局部利益考虑，结果都是对自然规则的冲撞，如果不能适时觉悟回头，最终就会被自然淘汰而走向自我毁灭。在中华文化中，很早的古人就已经认识到了这个规律。但是，人类改变认识是需要过程的，曲折、反复的过程都是必然的，记住历史的教训才是人类应该反思的教材。这部教材终将引导人类从教训中改正错误，避免歧途而走向正确的"大道"。中华文化中的有益传承应该坚持、发扬、传播，在改变故步自封导致的贫弱而被欺压的同时，必然要继续走向既保护自己的利益，又惠及人类命运的正确道路。作为普通百姓中的一员，地位决定其不可能有接近君王心中的欲念所引发的"为"，除非乱世期间在百姓中出现的"英雄"。不过，为了自己有更好的生活品质和更高的精神享受，在合理认识自己能力的前提下有"自知之明"，设定相应的目标而后努力践行，也是走在正确的"天道"路上；当目标没有完全实现时，也能坦然对待，懂得"知足"；而"有志"者将会为下一个目标筹划、准备。但这一切努力的基点应建立在遵循"道"的理念和"德"的规范之内，即"君子爱财，取之有道"，而不是走欲望泛滥和损害他人的邪路。

〖**关联文字**〗

【日益】【及其】【无事】【有事】【足以】【至于】【以至于】【不足以】

3. 第一章　从无到有入玄门

〖原文〗

道可道，非常道；名可名，非常名。

无，名天地之始；有，名万物之母。

故常无，欲以观其妙；常有，欲以观其徼（jiào）。

此两者同出而异名，同谓之玄。

玄之又玄，众妙之门。

〖文字选注〗

道（可与说出的）可（能表达的）道（永恒的真理），非（不会是）常（永恒的）道（大道、真理）；名（用文字命名）可（能标示的）名（名称），非（不会是）常（永恒的）名（名称）。

无（"无"这个字），名（被命名为）天地（宇宙中一切）之（的）始（将要来到、孕育中）；有（"有"这个字），名（被命名为）万物（一切事物）之（的）母（根、存在、依据）。

故（因此）常（总是从）无（孕育中），欲（需要）以（依凭、来）观（观察、寻找）其（他们，事物的）妙（精微、奥秘、本质）；常（总是从）有（存在的），欲（需要）以（依凭、来）观其徼（界限，差别、规律）。

此（这）两者（指无和有）同（协同、伴随）出（产生、出现）而（却）异（不同的）名（称呼），同（统一、合并）谓（称呼）之（它们为）玄（玄机、关键环节、转化）。

玄（转化）之（之后）又（重复、继续追索）玄，众（众多）妙（事物的本质）之门（进出口、路径、方法）。

玖　认知之道

〖解读〗

从《老子》中大多数文章的句型来看，这些语句中通常没有主语，而是以动词开始，表现为有人在说、在做。从句子的内容可以看出，有的句子是老子自己或古人在告诉读者，有的则是替代读者自己在说、在做。比如，本章第四段说的"无"与"有"，是"同出而异名"的"两者"，即"无"和"有"应该是有独立概念的两个名称；在第二段中，逗号后面一句的"名"字，应该解读为"命名"，而句子开始没有说出的主语就是古人老子，以及所有读者自己。于是，第二段的这一句可以这样解读："无"字，被我们"命名"来代表"天地之始"；"有"字，被我们"命名"来代表"万物之母"。现在回到本章开始的第一段中的第一个"名"字，若按照谓语动词"命名"来解读，那么，第二、第三这两个"名"字，就可以按照名词都作为句子的宾语，即事物的"名称"来解读；同样，文章开始的"道可道，非常道"中的第一个"道"字，就可以按照谓语动词"讲述"来解读。而且，第二个"道"字与第三个"道"字在句中保持一致，都作为句子的宾语，也就是作为名词"大道"来解读更为顺畅合理。

本章虽然仅有五十九个字，但是由于文字精练、内容深奥，因此，将其分为下面五个部分来详细讨论。

为了便于解读开篇十二个字，先重复第二十五章的解读结果，明确"道"的基本概念。第二十五章中的第一句"有物混成，先天地生"，明确告诉人们：宇宙诞生之初，首先产生的是构成宇宙中一切事物的最原始、最基本的"物"，老子和古人用"大"字为它们命名，并表字称它们为"道"，（如人们耳熟能详的三国人物诸葛亮：名"亮"，字"孔明"），为此，就有了"大道"这个双字的称呼。而按照现代量子力学的理论，最原始的物质就是在宇宙诞生时，因大爆炸而出现的各种粒子，后来，粒子构成了我们现在所知道的一切物质形态。老子和古人虽然当时不能证明"大道"究竟是什么样子，但是他们经过思辨之后所产生的哲学观点与简洁描述，与现代科学研究成果是吻合的。所以，这些被古人称为"道"的粒子又被称为一切事物的"本源"，将这些粒子及后来由它们演化创造的所有事物的本质和运动规律，用中华语言发展而来的称谓来说就是"道理"，更适合的哲学名称是"真理"。于是，对"道"的解读，我们又可以用"真理"一词来代表。现代量子力学中的主角——基本粒子，处在不断运动组合变化中，我们人类只能得出其中部分可以识别的形态，以及它们部分阶段的某些性质和运动规律；而未发现的、未产生的物质和运动的结果尚未被揭示。因此，我们所表述的真理就只能是片面的、相对的，我们为事物所作的命名也只能是暂时的。比如，今天某个人的生命存在，称呼他整体的"名"和"字"就存在；但是，他终有离去的一刻，他的身体物质将以某种方式转化，直接或者经过分解后间接地被其他生命所利用，或者通过高温焚烧转化为简单的碳、水和钙等元素，散布到自然各处，继而有了新的形态和名称，其个人名字所代表的物质形态也就不复存在了，后来人们把逝去的人概括为"祖先"，只有祖先们的有限事迹暂且留在历史长河中。可见，老子在开篇第一段，用了不能再简单的十二个字，就清晰地表达了一个非常基本的哲学观点，即构成宇宙中的一切事物都处在运动和变化中，我们用语言和文字所表达的事物只能是相对的、有时限的，不可能是绝对的、永恒的。所以，将"道可道，非常道；名可名，非常名"，其中的"可"可解读为"能够"，"非"可解读为"不会是"，"常"可解读为"永恒"，我们对全句就可以用现代语言这样解读："用语言能表述的真理，不会是永恒的真理；用文字能命名的事物，不会是永恒的事物。"

在前面已经说过，本章第二段中的"无"和"有"是两个有单独概念的名称，"天地""万物"虽然用字不同，但都表示宇宙中的一切，所用文字的不重复，显示出老子运用语言文字的精妙和华丽。宇宙中的一切，都可以用事物一词来概括，"物"是实体，而"事"是"物"的运行表现，其中包括影响运行的一切因素。在生命的进化过程中，基本物质——道，通过用自身的创造和筛选，用现代人已知的基因、激素，或其他未知的驱动方式，将某些本能植入生命的身体，以便更好地生存。在生命的脊椎动物阶段，"道"又创造了神经和它的中枢——脊髓和大脑，一个将信息进行收集、记录、汇总、加工、指挥身体运行的器官；同时，大脑还不可避免地受到本能和本性的影响，对客观环境进行反应和判断，因此，对于有大脑的生命来说，物的运行当然还包括思维因素的作用在内。当生命进化到人类阶段时，本性和生存实践通过大脑，产生了更为复杂的思想和精神文化，所以，思想和精神文化也是"物"的表现，是"道"造就的一部分。一切事物都通过有规律的运动，不断重复被自然创造后的某些运动状态，同时又在重复运动中，面对新的环境和新的需求而发生变化；这种重复和变化包括宇宙中的星系、天体、生命，也包括我们身边的人，以及我们自己遇到的各种事情。基于前面所说的万物没有永恒的真理，事物由改变之前的旧，到改变之后的新，用"无"和"有"来称谓，是最简明的文字运用。从"无"到"有"的转化，不仅说运动在重复或继续，还随着某些因素的影响发生了质的改变。"无"，代表一个新生事物之前的旧事物的本质和形态，"有"，代表新事物目前的本质和形态；在未发生质的改变之前，"有"，还可成为该事物继续重复之前形态的母体。当然，对于采用两性遗传的生命来说，"母"不仅包括母亲，还包括提供遗传信息的父亲，这也是"道"为了推动事物变化而设定的阴阳矛盾，以符合"无"不断向"有"转化的规则。有"父母"则必有其"子"。而"母与子"就是一切事物在传承，"子"要在"母"的养育下成长，就需要"贵食母"的认同与追随。总之，一切都是物质存在的结果，不存在没有物质的绝对虚无。为此，"无，名天地之始；有，名万物之母"一句，就可以表述为："'无'，被我们用来称谓新事物产生之前的孕育过程；'有'，被我们用来称谓新事物的诞生与存在。"

可以说，第三段和第四段都更加深奥。其中的"妙""徼""玄"都是汉字中的抽象概念，容易使人产生虚幻的遐想，许多解读《道德经》的作者，将这部分内容直接转为玄虚的表述。许多读者都可能有这样的经历，当翻开一本讲解《老子》的图书之后，首先看到第一章中让人难以理解的解说时，常常很无奈地转到后面的文章；可是在不断阅读之后，却发现许多文章又是那么的易懂，而且贴近我们的经历或经验，使我们产生共鸣而对其拍案叫绝。这就不由得使有些读者对第一章的解读产生了疑问，试图挖掘其中贴近我们认知、让我们容易接受的道理。这个念头虽然可能不易得出结果，但是其中的趣味和思想的驰骋，既是挑战，又会使试图读懂老子的人心中产生无限快乐。上面由于已经有这样的结论，即一切事物的"有"，都脱胎于其曾经的前身"无"；而"无"，就是与新事物有本质不同的前身，即旧事物。所以，我们可以循迹来对"常无，欲以观其妙"一句做出这样的推测：如果坚持用新事物的前身旧事物，也就是"无"，来与现在的新事物的"有"进行比较，就会发现两者之间的差别，通过追索事物产生变化的原因，就可以找到或者发现新事物本质的奥秘——妙；而"常有，欲以观其徼"一句告诉我们：应该坚持用"有"的观念来看待世界，即当前的一切事物都是有具体物质存在形式的，它们的表现是有原因的。只要不懈地对重复循环的事物进行观察，以及对从"无"到"有"，也就是对事物的前身与现在反复进行比较，新旧事物的完整形态、本质与规律——徼，是可以被挖掘和认识的。可以看出，老子观察世界是以"物"的存在为基础的，事物的本质和规律是可以被认识的，认识的方法就是从"无"与"有"的改变前后去寻找。

第四段是老子进一步解释为什么要从"无"与"有"中寻找事物的本质和规律。"此两者同出而异名"，"同出"告诉我们：任何旧事物都在向新事物转化，必然是新旧事物形态与本质的蜕变与交接；正因为是转化发生的过程，所以，两者就同时存在，而且，转化完成前后分别成为两个不同的事物，名称也随之改变。"同谓之玄"，即交接的时刻被称为"玄"，而且在这一转化中隐含着重要的秘密。我们可以将旧时的"有"与新生的"有"进行分析比较，或增减，或变质，从中发现它们的物质、特性和规律的不同。"玄"难以觉察、不易表述，但是又隐藏最重要的含义，也就是之所以产生新事物的原因。可见，事物本质改变的关键一刻，对于我们认识事物是如此重要：此时此刻，不仅能抓住本质的改变，还可以追溯产生改变的原因，同时，在了解旧事物的基础上认识新事物就准确、快捷得多。

最后一段的"玄之又玄"是说，新生事物的某些特性否定了它所脱胎的旧事物的某些特性，或者增加了一些新的特性之后，事物的变化并未因其适应新的环境或自身更完善而停止，变化还会持续不断地进行。而且，我们如果懂得在这个所谓"玄"的时机来揭示事物本质、规律、变化原因和结果"妙"，并持续不断地跟踪事物的变化，将其运用到对各种事物的探究中，那么，我们就会进入研究认识众多事物方法的高级境界，也就是迈入了"众妙之门"。

〖译文〗

从无到有入玄门

可以说出的真理，不是永恒的真理；可以命名的事物，不是永恒的事物。

我们用"无"来表示一切旧事物向新事物转化前的孕育——始；用"有"来表示一切新事物存在的根源——母。

为此，我们应该从"无"中，寻找新事物产生的原因——妙；应该用

"有"来看待事物的存在,并辨别它运行的规则和范围——徼。

在旧事物向新事物转化时,"无"和"有"共同存在,转化之后事物的本质与名称就改变了,转化的过程称为——玄。

事物由旧向新的转化是永不停歇的。不断从各种转化的过程追寻事物的本质、规律,我们就进入认知各种事物的方法——门。

〖随想〗

除了"徼"这个字在现代文字中较少应用外,这篇总共由五十九个字组成的文章,似乎不能再简单易懂了。但是,我们所能见到的解读却各种各样,多数让人感到"高、大、上",玄虚难懂,使人实实在在地感到,我们与老子真是遥不可及。可是,在《老子》的多数文章里,老子都是用我们身边那些最常见、最容易理解的例子,来说明一个道理,难道开篇不是这样吗?一定是人们没有搞懂老子在高度概括语言中的思想,或者人们受自己知识的局限,无法理解老子想要说明的东西。为此,我试着用自己学过的一点哲学知识,来理解这篇文章。本解读所做出的这些内容虽然不能看作老子的真实思想,或者不能说,这些解读一定是正确的,但是,结果确实令我非常震惊。本文的这些解读如果是对的,那就说明,老子在两千多年以前,已经将现代哲学中如何看待世界的许多观点,通过《老子》的第一章,用简洁精练的语言表达出来了。

在《老子》的开篇第一章,老子就将他认识世界的核心哲学思想摆在大家面前,他用简洁的文字,说出了深奥的哲理。通过前面的解读,我们可以发现,其实老子在第一章中说出了许多现代唯物主义哲学的基本观点,比如:世界是物质构成的,物质是运动的,运动是有规律的;物质运动也使自身发生质的改变,改变是随内外条件而不断发生的;我们所能表述的真理都是相对的;等等。特别是老子在后面的许多文章中,一再告诉人们,"道"的运行特征是柔和、缓慢,甚至反复的,改变需要在一定条件下累积形成。在中华大地,深刻浸润这一观点的思想文化之一就是"和",遇事不能急于下结论,在此基础上要以实事求是的方式求得解决问题的答案,这种处理方式,与现代哲学中的从量变到质变的理论接近;而且,代表不断质变的"玄之又玄",与"否定之否定"又非常相似。更为重要的是,老子在这篇文章中,还告诉人们认识事物的方法,那就是要在变化中,寻找它的存在和变化的原因,也就是要从新事物将要产生的时刻,通过新与旧的对比,从根源上寻找它产生的原因,同时快速地,将改变的与未改变的内容叠加,归纳出新事物的本质和运动规律。你不断地利用这种方法研究事物,不仅会取得成果,还能成为认识世界的能手。人民领袖毛泽东主席在《反对本本主义》一文中有这样一段话:"你对那个问题不能解决吗?那么你就去调查那个问题的现状和它的历史吧!你完完全全调查明白了,你对那个问题就有解决的办法了。"这是一段非常通俗、清晰的语言,却同样揭示了与老子用古文言文从"无"到"有"寻找问题答案的方法。持有正确态度的自然科学家,他们无论有何种宗教信仰,对待科学的态度和思想方法都是一样的,那就是不懈地追求并证明事物的本质和规律。科学研究进步的历史已经证明,把自己不能解释的事物归咎于"神"是短视的,终究会被后来的发现者推翻。

老子的唯物观点,与近代科学家的行为方式基本一致。科学家常常根据自己的探索过程提出假设,由未来的学者证明这些假设的真伪。这使我不由得想到了那个无法解答的鸡和蛋,孰先孰后的有趣难题。按照"无"和"有"的观点来探究,事物是不会凭空出现的,改变都是从旧到新的过程中形成的。为此,应该有一个从不需要母体干预而孵化的"卵",到需要母体参与才能孵化"蛋"的质变过程,无论前后孵化出来的生命是多么的相似。世界上有许多产下的"卵",是完全依靠母体外部的自然环境来孵化的,就像在炎热沙滩上刨坑产卵的海龟;某种带羽毛的卵生动物(假设是恐龙的某一种类)终于由于孵化环境温度不足,出于"爱"而不停地拥抱自己生下的"卵",通过用自己的身体和羽毛提供适当的温度,进而形成全新的孵化本能时,"卵"就成为"蛋"。这也许是一个漫长的渐变过程,也许是某一个体的偶然成功,并被其他同类模仿快速普及而成为共同的天性。如果这个假设能被证明成立,那么,首次用体温自主完成孵化的母体,即那只将原来不需要干预的孵化,变为主动干预孵化的始作俑者,也就是禽类的鼻祖——某种"鸡",它应该是先于"蛋"出现的;而"蛋",不过是母体行为发生"质"变的结果。从严格意义来讲,孵化物由"卵"变成了"蛋",先有了"鸡"才有了"蛋"。

说到这里,不由想起多年以前,在一次中国和法国电影艺术家交流的节目会场,当主持人问到访的法国著名影星苏菲·玛索对中国有哪些了解时，她的回答首先是说中国有非常多的人，其次是说中国有个非常伟大的人物——老子。第一个回答可以说是常识，第二个回答却使我非常惊奇，在西方人的眼中，老子竟然有这么大的知名度和影响力。有的考证说，西方世界出版最多的书籍，排名第一的是《圣经》，排名第二的就是老子的《老子》，并被称为"东方的圣经"。这说明，在近代西方人的心目中，老子给了他们非常重要和丰富的思想帮助。对本篇解读的结果如果是正确的，也就是说，近代从西方传到中国的某些哲学思想，与老子的哲学思想核心极为相似，而老子基于中华古文化并经过自己的观察、提炼写出的《老子》第一章，是早于他们两千多年就已经思考并建立的相似的哲学理论，并且被常见的几十个汉字所揭示，只不过由于文字、思想水平差距等原因，难以被普通大众，甚至是历代学者理解罢了。所以，也许那些读懂《老子》的西方哲人，推崇此书为东方的《圣经》也就不奇怪了。

我对本章的解读，不是一看完就得出了上面的结果，而是通过阅读后面许多篇章之后，经过反思并多次琢磨之后才完成的。老子留下的文字所要表达的哲学思想的确比较难以理解，于是，在中华文化思想开放的环境中，某些人将其玄虚化，用于自己所设计的目标也就不足为奇了。但是，只要遵循和掌握老子指出的认识世界方法，就可以否定后人对《道德经》中的某些解读、评价或歪曲应用。老子在第一章仅仅用了五十九个字，就讲出了正确认识世界的思想方法，这一章应该是中华古代哲学著作中最伟大的篇章。

〖关联文字〗
【道理】【玄妙】

拾

人生之道

1. 第八十一章　人之道为而不争

〖原文〗

信言不美，美言不信。善者不辩，辩者不善。知者不博，博者不知。

圣人不积，既以为人己愈有，既以与人己愈多。

天之道利而不害，圣人之道为而不争。

〖文字选注〗

信（诚实、真实）言（言语）不美（美好、中听），美言不信。善（善良、有德）者（之人）不（少）辩（善于言辞、辩解），辩者不善。知（知识、见解）者不博（多、宽泛），博者不知。

圣人（道德厚重的人）不积（积累、积蓄），既（则）以（因）为（帮助）人（他人）己（自己）愈（更加、越）有（具有），既以与（给予）人己愈多（富足）。

天（符合宇宙）之道（法）利（利于、好处）而不（不产生）害（损害），圣人之道为（做）而不争（争夺、占有）。

〖解读〗

有一定阅历的人见识过各种各样的人，他们逐渐发现，由于先天性格或后天修养等原因，会造成人的品行差别很大。比如，有的人诚恳真实、表里如一；有的人外在表现虽然讨人喜欢，但其实内心狡猾。识别一个人的品行，往往需要几个接触过程，在经历一些事情之后才能了解。如何尽快通过一个人的表现而对其品行做出大致判别呢？本文先通过那些有阅历和经验，且品德较高的人，从他们认同的几个简单方法开始，从外在表现大致辨别人品，或者说应该注意哪些方面，以便逐步纠正判断的偏差。

"信言不美"一句是说，那些不考虑他人好恶，当面说出自己的看法，话语内容往往会触动听者的短处而使他们不高兴，但是忠言往往逆耳，作为有心的听者，应认真反思对方的言语是否真实，探究其中是否有道理；同时，这也说明，敢于说出实话的人或是忠诚，或是没有出于自我利益的算计。而"美言不信"一句是说，当听到令自己舒服或高兴的话时就要小心了，应该反思此话是否有可能是为了讨好自己，背后也许包含其他目的，所以，恭维的话未必都是可信的。"善者不辩"一句是指真诚友好的人的内心是坦荡的，通常不会用不容辩驳的辞令表白自己，而是通过事物发展的过程和结果，来证明自己的观点或行为正确与否，不当面发生争执，也是以此表达对不同观点的尊重和善意；而"辩者不善"一句是指那些善于用花言巧语来反复为自己的行为美化和辩解的人，通常隐藏某些个人目的，并不一定是善良的或真正有本领的人，需要小心谨慎对其进行更深入的观察判断。"知者不博"一句是指，对某种事物有深刻理解和造诣的人，通常会将大量的时间和精力投入所专注的事物中，只追求把一件事做到极致，所以往往不会对其他事物有深入的涉猎，不仅没有那么博学，有时甚至显得愚钝；而"博者不知"一句是指，那些自称什么都懂、都会、都对，以及夸夸其谈的人，往往对事物只是一知半解，让他们真正深入了解某种事物的本质和规律，或者深度熟练掌握一门技能是不可能的。以上三个事例，通过对一些人的外在表现与内在品行的分析，大致说明了人的品德的好与差的区别。从中可以看出：诚实、恳切、认真的人是可信的，虚伪、巧辩、浮夸的人是不可靠的。

"圣人不积，既以为人己愈有，既以与人己愈多"一句是说，品德高尚的人不谋求以积累个人物质财富为生活目标，而是以多为别人考虑和多为别人做事，作为自己更多的拥有；以给予和资助别人越多，当成自己获取的更多。从这句话可以看出，"道"赋予人间相处的规律是：不要只为了自己获取才向他人付出，而主动帮助他人实现理想和目标，会使自己得到更多的成就和回报。如何看待物质财富与精神财富，本文更看重对别人的付出，看重他人的感受和自己在他人心中的地位，表现出"尊道""行德"者的做人方式。同样，我们也可以在自然界中发现，那些通过群体组织分工协作生存的动物，往往比单打独斗的"强者"有更多的生存能力和机会，这也证明了自然筛选生命的法则。

最后是本章的总结。"天之道利而不害"一句是说，伟大的"天"无私地为生灵提供生存的条件,而不随意伤害他们;"圣人之道为而不争"一句是说,遵循"道"而行德的高人,他们为自己确定的人生使命是,做好自己能做的和该做的事情,而不是与众人争夺名利。由此文章进一步引出对"道"的信仰和对"德"的品行坚持的高尚者,最终成为"圣人"的根本原因,即他们对待无私奉献与获取利益两者之间的态度,与只考虑自己利益的俗人的态度有本质的不同。

〖译文〗

人之道为而不争

忠言逆耳但可信,恭维中听但可疑。内心坦荡者无须辩驳,心怀叵测者反复狡辩。有见解的人难以博学,自诩渊博者见识浅薄。

高人不谋求聚敛财富,以助人作为自己更多的拥有,以付出作为自己更多的收获。

天之"道"有利万物而无伤害,高人之"道"勤于做事而不争夺。

〖随想〗

《老子》一书的最后一章用常见的论述方式,将人们身边的现象告诉大家,应该如何辨别人的品行优劣;并概括全书的要点,告诫人们应该懂得并遵循天之"道",以符合自然法则的人生观作为指导,度过一生。人应与其他生命一样遵循共同的自然规则,要节制欲望,合理索取。只有这样,人间才能没有相互伤害和争夺的和平环境,人类才能完成自己的使命,融入不断变化的自然世界。

在自然法则的筛选下,生命为自己能够生存,产生了保护自己、积蓄食物、获取交配,总之是为己的本性,人类也不例外地继承了这种本性。每个人来到世界,在孩童时期就自然表现出这种本性,保护自己的食物和玩具是最直接而真实的表达。在成长过程中,如果没有家人和社会的正面教育与环境影响,随着与其他条件更好的人攀比,还有对周围的人性中负面表现的熏染,这种为己的本性就会越发坚固,欲望也会越来越大。自然通常通过食物链状况和身体是否强壮,或群体行为方式,来调整生命个体获取生存资源的数量,任何生命都不可能无限扩大自己的种群和个体对资源的占有。

生存条件的差别导致生命个体的危机感，这本来就是自然造就的本能，激励生命要努力，通过竞争产生的更多本领来提高自身的生存能力，使生命进化到更高的水平。可是人类进化到了有别于其他哺乳动物的更高级阶段后，许多人的大脑开始不断用来为自私的本性服务，特别是到了生产能力使物质财富增多以后，部分人用智谋和强大能力占有了更多的财富；人类在认识世界的同时，还不断创造为自身带来更大好处的技术，当经济技术手段被无"道"的人用来不断获取和积累自己的财富时，也不断被他人用来显示挥霍财富带来的享乐。这就与自然界其他生命完全不同了，本性带来的动力已经走上过度放纵的极端，其本质已经背离了自然为生命提供的合理限度。

人类自身之间的贫富差距被无限拉大，也因本能使人自动与周围人进行比较。这种比较随时发生在自己身旁：与同事、与亲属、与邻居……总之，人不是活在真空里，周围的其他所有人都会是比较对象。因为别人比自己生活得好、财富多、地位高，各种差距会让人感到羡慕或产生嫉妒，同时伴随而来的是自我压力和危机感的增大。压力带来动力，动力带来想法和行动，于是，为了改变现状的不同手段就产生了。走正路的人要先付出，后获取，结果还无法保证一定能够得到想要的回报；走歪门邪道的人，巧钻营，先获取，而且在自己的生命中未必因此付出高昂的代价。所以，遵循"德"规范的人生处境艰难，而走不"道"之路的人往往轻松快活。这种对比不仅给社会带来混乱，还起了不良的示范作用。

老子在两千多年前，就深刻地看透了人间这些混乱，指出其本质是背离了"道"。人的生存本性无法改变，因为这是自然法则造成的，但是，超过合理需求的过度占有是要被自然否定的，这也是自然法则。自然设置了一对矛盾，就是要生命物质通过实践过程和结果来筛选出正确的规则，《老子》全书多处讲解几乎都在说明这个道理。解决的办法只有从懂得自然的法则着手，让更多的人知道，走向本性的错误极端，必将给人类社会的进步带来阻碍和灾难。《老子》一书，几乎都是通过深入浅出的方式，讲解"道"的本质和伟大力量，从各个领域和各个角度，从正面的教育和引导入手，主张既然人也是"道"的一部分，那么应该效仿"道"对万物的无私奉献，不把个人欲望作为人生的唯一目标，做人要以向他人、向自然付出为主，生活中要用符合"德"的行动来获得更好的生活。

尊"道"而行"德"
探索《老子》的哲学思想

两千多年过去了，社会发展的事实证明，若要达到老子所主张的人类社会共识，尚无法估计实现的时间，但是无论这一过程多么漫长，人类终究要解决自己的问题。自然创造了人的大脑和思想，在"道"放手让人自主决定如何处理优秀大脑的智力应用时，放纵欲望使人在迷失中超越了自然法则的红线，于是无法用人类不和谐的生活检验；但也必然让人类通过社会动荡和反复斗争，使自己认识到，自身已经走上反自然法则的错误道路。多数人将会懂得"道"是什么，以及应该从小就开始接受有关"道"的教育，建立正确的世界观，从自我认识和自我约束的"德"做起；国家和团体同样应该懂得"道"，能够用"德"来正确处理国家与国家和团体与团体之间的相互关系。只有这样，人类的未来才有立足于符合自然法则的地球生命之列的希望，实现人类在自然中的使命，不仅保护好地球上包括自身和所有生命的家园，而且不断发现和解读人类所生存的浩瀚宇宙的奥秘。

随想写到此章，从《老子》书中还得出这样一个结论："道"和"德"不同于我们今天所习惯的"道德"概念，经过几千年来语言文化和文明的发展之后，其被民间宣传的道德概念已经泛化和模糊。为此，我们在学习讨论中华传统文化时，要将"道"和"德"明确分开，单独理解其内涵和意义。在理解应用老子的思想方法判断人的行为时，只有在符合"道"的前提下，才是正义的、应该被赞赏的。这些行为的出发点一旦背离了"道"，也就是站在了历史进步的反面，就与"道"产生了本质的分离。所以，一切事物的研究判断要从"道"的理念出发，尽量厘清事物深层次的原委，对人际行为是否遵循自然法则做出辨别，以及解决问题的行动是否遵循"道"而产生"德"的行为规范。在人间，"道"就是绝大多数民众的未来愿景，他们当下的愿望和行为方式就是"道"的法则。事情判断结果符合"道"和"德"，并与人们多年已经形成的道德观念行为一致时，将是民众心目中的榜样。

〖关联文字〗
【君子爱财，取之有道】【利害】